大唐帝国

启真馆 出品

启真·文史中国

〔日〕宫崎市定 著

廖明飞 胡珍子 译

大唐帝国

中国的中世

ZHEJIANG UNIVERSITY PRESS
浙江大学出版社

图书在版编目（CIP）数据

大唐帝国：中国的中世 / （日）宫崎市定著；廖明飞，胡珍子译. —
杭州：浙江大学出版社，2021.2
ISBN 978-7-308-20680-8

Ⅰ . ①大⋯ Ⅱ . ①宫⋯ ②廖⋯ ③胡⋯ Ⅲ . ①中国历史—研究—唐代
Ⅳ . ① K242.07

中国版本图书馆 CIP 数据核字（2020）第 204490 号

大唐帝国：中国的中世
［日］宫崎市定　著　廖明飞　胡珍子　译

责任编辑　王志毅
文字编辑　孙华硕
责任校对　张培洁
装帧设计　毛　淳
出版发行　浙江大学出版社
　　　　　　（杭州天目山路 148 号　邮政编码 310007）
　　　　　　（网址：http://www.zjupress.com）
排　　版　北京辰轩文化传媒有限公司
印　　刷　北京中科印刷有限公司
开　　本　880mm×1230mm　1/32
印　　张　10
字　　数　240 千
版 印 次　2021 年 2 月第 1 版　2022 年 11 月第 2 次印刷
书　　号　ISBN 978-7-308-20680-8
定　　价　68.00 元

版权所有　翻印必究　印装差错　负责调换
浙江大学出版社市场运营中心联系方式：（0571）88925591；http://zjdxcbs.tmall.com

目　录

君的谱系——自取灭亡的刘宋宗室——残酷反复
上演——军人与贵族——没落贵族的逞强——贵族
制度的改革——教养发挥作用——南朝四百八十
寺——儒学的新发展——走向灭亡的征兆

中国的中世

若据颇有独特学风，且对同时代学者启发甚大的日本中国学家内藤湖南博士（1866—1934）提出的中国历史分期，笔者将要在此书中叙述的从三国经六朝、隋唐至五代的七百四十年，乃为中世史无疑。这正好相当于欧洲从民族大迁徙开始，历经神圣罗马帝国，至十字军的终结，即至文艺复兴前夜为止的八百七十年的历史。今天从各种角度进行探讨，必须承认这一对比（中国与欧洲）是合理的。

内藤博士以前的东洋史学家，几乎无一例外地认为中国的中世应该以秦统一全国为起始。换言之，战国时代的结束标志着古代史的完结。为什么这么说呢？诚然，经过春秋以降漫长的分裂与抗争才迎来了大一统的时代，秦朝的建立无疑是划时代的大事件。何况这还是中国历史上的首次大一统。何出此言？因为此前存在的商和周，其领土面积并非如传说所言的广大，其势力所及也只不过是极小的一部分地区。这在当今已是学界共识。

一个个小小的部落，逐渐聚集起来建立了小国家，小国家再被合并成大国家，到最后由秦国完成了全国的统一，所以秦帝国的出现是中国历史上的大事。不仅如此，在中国文化本身就代表着东亚文化的古代，它的出现同时也是东亚历史上的大事。因而，以这一时期作为新时代的开始，的确并非无缘无故。

尽管如此，内藤博士将秦与汉这两个统一帝国都归入古代史之中，不得不说颇具卓见。若与欧洲史做比较的话，就能更好地理解这一问题。以希腊都市国家为开端的欧洲历史，因罗马帝国的统一而达到了顶点。然而，人们对欧洲史有一个共识，即罗马帝国的建立并没有结束"古代史"，包括其后它的鼎盛时代都属于古代史的范围，直到意味着罗马帝国事实上瓦解的日耳曼民族大迁徙开始，才是欧洲古代史的终结、中世纪的开端。

套用欧洲史来看东亚史的话，秦汉帝国就相当于欧洲的罗马帝国。将秦汉帝国看作古代帝国，将古代帝国灭亡、三国分裂开始的时代看作中世的开始，从东西方比较研究来看，内藤博士的观点亦卓有远见。

东方与西方的立场

事实上，欧洲的社会形态并未随着罗马帝国的统一而立刻彻底地转变。欧洲历史是以在希腊、罗马普遍存在的都市国家为开端的。这些都市国家随着古代史的发展，虽然其作为国家的机能逐渐丧失，但依然在很长时间里都保持着都市的形态。即使在罗马帝国的大一统之下，都市也依旧是社会生活的核心。

可以说，中国亦如此。大体而言，迄今为止的中国史研究，总给人一种视中国为世界史中最特殊之地，从而以探究其特殊性为目的的感觉。如此一来，不免产生只强调中国之特殊性的倾向。

然而，论及特殊性时，必然可以想见乃有一共通性蕴藏于基底。但历史学者本身不擅长逻辑思维，一听闻什么新的学说就立刻折服，往往连历史学者的本分都忘却了。哲学研究者多追求特殊性，无论是什么，自以为只要说东西方不同便好，动辄称言这也不同，那也相异。于是乎，东西方两相分离：他们压根没有统合二者，构建统一的世界史的打算。

事实上，越是深入探究东西方的历史，越会发现其根底蕴藏着惊人的相似性。历史研究最关键的乃是必须从探究这些过往被忽略的平行现象着手。

可是，我们若这么做，一定会招来许多批评，诸如说是用西方观念来理解东方，无视东西方的特殊性之类。这完全是无端的误会。所有的比较，若仅单纯将两者相比照，则于事无补。要进行比较，就必须首先构筑比较的立足点。换言之，就是必须找到比较对象的共同点。

一旦确定了共同点，两者才具备完全对等的比较的资格。现在我们之所以可以比较东方的中世与西方的中世，是因为相信已经有了"中世"这一共同点。我们的目的无非是希望通过比较两者，在东方中世的风貌得以廓清的同时，使西方中世的特征也能够得到更加清晰的呈现。

如果这两方面的目的都未能达成，那就说明比较的前提本身有问题，我们就必须重新构筑比较的立足点。

腐朽的古代帝国

汉帝国建立之初，中国人民真是松了口气。当时的人民实在是疲敝至极。回想起来，过去的战乱时期是多么漫长啊。从春秋到战国，从战国到秦，接着又到反秦内乱，进而发生楚汉争霸，如走马灯般令人眼花缭乱，一个个血流成河的战争场面接踵而至。不知道有多少人因此而悲惨地死去。汉初的人们是穿越战火死里逃生好不容易才活下来的。

战争终于结束，和平再次降临。我们这些幸运儿呀，今后可以保全性命幸福终生了。所以，忘掉过去的恩怨，放下既往的仇恨，让我们在新政权下谋求新生吧！和平万岁！拥护和平的大汉帝国万岁！

就这样，在人民的欢呼声中，深孚众望的大汉帝国隆重登场。然而，就是在西汉至东汉这长达四百年之久的岁月中，滋生了各种各样的矛盾。

古语曰：流水不腐。从春秋到战国再到秦朝，社会一直处于流动状态，社会的流动促进了其自身的净化。然而到了汉帝国这里却是一潭死水。风一吹，纵然水面泛起涟漪，而水底却纹丝不动。污秽淤滞于此，不断腐坏，滋生出沼气。

欢呼着迎来的大汉帝国，却在慢慢腐烂，滋生着臭气，汉朝人民备感幻灭。他们深感还是像古代帝国那样没有大的统一体更好，认为地方的事情就应该交给地方自己管理。民心所向，大汉帝国终未逃过灭亡的命运。而其灭亡后，并未出现代之而起的大的统一体。这就是古代的终结，中世的开始。

汉帝国的全盛时期，其人口数量大约有六千万，与罗马帝国的人口数量相当。试想在没有纸，没有印刷术，也没有汽车、电话，更没有飞机、收音机的时代，要统治庞大的六千万人口是一项何其艰巨的事业。更何况因为毫无先例，所以也毫无成功的经验可以参考借鉴。于是，政治家为这项艰巨的事业耗尽了毕生的智慧。

罗马人有句名言："我来，我见，我征服。"故此，罗马统治者一面施行怀柔政策给予征服地人民以罗马市民权，一面又拿出铁规强制其遵守罗马法律。不论在任何时代与社会，这种软硬兼施的政策对于统治者而言都是不可或缺的最高明的政术。

汉王朝亦如此。汉朝政府屡屡下诏要给全国每一位成年男子封爵。[1] 其时，爵位乃是士以上身份的人才有资格拥有的。中国的上古社会，士与庶民是两个对立的阶级。士可以说几乎完全拥有市民权，而庶民则可理解为不完全市民。

也就是说，汉王朝将全国人民几乎无一遗漏地从庶民提升到了士的地位，给予完全市民权以博得好感。然而，它同时又以极其严厉的态度命令全国人民严格尊奉朝廷颁布的刑法、律令。

汉王朝意识到，妨碍其统治全国的，首先就是曾经有功于统一事业的异姓王，如韩信、彭越等人。汉政府先除掉了这些异姓王，册立了同姓王，后待同姓王实力膨胀，又铲除了同姓王，进而确立了官僚统治体系。然而，官僚集团也经常处在严格监视之下，动辄有朝廷重臣被处死。地方官僚与人民也没有被放过。酷吏被委以重用，扎根民

---

[1] 赐民以爵，是秦汉特有的现象，史称"赐民爵"。汉朝四百年，十五岁以上的男子人人有份的赐爵，达到二十多次，所以百姓拥有爵位很普遍。（脚注皆为译注，下不一一标出。）

间，反抗朝廷统治的地方豪族皆遭到严酷镇压。

就这样，汉王朝的统治逐渐渗透到了地方的各个角落，随之而来的是上古以来的地方自治机能的瓦解。

不断瓦解的地方自治

总体来说，上古时期的中国，与欧洲的古希腊、古罗马一样，是无数都市国家的集合体。都市国家，原本是不隶属于任何他者的独立都市。这些都市被统一起来形成一个大帝国之后，丧失了其作为国家的机能，变成了单纯的聚落"邑"，但即便如此，其独立性与自治精神依然延续了很长一段时间。

西汉时期，全国的都市总共有三万，根据其规模大小或称"乡"或称"亭"，其中不少确实是上古时代具有独立性的都市国家的后身。在汉代，乡有三老、啬夫等头面人物，亭置亭长。这些即所谓乡、亭之职。其中，三老掌管教育，啬夫掌管赋税，亭长相当于警察。他们的地位在汉初颇为重要。正如史家屡屡指出的，就连天子有时也不能无视他们的意见。

想想看当然如此。天子一职，本来也只不过是从一个都市国家的首领演变而来的，到了汉代才出现了天子与地方乡、亭代表之间地位的天悬地隔。但即便如此，从根本上来说两者并无质的差异。

总之，作为地方性小都市的代表，乡、亭之职颇受重视，这点可以说是汉代政治制度的优点，同时也被认为是汉代政治制度相当健全的证据。也就是说，由地方人民的代表来确保地方自治，杜绝外部干涉，地方的事情也由地方人手来处理。应该注意的是，这些乡、亭之职，终究是由地方人民充当的，并不是政府所任命的吏。

汉政府为了控制地方，从中央派出吏，将地方都市中重要的乡改为县，派遣县令，任命县尉等，使之管辖附近的乡、亭。县之上有郡，郡中置太守及以下之官，这些便是吏。

随着汉政府的中央集权政策不断强化，由中央任命的吏的权力也日益增强，于是开始出现了吏与民的分离与对立。而乡亭之职不属于吏，到底只是民的身份。这样带来的结果必然是乡亭之职受到吏的轻视，其地位不断下降，与此同时，地方自治体也逐渐丧失了自治机能。与之相似的过程在罗马帝国的历史中也同样发生过。东西方世界正好基本同时经历了这一过程。

中央政府派遣吏去压制地方人民，并不是始于这个时期。很久之前，秦始皇就已经做过这种事了。汉王朝于开国之初曾宣告要走与秦朝相反的政治道路，然其一旦牢牢掌握了政权，就开始做起了与秦朝一样的事情。

于是，西汉末，乘王莽失政之机，地方动乱丛起，农民起义随之爆发，其中最典型的代表就是赤眉军，赤眉军打出了鲜明的对抗中央朝廷的旗帜，从中可见民间反抗气氛的不断郁积。也就是说，其领导者并没有僭称宰相或将军，而是自称三老、从事、卒史等等。这些均不算作吏，而是由民众充当的自治体的职位名号，因而在民间产生了很大的共鸣。虽然赤眉军的势力急剧扩大，然而由于缺乏统制力，最后被由豪族势力支持的光武帝击溃并收编。

善举得特权

到了东汉，政府的官僚化愈演愈烈。原本吏这一职位绝非世袭，只不过是政府任命的个人而已。然而由于其特权地位，结果自然而然出现了世袭化倾向。时至东汉，吏的世袭化加剧，其中，特权贵族将高官厚禄收入私囊的情况非常普遍。四世都曾出任三公职位的杨氏、袁氏家族是这一倾向的代表。

东汉时期，吏的最高职位是三公，三公指太尉、司徒、司空。其俸禄为每月350石（约7000升）米，与仅次于其位的九卿的每月180石米相比近乎是后者的两倍，可以说待遇相当优渥。

西汉末王莽时代，有一名士叫杨宝，王莽召之而不出，光武帝时再召，然未及任职即亡。杨宝某日见一黄雀为鸱鸮所搏，甚哀怜而救之。于是晚上梦见仙人西王母之使者现身，来谢先前救命之恩，并赠予他白玉手镯四枚，曰：循此镯之数，汝之子孙四代当位登三公。言毕乃去。

杨宝之子杨震，学问出众，德行拔萃，有"关西孔子"之誉，五十岁时才作为中央政府候补官吏步入官场，旋即一日九迁，安帝时已官至太尉。杨震之子杨秉亦官至太尉，杨秉之子杨赐由太尉升至司空，后其子杨彪于献帝时又做了太尉。虽然黄雀的故事是后世附会的神怪之谈，但能够接连几代都做上高官，在汉代也是极其罕见的。

与杨氏家族并称的是袁氏家族。东汉初有一人叫袁安，生于非常清贫的儒士之家。袁安在洛阳客居时，遇上大雪，交通阻断，饥荒四起。县令巡视民情，看到袁安家门口没有人进出的足印，心想他是不是已经饿死了，打开门进入房中一看，袁安居然正在睡觉。他心平气和地说："大雪，人皆饿，不宜干人。"县令很是钦佩，遂举袁安为孝廉。

袁安任楚郡太守时，曾负责审判一名皇族成员的谋反案件，其属官听闻天子明帝对谋反一事颇为愤怒，遂逮捕了大量相关人员并欲施加重刑。袁安听取了事情原委，释放了受连累的人，使得四百余家幸免于难。

　　天子后来也对袁安的处理方式颇为赞赏，遂擢其为首都长官河南尹。和帝时，朝廷外戚窦氏一族把持朝政，专横跋扈，其时袁安任司徒，不畏权势，与之对抗，因其一直坚持正义，故颇具声望。

　　袁安死后，他的家族仍隐然受到重视。袁安之子袁敞任司空，敞之兄名袁京，袁京之子袁汤任太尉，袁汤有逢、隗二子，袁逢任司空，袁隗任司徒。袁逢之子中有绍、术二人，此二人乃《三国志》中的英雄。袁绍为庶出，过继给了早逝的伯父袁成，继承了其家业。

　　袁安家族，四代之间位列三公者达五人，故有"四世五公"之称，比杨氏家族还多一人。

袁氏世系图

家族式猎官运动

　　出现代代都能占据官僚体系最高位的三公的家族，绝非得益于家族血统中有多么优秀的遗传基因。相反，这显露出当时的政界在不断固化，缺乏流动性，陷入了如动脉硬化般的恶性状态。而这正是朝廷官位逐渐被少数特权家族垄断所带来的后果。

　　杨氏、袁氏家族中，并不是只有位居三公的人才特别出人头地，他们的同族中还有众多高官显宦，而他们是其中的佼佼者。杨、袁二氏权倾天下，无人能及。此外，在朝廷中，手握特权的贵族不单单只有杨氏、袁氏两家，还有相当多的家族紧随其后，把持着相应的地位。当然，另一方面，在官场争斗中败下阵来，地位一落千丈的家族也不在少数。

从原初的理想来说，官位的任命应该依据个人的德行。然而在不知不觉中，以家族为单位的猎官运动却逐渐展开。整个家族抱成一团，专注扶植与培养家族势力，推立代表，使之登上权力巅峰，得势者再利用其地位拔擢同族的其他人。

这种以家族为单位的猎官运动一旦开始，其竞争的激烈程度要远高于个人间的竞争，因为官位有限，而家族人口却年年增长。因此，一个家族想要提升其既有的地位是非常困难的，相反，一旦粗心大意，就会有瞬间跌落深渊的危险。而最下级的吏处境尤为艰难，他们不断承受着来自上层的压力，不知何时就会从吏阶层降为庶民。

积极跻身官场

这些挣扎在最底层的下级官吏们，他们不甘落后于时代，努力向上，其苦心难以名状。

东汉官吏的任用原则是，地方长官先录用德学兼备者为属僚，后视个人成绩再向中央政府推荐。因此，有志于为官者，首先要拜师习儒。有声望的大学者门下，聚集了无数不远千里而来的弟子，作为老师也以门生众多为荣，弟子或至数千人。

当然，这么多门生，不可能人人都能亲传教授，因此会有高徒代教。也有弟子只图个名分，入门报个名就回去了，也未曾和老师见过面。此外，还有名师因弟子众多而受中央政府招请，被委任意想不到的高官。

走上学问之路，成为儒生，当然就要遵守儒礼，特别是孝敬父母、友爱兄弟之礼。而这并不只是在父母活着的时候，父母去世后才是最能尽孝的难得时机。儒礼规定服丧三年，孝子要按要求或高于要求忠实地执行。在父母都去世后分配遗产时，自己要尽可能少占有，礼让给兄弟，以示廉洁。

如此，在孝行、廉洁方面皆无可挑剔者，郡太守会以孝廉之名向中央举荐。

受地方长官拔擢为属吏或举为孝廉者，就迈出了官场生活的第一步。从这时起，他们就得以臣的身份侍奉长官。说到底，随着封建制度的崩溃，君臣关系只存在于天子与官吏之间。东汉以来，在天子与官吏之间又插入了地方长官，地方长官与其下属之间也出现了君臣关系。这是古代封建制度的部分复活，是应该特别关注的现象。

儒学生因为受到了举荐，自动陷入了这样一种君臣关系之中。而且，既然君臣之分已定，那么君臣关系就被认为是比作为私人领域的家庭道德的孝行更为重要的事情了。于是就不得不抛弃本家而为君尽忠。同时，从大局来看，为君尽忠就是为祖先行孝。何以至此？因为自己出人头地的同时，就给予了同宗共祖的族人发展的良机，如若自己或白家不幸遭遇灭亡的悲惨命运，只要其忠诚被朝廷认可，那么族人则可代为享受荣誉和特别的恩典。

《后汉书》中有《独行列传》一卷，是《史记》与《汉书》所没有的新创的列传，里面记载了如前所述的一心求道者的事迹。然而他们并不只是求道者。他们从为学开始，与地方长官结成君臣关系，进而与最高位的天子缔结君臣之契，从而在大处为国家民生做贡献，在小处为一家一门增荣光。

《后汉书·独行列传》的大部分内容是以各地编纂的地方先贤传为资料基础编纂而成的。这些先贤，可不仅仅是贤人，也是后世权大势大的名门贵族的祖先。

历来的中国史家，往往视东汉为风俗最纯良的时代，赞美这个时代是儒家思想比较理想地得到贯彻的时代，一部分根据就是《独行列传》。然而，从今天来看，这些先贤的行为并非全如传记所说的那么端正。不难想见，其中不乏俗不可耐、臭不可闻、沽名钓誉的伪善者，他们为一身一家一门的沉浮而进行着激烈的生存竞争。如若没有读出这一层含义，就无法正确理解《独行列传》本身。

逸民

《后汉书》中有《逸民列传》一卷，同样也为《史记》与《汉书》所无。《独行列传》不仅仅记述贤者的行为，还表彰君臣关系，或是以君臣关系为前提的德行，从一定程度来说带有强烈的功利心与世俗性。

与之相反，《逸民列传》中记载的人，都是无心于政治，从而摆脱了君臣关系，只活在个人世界中，具有反抗世俗精神的自由主义者。

他们摒弃仕途，声明只愿做一介布衣，虽然也许与老庄思想的共鸣是原因之一，但也是因为东汉是出仕从政极其艰难的时代。政界的竞争异常激烈，使用普通的手段无法出人头地，即使出人头地，稍有不慎，就会四方树敌，结果不知什么时候就会落入他人的陷阱与圈套，身处险境。

东汉以降有句俗话，曰"富不如贫，贵不如贱"，整个东汉政情不稳定，官吏也经常生活在不安中。

有一隐者曰庞公，这位老人相当于后面将要讲到的诸葛亮（181—234）的前辈。庞公一生就秉持着"富不如贫，贵不如贱"的人生观。地方长官想延请他做属官，但庞公屡召不应。某日，长官访庞公而至，见其与妻子在干农活，晒得黝黑。于是，长官问："先生苦居畎亩而不肯官禄，后世何以遗子孙乎？"庞公暂停手中的活，平静回答道："世人皆遗之以危，今独遗之以安。虽所遗不同，未为无所遗也。"

逸民又称高士，意思是拥有高尚志向的名士。通观东汉之后的整个六朝时代，与"独行"相比，还是逸民最受世人尊敬。因为对于高士来说，天子的权力也无法剥夺他们的志向。

这与《易》的思想也有关系。《易》之六爻中，处于最上位的就是逸民，天子位于其次。而且这不单只是比喻，诵读东晋时代的逸民如陶渊明等人的诗，谁都能读出诗人确实过着天子所不能及的高雅清逸的生活。

然而，逸民也会因时因地改变主意再次进入世俗的君臣关系中。作为前述庞公的后辈，诸葛亮就是其中之一，其原本的志向似乎就是一辈子当逸民。而且，他之所以在后世人气高涨，就是因为他的行为的根基处依然潜藏着逸民心态。

诸葛亮的出处、进退光明磊落。但在所谓逸民当中，也未必没有假高士，在最好的时机到来之前，他们迫不得已做个逸民的样子，糊弄世人。因中国社会极具复杂性，所以很难发现这一点。

当权者富，为民者贫

东汉时期，吏与民的阶级分化逐渐显著的背后，是不断扩大的贫富差距，我们不能忘记这一事实的存在。

众所周知，《史记》中有叙述亿万富翁的《货殖列传》，《汉书》继之，然《后汉书》并无《货殖列传》。那么，东汉没有富人吗？非也。只是其赚钱的方法、富人的表现大为改变。

从太古到西汉，中国基本处于经济增长期。小的都市国家逐渐统合成领土国家，出现了前所未有的大都市，那里有作为远程商业中心的繁荣市场，也催生了大商业资本家。欧洲历史学家所指出的存在于古希腊、古罗马的古代资本主义，在中国古代社会也同样存在过。

秦汉时期的大一统，就是在这种经济大发展的背景下才成为可能的。《史记·货殖列传》中记载的富豪，无非就是这些资本家。

必须注意的是，古代资本家们的财富积累行为，只是纯粹的经济行为。古代当然也有君主、大官僚这样的掌权者通过强取豪夺积累了大量财富，但是这些人并不在《史记》作者所言的货殖家之列。

所谓货殖家，指的是像陶朱公这样，在天下交通之要冲陶（今山东菏泽市定陶区）的市场上治产积居，瞄准时机通过投机获得巨额财富，三散千金于贫困亲友，又三致千金于腰间囊中。这表明当时以大都会的市场为中心，金钱在频繁周转。

一直到西汉结束，这种形势也没有改变。《史记》作者司马迁先提到了拥有"秩禄之奉，爵邑之入"的千户侯，他们从每户人家征收200钱的税，一年可收20万钱。然而作者认为，他们并不值得羡慕，无官无职的平民老百姓也可以通过经商经营，获得与之相匹敌的财富，《货殖列传》中就列举了各种产业家的事迹。

也就是说，西汉时代是古代资本家足以与政治统治者相抗衡而扬眉吐气的时代。

然而，到了东汉，中国经济转而开始停滞。经济停止增长，金钱流动迟缓，交易疲软，钱一旦离手就难以再次回到手中。在这样的社会中，"三致千金"无异于痴人说梦。赚钱在东汉社会变得极度困难。

不过当权者的掠夺就是另一回事了。到这里，中国社会就形成了富裕的当权者与贫瘠的人民之间的阶级之别，并且逐渐走向固化。世道何以至此?

通货紧缩

进入东汉,中国社会一直不景气。从严格意义上讲,"景气"一语仅限用于资本主义社会,但其实无所谓,现在可能发生的事情,也可能发生在古代。只不过时代愈古,整体节奏愈缓慢。现在一年的波动,在古代可能要花一百年,因此,经济波动周期即使是几百年也并非不可思议。我们可以将中世整体看成是一个经济波动周期。

中国古代使用黄金与铜钱作为货币。从战国时代起,一方面,铜山开发、铜钱铸造的活动非常活跃;另一方面,黄金从周边不断流入中国。

大体而言,黄金是以沙金的形态存在,遍地可得,因而不管多么不开化的人民都能采集。于是,在中国文化波及周边的同时,少数民族为了购买中国产的货物也向中国提供沙金,这样沙金就不断向中国集中。在今天看来,当时沙金的价格非常低廉。

在汉代,一斤黄金一般相当于一万枚铜钱,但当时一斤黄金的重量仅与七十七枚铜钱的重量相当,因此金、铜的比价是 1:130。黄金廉价得出奇。

然而,像这样流入中国的黄金,又开始向国外流出。总的来说,如果发达地区与不发达地区之间实行自由贸易,那么为了购买发达地区的物品,货币就会从不发达地区流出,这是规律。实际上,黄金在中国汇集,就是遵循这种规律的结果,但以同样的理由,中国的黄金也开始向作为发达地区的西亚流出。

东亚与西亚之交通,虽然可以上溯到史前时代,但频繁往来开始于汉武帝时代。从前阻碍中国与西方间交通的游牧民族被势力强盛的汉帝国驱逐四散，万里长城的西端一下子延伸到了敦煌一带，这样一来，汉王朝沿着敦煌南边的交通道路得以直抵散落在天山南路沙漠绿洲中的城郭国家，并与其保持接触。为了维持这条河西走廊，汉王朝对游走于北方的游牧民族采取怀柔政策，费了非常多的苦心。

天山以南的古代城郭都市国家，是由西方波斯系民族建立的，可以看出古代西亚文化的触手甚至延伸到了这里。这条细长的交通道路，就是后世所谓的"丝绸之路"。它的开通，使得东西间的交流迅速活跃起来。在中国的各种丝绸向西方输出的同时，西方的马匹、宝石、工艺品等也输入中国。

总体来说，中国的输入量超过了输出量，结果低廉的黄金不断流出。这也表明西亚文化有相对较高的水准，黄金流出实在是不得已之事。另一方面，中国周边因为沙金基本被采光，故供给大大减少。

丝绸之路上的交易规模，从今天看来微不足道，然而相应地，当时的经济基础也很薄弱，靠马和骆驼进行的商队贸易，时间一长肯定会发生重大变化。中国经济逐渐陷入了通货紧缩的状态。金钱花出去容易，收回来难。像往日一样获取千金易如反掌的好光景不会重现了。

庄园的流行

在如此不景气之际，所有人都在琢磨不花钱的办法。因此，尽可能自给自足的消极经济就流行起来了，庄园就是其最典型的代表。据记载，从司马迁所处的时代开始，除非商业投机，否则一口气赚大钱就已经不太可能，而最安全的资本保全方式莫过于土地投资。

创造了庄园式自给自足的经营方式，并成为后世典范的，乃西汉末年至东汉之初荣华一时的南阳樊氏家族。其创立者樊重，据称使用大量劳动力开垦了 300 余顷（约 2000 公顷[1]）土地，掘池养鱼，在原野上放牧，生产各种各样的商品。

这种极端自给自足的计划生产，想要家具，就得先种梓树、漆树，待树木长成后做成器具，再取漆涂于其上，实在是太花时间了。这个无视时间成本，一味想办法不花钱，现成品只是用来救急的时代，结果成为历史上颇有成效的时代。

东汉以降，这种庄园经济的规模愈来愈大，经六朝延续至唐代。为了自给自足，不得不生产品目繁多的物品，因而就得选择地形最复杂之地。这种地方得有山有谷，有川有野，从而得以种植谷物、蔬菜，养殖鸟兽鱼贝，进行一系列生产活动。于是，自家消费后的剩余物品才会拿到市场出售，这显然是经济上的倒行逆施。

何以见得？因为从《史记·货殖列传》所描述的经济生活中，我们可以知道，司马迁时代的分工生产已达到相当先进的阶段，市场上一次性集中了所有商品，进行着活跃的交易。

生产的物品首先在庄园内部消费，有了剩余才投入市场交易，市场势必不会活跃。况且庄园经济也影响了商业部门。也就是说，为了避免商人收取佣金，庄园自身把生产的物品搬运到市场上，同时在市场上购买必需品后再自行搬运回去。因此，大排车就成为庄园不可或缺的用具，而靠近水路的地方则必须有船。这样，原本由商人从事的运输业，就变成庄园自己来做了。

庄园又称作别业、别墅。庄园兴盛之前，人们都居住在城内，其自有地也在离城不远的郊外。然而，庄园都建在平原与山地的分界处

---

[1] 原作"1800 公顷"，不确，今改。

附近，离城颇远。在那里，除了庄园主之外，劳工们也安家于此，久而久之形成了村落。庄园主本来住在城内的主宅，庄园只是其偶尔巡游过夜之所，故被称为别业，这与欧洲别庄（villa）的出现如出一辙。伴随而来的则是古代都市制度的逐渐瓦解。

卖身的自由民

古代的居民住在围着城墙的都市"邑"中，邑的内部被划分为若干"里"，政府能够通过"里"管理居民。在城外，都市有配套的耕地，被称为"亭部"，也可以说是都市的领土。都市居民是里民的同时，也是在亭部拥有自有地，能够自耕自养的农民。

西汉时期，虽然人民被提高到了与士同等的地位，但同时作为公民却不得不被课以重税重赋。赋本是兵役的意思，到了汉代变成了代替兵役的人头税，必须缴纳铜钱，却不保证免服兵役。如果政府有需要，自己可能不知道什么时候就会被迫充兵。税与自有地有关，主要缴纳谷物。

到了东汉，由于整个社会货币紧张，对农民来说，最痛苦的莫过于纳钱之赋的负担。黄金外流导致货币绝对量不足，铜钱也变得格外珍贵。

有钱人一旦铜钱到手，就极少会再支出，钱不在市场流转，白白地被藏在某个角落永不见天日，于是通货不断趋于匮乏。

有人指出，当时的社会状况是"尽管谷物价格很低，但人民仍吃不上粮"。这其实是指，由于政府苛取铜钱，人民不得不连自己的口粮也卖了来纳税。

尽管如此，若能够纳税尚可，若无力纳税，人们就被迫离乡逃亡。虽然勉强有了公民权，但受政府的盘剥远远超过受政府的保护，想到这些，离开家乡也就没什么可留恋的了。

从原籍逃亡至他乡，也就不再受政府保护，变成了没有户籍、没有自有地的流浪之身，被叫作"客"。这些"客"要么到比较大的都市打临时工，要么寄身庄园，作为隶农在那里劳动，本来是完全自立的自由民，现在全家都隶属于庄园主了。

这一过程，与罗马时代出现的大土地所有制（colonatus）完全相同。这里就产生了既非自由民亦非奴隶，而是处于中间位置的贱民阶级。这就是唐代法制规定的作为"部曲"的隶民的起源。

人民不断从原籍逃亡到庄园，这对政府来说无疑是巨大的打击。政府再也无法把他们当作公民，让他们服兵役和缴租税。另一方面，庄园的规模发展到一定程度，就有了相当的自保能力，不再需要政府的保护。庄园主反而倚仗其自身的经济实力，开始索要地方官职，而且是只要权利，不履行义务。就这样，中央政府对地方的统制力日渐弱化。

然而，作为开垦手段，庄园还是甚有成效的。尤其是在资源开发迟缓的长江以南地区，因权势者在此建置庄园，生产力得以逐渐提高。

早先的庄园生产，比起质的提高，更注重总量规模的扩大。然而，经过六朝、唐代，总量规模达到某种程度后，庄园生产就转变为注重质的提高，成为构建新社会的原动力。当然，从东汉时期来看，这尚且属于遥远的将来之事。

家贫出孝子

越是不景气、生活艰难的世道，越强调家族团结的必要性。以亲子、夫妇关系为中心的家族若不能团结一心，齐心合力，就无法闯过世间的风风雨雨。

家族越大，其中的小家族如果不能首先团结起来形成稳固的小团体就比较难办，如若还有其他无以为系的贫困亲属那就更糟糕了，除非紧密团结，否则无法生存下去。而且，在这种境况下，弱者总是会成为牺牲对象。相对于父母与丈夫，儿女与妻子往往会被要求献身。这一时期出现的无数《孝子传》《列女传》，就是为遵守了这一标准的男女编纂的。

谚云："国乱显忠臣，家贫出孝子。"东汉以来，世态正是如此。古代也有孝子，如传说中的圣王舜耕田之时，象以牙助其耕，这样的故事也不少。然而到了东汉，却出现了大量令人痛心的凄惨贫穷的孝子故事。

东汉郭巨的故事，作为《二十四孝》中的一篇，在日本也很有名。据说郭巨在供养老母亲的时候儿子出生了，老母亲疼爱孙子，把自己的口粮节省下来给孙子吃。于是郭巨夫妇商量，觉得这样下去老母亲肯定会因为营养不良而病倒。儿子还可以再生，母亲死了就彻底没有了。两人一致认为只能牺牲儿子，于是掘地埋儿，挖到三尺深的时候，突然发现有东西闪闪发光，一看是个黄金釜，上书"天赐郭巨，官不得取，民不得夺"。

一说郭巨挖出来的不是釜，而是生黄金，釜是重量单位。然而，在很早之前有关郭巨的绘画中，画的就是釜的样子。

另外还有孝子孟宗的故事。据说孟宗的老母亲生病想吃竹笋，但严冬哪儿会有竹笋呢。孟宗只能冒雪进入竹林中，边哭泣边寻找竹笋，这时不可思议的事情发生了，竹笋竟然从地里一个接一个长了出来。孟宗采竹笋回来，给母亲吃了之后，母亲的病果然痊愈。从此，由大竹笋生长而成的大竹子就被称为孟宗竹。这也是《二十四孝》里的故事。

《二十四孝》在日本也非常有名，但其成书大概在元代，实际上并不是很古老。在日本，有仿照《二十四孝》编纂而成的《二十不孝》。日本人认为，行孝是理所当然的，找来找去只发现了不孝者二十人，于是觉得很自豪。

为不幸而哭泣的女性

《列女传》与《孝子传》一样，由刘向始编于西汉末年。刘向的《列女传》大体明快，有很多轻松的故事，而作为《后汉书》一卷的《列女传》，其后半部分展现的是在家族制度禁锢及战乱下的女性的被迫害史。

其中流传最久远的，当属东汉名士蔡邕之女蔡文姬的悲剧。文姬嫁人不久后丈夫去世，因为没有生孩子，文姬回到娘家，却不幸遭遇东汉末年的战乱，被游牧民族掳走，成了匈奴王之妻，生了两个孩子。她后来被曹操花重金赎回，嫁给了董祀。

文姬自小受教于其父，博学多才，妙于音律，擅长诗文。有一首叙述其半生流离困苦的五言长诗传世，悲切感人，尤其是描写与匈奴王所生二子惜别之苦的部分，更是千古绝唱：

> 儿前抱我颈，问母欲何之。
>
> 人言母当去，岂复有还时。
>
> 阿母常仁恻，今何更不慈。
>
> 我尚未成人，奈何不顾思。
>
> 见此崩五内，恍惚生狂痴。
>
> 号泣手抚摩，当发复回疑。

实际上，这样的悲剧随处可见，并非蔡文姬一人的特别遭遇。

美国波士顿美术博物馆收藏有据说出自宋代画家之手的《文姬归汉图》四连画作，使得文姬之名又广为欧美人所知。

但如果说蔡文姬被掳到长城之外的蒙古沙漠，这肯定是错误的。文姬被迫嫁给的夫君南匈奴左贤王，是移居到了长城以南，即现在山西省境内的游牧民族的首领。这首长诗也可能是后世假托文姬而作。

还应该注意的是，不仅仅是作为悲剧主角的《列女传》中的女性，其他地方如有模范青年登场的教育美谈背后，也存在无数被迫害的女性角色。如《二十四孝》中的丁兰的故事。丁兰幼丧父母，故刻木为像，事之如生，极尽孝养。其妻某日无意之中，以针刺之，血出。丁兰回到家看见后，大怒，号啕痛哭，逐妻而出。

因思慕父母而刻像事之，是无关儒教之礼的极其荒诞的行为。夫妇因此离别，着实是令人心酸的悲剧。况且，如此对待妻子却被视为豪杰，因而出人头地，可见在生活的苦不堪言下，人伦关系被扭曲至何种地步。非但如此，这种人伦观念一直持续到思想革命兴起的民国初年，桎梏中国老百姓近两千年之久。

悲观论的谱系

在这种社会背景下的文学与思想，也与前代大不一样，充满阴郁、带着哀调的悲观论成为主流。

遥远的春秋战国时代，尽管在后世看来是战乱频仍的乱世，但那个时代的精神生活却是十足充沛，朝气蓬勃，这种风貌一直持续到西汉。就连悲观论的代表、时常满面涕泪的贾谊，从根底上讲也是信心满满，确信一切事态皆可改善。然而，随着东汉末期的到来，充满绝望的悲观论开始登场。

与蔡文姬的父亲蔡邕并称的同时代文人孔融，有一首悲叹爱子之死的五言诗：

> 褰裳上墟丘，但见蒿与薇。
> 白骨归黄泉，肌体乘尘飞。
> 生时不识父，死后知我谁。
> ……
> 俯仰内伤心，不觉泪沾衣。
> 人生自有命，但恨生日希。

由爱子之死到哀叹整个人生，这已非单纯的感伤，而是陷入了无助的绝望与悲伤中。

当时的思想界也是如此。东汉时代的悲观论，从王充开始，由王符继承，至仲长统而达到顶点。仲长统，姓仲长，名统，著有《昌言》三十四篇，但只有一部分流传了下来。读其文章，不难发现，作者不仅对世态深感绝望，更视整个历史为苦恼与罪恶的连续，悲观史论贯穿始终。

> 夫乱世长而化世短。乱世则小人贵宠，君子困贱。……昔春秋之时，周氏之乱世也。逮乎战国，则又甚矣。秦政乘并兼之势，放虎狼之心，屠裂天下，吞食生人，暴虐不已，以招楚汉用兵之苦，甚于战国之时也。汉二百年而遭王莽之乱，计其残夷灭亡之数，又复倍乎秦、项矣。以及今日，名都空而不居，百里绝

而无民者，不可胜数，此则又甚于亡新之时也。悲夫！不及五百年，大难三起，中间之乱，尚不数焉。变而弥猜，下而加酷，推此以往，可及于尽矣。嗟乎！不知来世圣人救此之道，将何用也？又不知天若穷此之数，欲何至邪？

此处，作者深陷无助与绝望中：思及救世之道，但到底无用；盼望圣人出现，但终不可期。世道终会穷尽，说不定那时会得到救赎。

浊流吞没清流

在仲长统这里，悲观论之所以加深，是因为当时不断激化的朝廷权力斗争。他认为这是君子与小人的对立、清与浊之争。

如前所述，当时的官位逐渐被特定家族世袭与霸占。换言之，官位成了某些贵族的私有物。当然，表面上他们还会遵守官吏选任规则，按着为学、长官推荐、审查、任命这些程序进行，然而在这一过程中不断地进行暗箱操作，选任显失公平，结果只能导致官位私有化。

既然官位被私有化，选任不按常道，走后门就见怪不怪了。于是靠贿赂、托关系的猎官运动盛行，其背后的势力乃是因偶然之机得近天子之侧的外戚与宦官。

外戚与宦官势力，在通过正规程序、堂堂正正晋升且引以为傲的所谓清流贵族集团眼中，是污秽不堪的浊流，不屑与之共事的小人。清浊之争不断激化，一时间浊流势力强盛，镇压反对派，掀起了所谓党锢之禁（166 年）。反对浊流的名士们被免官停职，罢黜流放。

后世的史家，都不由分说地站在这场争斗的清流一方，指责反对派是浊流与小人。但仔细观察可以发现，所谓清流一方也有许多可议之处。首先，这场斗争强烈地表现出权力斗争的色彩，而几乎不涉及政策方面的争论，虽然这是在任何时代的党派斗争中都难以避免的倾向。当时的朝廷，财政濒临崩溃，游牧民族势力虎视眈眈，然而这些急务却鲜有人提出讨论。

郭泰（明版《集古像赞》）

因为财政困难，天子开始施行前所未有的卖官制度，但一味地讽刺嘲骂而无实际对策与行动，终究无济于事。因而识时务如名士郭泰者，并未参与到这场过激运动中，只是面对濒临灭亡的汉王朝哀叹道："邦国殄瘁。瞻乌爰止，不知于谁之屋。"

民变蜂起

中央政府的政要们日夜沉溺于权力斗争，各个小贵族乘势而起，在地方政府霸占官位，仗势欺人，压迫地方自治。在这样的世道中，毫无权力的可怜老百姓无疑成了最大的受害者。地方小都市中原本的市民依存关系被割断，都市自身也濒临瓦解、岌岌可危，老百姓没有任何可以依靠的力量。

这恰如罗马帝国晚期的状态，人民不再相信中央政府，也不再指望地方自治，而是开始摸索新的自卫方式。在罗马帝国，正好当时从东方传入了基督教。同样地，来自西方的佛教也传到了东方的汉帝国。这两种宗教，皆于文化古老而发达的西亚文化圈中发展壮大，并具有广泛的社会基础。

只是在当时的中国社会，佛教被接受、被理解的时机尚未成熟。特别是最早传入的是对生活方式有所规定、以戒律为重的小乘佛教。要在温带的中国原原本本地实行热带的印度地区的生活方式，当然会遭到强烈的抵抗。

因此，只借鉴了佛教相互扶助思想的新的宗教团体出现了，其信仰杂糅了古代中国的民间崇拜与佛教教义。疲于政府恶政，对由营养不良而引发的流行病惴惴不安的民众，争先恐后地加入新兴宗教。

张角与其弟张宝共同开创了新宗教太平道，并将大本营建立在了钜鹿（现在的河北省境内）。他们主张生病不用就医、不用吃药，烧符入水饮之，便可即刻痊愈，以此蛊惑民众。

这一主张相互扶助的宗教团体，其势力与规模急剧膨胀，信众达到数十万人之多，且在各地成立支部，模仿军队组织设置阶级，编成三十六方。方就相当于将军。其势力越来越大，必然会与国家秩序发生冲突。张角决意于甲子年（184年）发动起义，宣称"苍天已死，黄天当立"，与三十六方约定好同日起兵。其信徒皆头裹黄巾，以此为同志标识，这就是"黄巾起义"。

朝廷大惊，一方面派遣军队讨伐，一方面招募地方义勇军，寻求协助。然而，这样就必须撤销党锢之令，收买地方豪族之欢心，否则难以推进。于是，拥有众多同族及隶民的当权者，不断加入政府军中，成为讨伐黄巾军的支援力量。

黄巾起义的总指挥张角不久战死，其党羽也因为遭到政府军的打击，组织一时崩溃，不得不转入地下活动。因此，社会治安再次恢复，但政府的威信荡然无存。通过讨伐黄巾军，豪族们认识到了自己的实力，看破了朝廷贵族的无能，他们已经不甘受腐败官僚的使唤。

混乱的揭幕

朝廷对这种危机毫无察觉，依然沉溺于权力斗争中。昏庸的天子汉灵帝死后，乘继任者弘农王无能之机，外戚何氏与宦官决裂。宦官发动武装，杀死了皇太后何氏之兄何进。而后，相当于掌管着首都洛阳附近所有警察的司隶校尉袁绍挥师入宫，将两千余名宦官诛杀殆尽。

最初，何进虽然打压宦官势力，但为了避免被指责专权，于是以商议为名，召集地方将军进入都城洛阳。袁绍发动政变之后，诸将率兵集结而至，其中最强势者当属董卓。董卓长年驻扎在西部藏地边境，带领着羌族出身的军队，还将在山西指挥匈奴军队的猛将吕布纳入麾下。这一方的骑兵部队骁勇善战，远超汉族出身的正规军。

董卓想以此为机，巩固自己的权力，遂召集诸将，商议废立之事。于是废弘农王，拥立其弟为新皇帝，这就是东汉最后的天子——汉献帝。对董卓的专横颇为不满的诸将，逃回各自的根据地，联合起兵，围攻董卓于洛阳。董卓寡不敌众，烧毁了整个洛阳城，挟天子将都城西迁至长安。蔡文姬恐怕就是在这个时候被匈奴兵掠走的。

东汉末年，虽说国势衰微，但凭借贵族官僚集团之力，尚且苟延残喘。然而，如今朝廷的权力落入军阀手中，可以说实质上东汉王朝已经灭亡。同时，这一早见端倪的黑暗的低谷时代，在此时急转直下，向灭亡的深渊加速坠落。

第二章 三分天下

乱世之枭雄

三国时代，虽然从形式上看是东汉灭亡（220 年），魏、蜀、吴三个独立国家形成之后的事情，然而实质上早已存在。在著名的古典小说《三国演义》中，最引人入胜的也是讲述在三国确立之前那个动荡期，活跃在历史舞台上的英雄们的故事。

与世人的爱憎相反，三国的主角是遭人憎恨的魏国曹操（155—220）。曹操家世不明，这意味着其出身并非名门贵族，很可能是当地的土豪。当时有位著名的人物评论家断言曹操是"治世之能臣，乱世之奸雄"，曹操听后却非常满意。因发动义勇军镇压黄巾起义，曹操的才能得到高度认可。

董卓之乱可以说是已经降汉的长城以北的游牧民族在认识到自己的实力后迈出的反朝廷的第一步。董卓部下的精锐都是出身于羌族、匈奴的骑兵，他自己也很可能是少数民族出身。罗马帝国末期也发生过类似的事情——日耳曼雇佣兵首领废黜了当时的罗马皇帝，自立为王。

董卓在长安被吕布杀死后，羌族出身的部下与匈奴出身的部下分裂相争，而后又由曹操统合为一。曹操的军队最初是以同族、隶民为中心组建起来的乡党集团，讨伐黄巾军后收编了降兵得以壮大，如今又吸纳了游牧民族部队，俨然成为当时最强的军阀集团。

曹操足智多谋，常使部下心服口服，善于把握时机。在献帝逃离长安惊魂未定不知所之之时，最早计划将献帝迎至自己的地盘，挟天子以令天下者唯有曹操。

代表旧势力与曹操这一土豪阶层的新兴势力相抗衡的乃是出身"四世居三公位"之家的袁绍。袁绍以河北为根据地，与身处河南的曹操连年隔河交战，而最后曹操获胜。这最为鲜明地象征着新旧势力的更迭。曹操不久被封为魏王，也就意味着事实上的魏王朝诞生了。

屯田政策

财政困难是导致东汉政权衰落的一个主要原因。很多本来居住在乡、亭的农业都市的人民，因无法承担公家的课税而纷纷逃至私人庄园，变身隶民，也就是"客"，从而导致了政府财政困难。也就是说，本来属于政府的人民被庄园夺走了。

董卓之乱以后，地方群雄割据相争，但这些出现于东汉恶政之下的割据政府，其财政并未迅速丰盈。土豪阶层是这些地方政权的有力

支持者，如果向这些大土地所有者课以重税的话，他们就会有马上叛离的危险，因而不得不小心谨慎。

占据中央要地，在名义上拥护东汉政权的曹操尤为艰难。只因其盘踞在天下的中心，始终被四方强豪包围，故军备一日不敢懈怠。然而，军备在任何世道都是个只吃粮不吐粮的主，何况连年战乱，土地荒芜，人民离散，生产衰退，自然财源告竭。

屯田制这一新政就在这种情境下应运而生（196 年）。这意味着皇帝仿照豪族的做法，自己也拥有庄园。

一方面，因战乱而荒废无主的土地收归政府管理，政府召集贫民耕种这些"田"，贫民向政府缴纳地租。地租五成，已经相当重了，而若从政府处借耕牛使用，则必须缴纳六成。这恐怕是照搬原来地方土豪管理庄园的方法。另一方面，贫民也乐意投身于屯田生产，因为地租虽高，但是以实物缴纳，不会被强制索要铜钱。

魏的财政几乎全部依靠屯田。欧洲中世纪也与此相似。比如查理大帝的法兰克王国，其岁入来源也是庄园。曹操之所以能战胜强敌袁绍，也是因为屯田政策的成功，从而保证了粮食的充足。战乱之际，粮食才是无可替代之法宝。

曹操打败袁绍的同时，也一并残忍地诛杀了袁绍全军，据说多达数万人。在粮食常常供不应求的乱世，军队人数太多就无法应对。话虽如此，如果让他们归农，这些过惯了军队生活的人也会因为不适应而离开土地，若成了地痞流氓，则会危害治安。因此，还不如行使胜利者的权利将敌方士卒杀光更为利落。

曹操
（庆长版《历代君臣图像》）

这确实是残酷的手段，但世道就是如此艰难。

大军在前线基地驻屯时也要进行屯田生产，这就使得非生产性的军队在有余力的情况下也能参与生产，从而减少了中央的粮食供给负担。

屯田这种手段，在汉代也时而施行，但是是为了强化乡、亭这种农业都市。魏的屯田却与之相反，采取村落的形式，这大概也是照搬了豪族庄园的做法。

就这样，在古代都市衰落的同时，零零落落的新聚落也在各地出现了。古代本没有"村"这个字，因为没有村这一实体。因屯田而产生的村落最早写作"邨"，后来全部改用同音的"村"字。古代延续下来的都市与新兴的村落并立，这是中国中世社会的特色。欧洲的中世纪也同样如此。

孙氏的霸业

英武的曹操平定了黄河沿岸以袁绍为首的群雄，但在南方长江流域却未能如愿以偿。因为此处地形完全不同，在北方所向披靡的骑兵的威力无法得到有效发挥。

长江流域自古乃沮洳之地，低湿多水。然而这种低湿之地，若能做好排水措施，就能够变成生产效能相当高的肥沃耕地。

现在的南京，战国时代称为金陵，乃湿地中的丘陵，秦代开凿运河进行排水，使之变成了丰沃的平原。这条运河就是秦淮河，如今依然流经南京市内注入长江。同样的治水工程在长江沿岸到处进行。在这方面，豪族的庄园开发起到了很大作用。

东汉末年，在如今的杭州南部，临近钱塘江一带，出现了土豪孙氏。他们自称是战国时代的战略家孙子的后代，当然实际上并非如此。黄巾起义军逼近长江平原北部时，土豪孙坚（156—192）[1]因率领乡里青年加入政府军而立功，故其名直达中央。而且，在董卓之乱时又率兵以寡敌众，重挫董卓先锋，从此名震天下。

其子孙策（175—200）雄才大略不输其父，拓展地盘，将长江下游一带悉数收入囊中。作为一介土豪，正逢风云际会，在依靠自己的力量扩张领土这一点上，孙策也是煞费苦心。孙策豪胆过人，每逢作战，必冲锋在前。这般豪放的态度也同时埋下了祸根。

在北方，当曹操正在前线与袁绍隔河血战时，孙策订下大胆至极的计划，企图趁机偷袭曹操的大本营，迎接汉献帝，成就霸业。然而，就在其密整军备、部署军队时，不幸遭遇刺客的袭击，身负重伤。这几个刺客是此前孙策所杀的地方长官之子及其部下。刺客知道孙策自恃果勇，常常单骑外出，因此成功实施了袭击。必须承认孙策败于他的果勇，但也是他的果勇成就了他的伟业。

重伤卧床的孙策，急忙召唤其弟孙权（182—252）托付后事。孙策对孙权说：

"举江东之众，决机于两阵之间，与天下争衡，卿不如我。举贤任能，各尽其心，以保江东，我不如卿。"

孙策说完就断了气，年仅二十六岁。当时孙策开拓的吴国的领土，北接曹魏，西邻盘踞于荆州的刘表政权。

桃园结义

身逢乱世，富人也好穷人也罢，都面临相同的危险，但与此同

---

[1] 孙坚生年有 155、卒年有 191 的不同说法。

时，不论是穷人还是富人，也都有雄飞之机。从这一点来看，可以说这是妙不可言的时代。

后来被称为蜀汉"先主"的刘备（161—223），出生于现在的北京的西南方。刘备虽自称是西汉景帝之子中山靖王刘胜的后代，但是其族谱有些可疑。不论如何，从景帝时期算起，到刘备的祖父刘雄时期为止，已经过了三百年。然而刘备自己却似乎对族谱深信不疑。祖父刘雄好不容易才升至县令，而父亲刘弘却很早去世，身为孤儿的刘备生活贫寒，以卖草鞋织草席为生。刘备刚好处于吏与民之间的阶层，若身份再高一点，则有可能获得同族之人更有力的支持。

刘备获得同族的善意资助，总算得以拜师读书，但他不愿意一直受人恩惠，遂投身于侠客群体。于是，他结识了境遇相似的关羽和张飞，很是意气相投。某日，三人于桃花盛开的花园中举酒结义，按年龄刘备称兄，关羽次之，张飞最小。

黄巾起义让刘备获得了成为小军阀将领的机会，不久，刘备当上了徐州刺史。其时董卓的旧部下吕布被曹操追击逃至徐州，刘备侠义心肠，贸然接纳了吕布，却招来灾祸。全然没将刘备放在眼里的吕布攻占了徐州，自己反客为主。刘备请来曹操的军队讨伐并生擒了吕布，就此成为曹操的"客"。

刘备自恃拥有汉皇室血统，他虽然是曹操的客，却很反感曹操过分怠慢汉帝的做法，所以参与了皇宫中发起的暗杀曹操的计划。然而计划败露，同伙被抓，刘备只好逃走，依附河北的袁绍。而被落下的关羽却遭到曹操军队包围被俘。

曹操欣赏关羽的勇武，厚礼相待。不过，关羽得知刘备的下落后，想要回到刘备的身边，但另一方面又无法无视曹操的厚意。于是，关羽打算做出一点贡献，回报曹操的知遇之恩后离开。

正好曹操与袁绍之间又起战端，袁绍以麾下猛将颜良为先锋来攻，关羽单骑直捣敌方战阵将颜良斩首。此后，关羽封存了曹操的赐品，留书告辞，奔赴刘备处。刘备觉察袁绍将来必败，于是离开袁绍，投奔占据南方荆州襄阳的刘表，成为"客"。

刘表从年轻时起就是贵族社交圈的红人，然而在生存竞争激烈的乱世，却并无应变之才。

刘表对刘备前来投靠表示欢迎，表面上厚待刘备，却没有气魄和刘备联合起来，与曹操一争天下。刘备劝刘表趁曹操与袁绍争战之隙，进军中原，偷袭曹操的后方，但刘表没有采用这个计策，刘备因此怏怏不乐。

诸葛亮

刘备出身低微，虽然手下有关羽、张飞、赵云等勇将，却没有能在贵族界说得上话的参谋。当时的地方割据群雄均延请原先贵族社会的文人名士为参谋。表面上看这完全是军阀之间凭借自身军事实力竞争的世道，但与日本战国时代 [1] 不同，贵族名士在当时颇受倚重，在情报搜集、外交折冲上发挥着重要作用。

刘备非常渴求这类参谋之才，并四处寻找，后来听说一位名叫诸葛亮的名士隐居在襄阳郊外。

诸葛亮，字孔明，原籍在山东胶州湾西南岸的琅琊。他并非出身

---

[1] 从室町时代后期发生应仁、文明之乱的 1467 年（应仁元年）开始，至室町幕府被织田信长消灭的 1573 年（天正元年）为止的一个多世纪，被称为战国时代。在京都的幕府势力衰退，各地大名割据一方，武力抗争反复上演，因有此称。

于顶级名门，但在贵族社会也数一流。顶级名门难出顶级之才，任何世道皆如此。因而能出顶级之才的诸葛亮家族，我们姑且认为是一流之家吧。

诸葛亮之兄诸葛瑾追随孙权，族弟诸葛诞为曹操所用，只有诸葛亮隐居在荆州的乡下。或许像这样一族人分散居住在各地，是为了以防万一，有意识地分散危险。

在严厉实行连坐的社会，全族若聚居一处，那么在不幸受牵连时，就会被一网打尽，遭灭门之灾。因此，为了避免这种悲剧而分散居住，在战乱的中国是常见的自卫策略。同时，这也是便于相互扶助的有效方法。

刘备拜访隐居在乡下的诸葛亮，一连两次都吃了闭门羹，第三次才终于如愿以偿，诸葛亮答应出山，这就是著名的"三顾茅庐"的故事。当时，刘备只是客将，虽然带来了旧部下的精锐若干，却没有分毫属于自己的地盘，谁也不知道将来的局面会怎样。以刘备的身份，能够请诸葛亮这样的一流名士出山坐镇，他本人无疑也是在某些方面拥有超凡魅力的人物。

诸葛亮向刘备说明了寻找合适的根据地的必要性，并拟订了夺取蜀地的策略，但还有比这更迫在眉睫的问题。因为打败袁绍平定了黄河流域的曹操，已经发兵来攻打荆州，作为进军长江流域的第一步。

决断时刻

正当此时，刘表病逝，留下了两个关系不和的儿子刘琦与刘琮。一直跟着父亲的刘琮望而生畏，投降了曹操。本来曹操就是挟汉家天子以令诸侯，对刘琮来说，降曹也是当然之举。

　　然而已经与曹操为敌的刘备肯定不能降曹。他与刘表的长子刘琦结盟，阻挡曹操南下，致力于保全荆州。诸葛亮劝刘备向吴国的孙权求助，且自己充当使者前往说服孙权。

　　当时的吴国，距孙权十九岁继承其兄孙策之业已过去了八年。诸葛亮到达吴国后，发现这里也是从上到下骚动不安人心惶惶。原来吴国刚刚收到曹操致孙权的劝降信，信中写满威胁与恫吓：

　　"近者奉辞伐罪，旄麾南指，刘琮束手。今治水军八十万众，方与将军会猎于吴。"

　　毕竟曹操是奉汉室天子之命，出师有名。况且此时的曹操乘平定荆州中心地带之余威，又新将荆州水军收编麾下。于是吴国分裂成两派：一派主张迎接曹操，主动投降；一派主张抵御曹操以保卫吴国的独立地位，两派相争不下。

　　以张昭为首的迎降主和派多为贵族文官，因为他们以大义名分为尊。况且，他们的身份具有国际性价值，即使吴国灭亡，他们也无动于衷。因为在其他政权下，他们照样是贵族，不会丧失既有的社会地位。

　　然而，以周瑜为首的土豪将军，基本上持主战论。他们为孙氏政权而战，凭战功获得了如今的地位。正是因为吴国的存在，他们才能以功臣自居，耀武扬威。如若吴国灭亡，他们也就失去了自己的地盘。于是，依靠土豪势力站稳脚跟的孙氏，自然与武将阵营立场一致。

　　诸葛亮完全从主战派角度出发，劝说孙权当机立断：

　　"曹操既为曹相国之后，则世为汉臣矣。今乃专权肆横，欺凌君父，是不惟无君，亦且蔑祖，不惟汉室之乱臣，亦曹氏之贼子也。……海内大乱，将军起兵据有江东，刘豫州亦收众汉南，与曹操并争天下。……今将军诚能命猛将统兵数万，与豫州协规同力，破曹军必矣。操军破，必北还，如此则荆、吴之势强，鼎足之形成矣。成败之机，在于今日。"

小心谨慎的孙权听从了武将们的主张及诸葛亮的劝说，下定决心与曹操一决雌雄。孙权命主战派的周瑜率水军逆长江而上，与整装待发的刘备大军会合，迎战曹军。

赤壁之战

在今武汉市西南嘉鱼县的赤壁，曹操与孙刘两军隔江对峙。长江广阔如海，弯曲众多，河汉繁密，所以必须先查明对手所在的位置。因此，大部队未动，谍报战先行。吴军部将黄盖投书曹操，诈称降曹，实际上带着装载有枯草等可燃物的十艘战船，离开大本营驶向江北的曹操阵营。

江北官兵听闻有江南降军要来，正立于船舷眺望，只见迫近的十艘船只，早已着火，冒着黑烟，乘风势冲向曹军船队。于是江北曹军大乱，江面上的战船被全部烧毁沉没。与此同时，江南孙刘的主力部队乘机发起全面进攻，大破曹操水军，其陆军也失去斗志，全部溃败。曹操死里逃生，撤回本国（208 年）。

如前所述，赤壁之战发生在嘉鱼县的赤壁，后世却误以为是在武汉市东南蒲圻市的赤壁，宋代诗人苏东坡还曾到此游览，写下了著名的《赤壁赋》。然而，这与历史事实不符，因为曹操逃跑的时候经过了嘉鱼县北的华容道。

在刘备军中，此战的第一大功臣无论如何当数诸葛亮。不管关羽、张飞是何等勇猛，都不能胜任出使吴国说服孙权的要务。无论是从学问教养，还是洞察时势的见识，抑或出身门阀，都只有诸葛亮能够出色完成这一使命。自此以后，诸葛亮的军师地位得以确立，刘备及其手下武将都对诸葛亮信赖有加。

赤壁之战后，荆州自然成为刘备的囊中之物，大概相当于现在的湖北、湖南二省。但是，此地还没有得到开发，生产力低下，再者地形开阔，四面没有屏障。诸葛亮此前考虑过谋取西方之蜀地亦即当时的益州作为根据地，却不想时机竟意外地早早来临。于是，诸葛亮再次登上外交舞台，大显身手。

刘备

彼时益州尚被刘璋政权割据占领。这一家族为汉室的一个分支，他的父亲刘焉抢先于群雄物色适合割据之地，最终坐稳了益州牧的位置，就这样扎根下来。

万幸中原的动乱未波及此地，刘焉得以苟且偷安。但他的儿子刘璋继位后，虽远隔中原，却深感业已平定北方的曹操的压力正在逼近。然而，刘璋昏庸无能，不知如何是好。于是，嗅到危机的敏锐的文人官僚派率先行动了。

为确保益州的社会稳定，不至于陷入混乱，文人官僚派首先想到的是接纳曹操，出卖刘璋政权。但若这么做了，此后肯定会有来自中央的一流贵族进入益州，占据要职，这些已过惯了山中无老虎、猴子称大王生活的官僚们，到时马上就会被边缘化，只能得个三流、四流的官位。形势如此，他们当然相当苦恼。

那么，方案二就是迎接刘备，取代刘璋，从而借助刘备的武力维持益州的独立。这样一来，原先的官僚将能保住他们作为本地贵族的地位。于是，益州的文人官僚法正、张松等人就开始与荆州暗通款曲。在双方的秘密交涉中，荆州方面的首要人物不用说自然是诸葛亮。

然而益州的武将们单纯老实，他们明显完全不赞成这一阴谋。于是，就在文人官僚们等待时机到来时，来自北方的曹操的压力忽然变成了现实。曹操平定中原期间，陕西地区尚处于军阀割据相争之中。来到这里的曹操趁军阀混战疲惫之机，一举讨平陕西。在陕西的南面，虽然有黄巾军余党张鲁建立的割据政权，但软弱不堪，在曹操面前毫无招架之力。其南部即临近益州的边界。

于是，益州的文官们献策劝说刘璋借刘备之兵驻屯于国境，抵挡曹操入侵。刘璋不假思索便同意了，派法正出使荆州，这正中文官们的下怀。刘备求之不得，于是率数万士兵大摇大摆进入益州。从人物手腕来看，刘璋远不及刘备，根本不是刘备的对手。结果刘璋被鸠占鹊巢，刘备反成了益州长官，称益州牧，以成都为根据地。

诸葛亮被任命为军师，尽心竭力于新领土的统治。因为刘备们说起来是所谓的外来者，所以如何协调他们与土著贵族豪族之间的利害关系是诸葛亮需要费心解决的中心问题。

对本地人来说，他们的家族已经掌握既得利益，因为已得到历史公认，所以不得不尊重。然而，与此同时，无视个人才能将会招致愤懑，无法得到最优秀的人才。不难想象，此时诸葛亮公正无私之心与身为中原一流贵族的姿态发挥了多么大的作用。

曹操不望蜀

位于陕西渭水盆地与四川平原之间的汉中地区的张鲁政权非常特

别。最初张道陵（张陵）在这个地方创立了与黄巾军领袖张角相似的新宗教，获得了大批信众。

因为入教者需要缴纳五斗米作为入教费，故称五斗米道。其让信徒读老子《道德经》，传授治病及长生不老之术。到了他的孙子张鲁时期，赶走地方官，建立起宗教王国，而且兴行社会事业，如在道路旁修建供旅行者免费使用的旅舍等。五斗米道被认为是后来流行全中国的道教的起源。

曹操平定了陕西后，就跨越险阻进兵汉中。张鲁本来就不是曹操的对手。在溃败后准备逃离据点之际，有部下提议烧光仓库的粮食财货再离开，被张鲁严词拒绝。于是，封存仓库的所有物品，留置原地，随后才逃走。张鲁忠实地践行了自己一贯主张的财宝与粮食不属于统治者而属于人民的观点。因此，曹操入城后对张鲁的用意心存感激，以敬重的态度劝降张鲁，并优待张鲁及其亲信，封以爵位。

曹操的参谋司马懿建议乘胜直取蜀地的大本营。当时刘备政权刚刚建立，基础尚不牢固，司马懿认为若此时长驱直入，必定能瞬间将其摧毁。然而曹操对此犹豫不决。

他说道："人苦不知足，既得陇，复望蜀耶？"

于是只安排了部将留守，便撤退了。曹操原原本本地重复了一遍东汉光武帝所说的这句话。

曹操平定汉中本是蜀地刘备最关心的事情。然而，曹操却从汉中引兵而退，着实让刘备松了一口气。他推测肯定是曹营内部发生了什么变故。

事实上，曹操回到根据地邺城后不久，在洛阳的汉献帝便遣使者前来封曹操为魏王。这实际上当然是曹操自己操作的如意算盘。曹操至此已基本成功驱逐了汉朝廷中的反对势力。为了达到这一目的，曹操不择手段，甚至残忍杀害了献帝的皇后伏氏及其所生的两个皇子，让自己的女儿成为皇后。然而，汉王朝毕竟已经存在了四百年，其传统可谓根深蒂固，说不定什么时候哪股反对势力就会跳将出来。因此，曹操迫切需要从名与实两方面确立自己的地位。

最终，曹操得到了与天子同车同服的礼遇。曹操的儿子曹丕被册立为魏王世子。与汉天子只有称皇帝与称王的差别而已。对曹操而言，比起对外扩张，如今应该优先巩固内部的基础。

三国之攻防

然而，最晚打下江山的刘备却还想获取更多的领土。如果形势就此固定的话，刘备掌握的就只是一个地方性政权。

刘备看穿了留守汉中的大将夏侯渊只是曹操的近亲而已，并无什么突出的才能。于是，刘备亲自督率张飞、赵云、黄忠诸将进军汉中，大破魏军，斩杀夏侯渊。曹操大惊，率兵救援，与刘备对阵，但因交通不便，军粮不继，最终不得不放弃汉中，引兵北归。

刘备新占领汉中，十分得意，因为这里是自己的祖先汉高祖最早的根据地。也就是历经四百余年后，作为汉室子孙的自己得以主人的身份进入汉王朝的发祥地。刘备似乎觉得自己预见了汉王朝的复兴。他自封为汉中王，打算与魏王曹操相抗衡。

然而，刘备没能一直这么幸运下去。在与吴国接壤的荆州，不幸发生了不可逆转的失败。

刘备入蜀不久，吴国的孙权就要求割让荆州之地，作为此前援助赤壁之战的报偿。但是，荆州对于刘备而言，是进出中原最近的立足地。双方争执的结果是荆州南部割让给吴国，北部仍属蜀国，就这样达成了暂时性的妥协。

关羽得知刘备在汉中与曹操对阵后，就开始在荆州活动，打算把魏军吸引过来以减轻刘备的负担。他成功地出击残留于荆州北部襄阳一带的魏军，生擒主将于禁，斩杀庞德。

曹操畏惧关羽的威猛，于是秘密定下计策，劝诱吴国孙权袭击关羽的后方。孙权按捺不住自己拿下荆州全境的欲望，同时看到同盟的蜀国四面获胜，时运亨通，他的内心忌恨不已。于是，他派将军吕蒙率军潜行至关羽的根据地江陵，并攻陷江陵。在前线的关羽部队腹背受敌，全面溃败，关羽本人也被吴军捕杀。就这样，荆州落入了孙权之手。吴国的做法并非光明正大的行为。

如果是孙权之兄孙策的话，想必会乘势进军中原，撼动魏国的势力。然而，正如兄长的判断，孙权并非创业之君，而只是守成之人。孙权基本占领荆州全境，据有长江中下游的大片土地，也许安全会有较高保障，但是，作为地方性政权就此作茧自缚、不思进取的话，等来的就只有灭亡了。

美髯将军关羽

刘备的搭档关羽和张飞的勇武一直为后世津津乐道，被称为"关张之勇"。尤其是关羽，身材魁梧，胡须长美，擅使青龙刀。从前作为曹操的"客"在许地时，关羽于万军之中斩杀袁绍的勇将颜良，名扬天下。

成书于明代的历史小说《三国演义》又对关羽的勇武做了夸张式处理，将他塑造成超人般的英雄。其中，还创造了空想人物，让他作为关羽的敌人出场。当袁绍、曹操、公孙瓒、刘备等组成的联军正与

董卓鏖战之时，关羽也加入其中，斩杀
敌将华雄。[1] 这一段文字栩栩如生，也
妙趣横生：

关羽（明版《集古像赞》）

　　诸将于营帐聚众商议之时，忽
探子来报："华雄引铁骑下关，用长
竿挑着孙太守赤帻，来寨前大骂搦
战。"绍曰："谁敢去战？"

　　袁术背后转出骁将俞涉曰："小
将愿往。"绍喜，便著俞涉出马。即
时报来："俞涉与华雄战不三合，被
华雄斩了。"众大惊。

　　太守韩馥曰："吾有上将潘凤，可斩华雄。"绍急令出战。潘
凤手提大斧上马。去不多时，飞马来报："潘凤又被华雄斩了。"
众皆失色。

　　绍曰："可惜吾上将颜良、文丑未至！得一人在此，何惧
华雄！"

　　言未毕，阶下一人大呼出曰："小将愿往斩华雄头，献于帐
下！"众视之，见其人身长九尺，髯长二尺，丹凤眼，卧蚕眉，
面如重枣，声如巨钟，立于帐前。

　　绍问何人。公孙瓒曰："此刘玄德之弟关羽也。"

　　绍问现居何职。瓒曰："跟随刘玄德充马弓手。"

---

[1] 据《三国志》，191 年孙坚参加讨伐董卓之役，在阳人大破董卓军，华雄在此战
　　中被斩首。《三国演义》对这段历史做了改写。

帐上袁术大喝曰："汝欺吾众诸侯无大将耶？量一弓手，安敢乱言！与我打出！"

曹操急止之曰："公路息怒。此人既出大言，必有勇略；试教出马，如其不胜，责之未迟。"

袁绍曰："使一弓手出战，必被华雄所笑。"

操曰："此人仪表不俗，华雄安知他是弓手？"

关公曰："如不胜，请斩某头。"操教酾热酒一杯，与关公饮了上马。

关公曰："酒且斟下，某去便来。"出帐提刀，飞身上马。众诸侯听得关外鼓声大振，喊声大举，如天摧地塌，岳撼山崩，众皆失惊。正欲探听，鸾铃响处，马到中军，云长提华雄之头，掷于地上。其酒尚温。

后人有诗赞之曰：

"威镇乾坤第一功，辕门画鼓响冬冬。

云长停盏施英勇，酒尚温时斩华雄。"

《三国演义》当然非常有意思。像这里也没有直接描写武打场面，而是隔着帐篷间接叙述，达到了近乎完美的效果。

再者，中国拥有悠久古老的文化，到了明代，世道之艰辛已如当今之日本，人们渐渐变得卑躬屈膝，发出豪言壮语就像会吃亏一样，人人小心盘算，整个社会毫无生趣。然而，《三国演义》中的人物，都喜欢发表豪言壮语，而且付诸实践，做给人看。这一点在当时颇受大众欢迎。

久居社会下层，无法随性表达自己的人们听到这些豪言壮语，心里定会为之一振。话说回来，《三国演义》的这种小说的创作手法，值得认真玩味。

关羽极重义气，他的死颇为壮烈，深受后人的同情。然而，他作为福神被祭祀以及关帝庙的广泛出现，应该是始于明代。在关帝庙中，除了本尊关羽之外，还有左右侍像合祀。这两个人是与关羽共生死的关羽之子关平及部将周仓。

庙额上多书"志在春秋"，这是因为关羽不是单纯的武夫，他还通晓《春秋左氏传》。想来这意味着学《春秋》的关羽，正是以端正《春秋》的大义名分为理想，竭尽心力，死而后已吧。

骑虎之势

从曹操以周文王自任，可知他定然预想到了至其子一代，会像周武王那样发起革命，代汉自立。

当时，汉献帝的政府在洛阳，他本人不仅只是名义上的君主，政府规模也日渐缩小，政治权力早就被剥夺得一干二净，基本沦落为可有可无的存在。与之相对，魏王曹操的政府位于黄河对岸的东北方向即河南省北部的邺城[1]。曹操基本统治了黄河流域，这就是他所征服的全部领土。

这种关系恰和日本在京都的朝廷与在关东的将军幕府之间的对立颇为相似。只是在日本，这种对立一直持续到明治维新时期，而在革命盛行的中国，曹操一死，他的儿子曹丕即魏王之位后，就像他的父亲所预言的那样，最终，就以禅让这种形式实现了汉魏之间的易姓革命。

---

[1] 邺城遗址范围包括今河北省临漳县西、河南省安阳市北部一带。遗址主体位于河北省临漳县境内。

所谓禅让，正如中国上古传说中所讲的那样，天子之位并非由一家世袭，像尧禅位于舜，舜又禅位于禹一样，是择取有德之人继承帝位的制度。然而，自进入有历史记载的时代以来，只有西汉末年的王莽实行过类似禅让之事[1]，而第一个让传说中的禅让在现实政治中复活的人就是曹丕，并且后世在很长时间都效法曹丕的先例，实行禅让。

中国有"骑虎之势"的比喻，意思是为情势所迫，只能突进，不能后退。曹操已僭越臣子的身份，集所有权力于一身。子孙辈如果稀里糊涂就此罢手，反而会置自身于危险的境地。既然如此，将自己的实力制度化，自己成为皇帝大概是最自然的出路。而且，既有如此的实力，政变之类的就大可不必。曹丕的打算是实现主权的和平让渡，一步步推进使中国上古黄金时代实行的尧舜禅让原原本本地复活的计划。

汉献帝建安二十五年（220年），曹操死后改年号为延康元年。因大臣之死改元，这实在是太不正常了。当上了魏王的曹丕旋即率大军南下，但这只是为了在国内展示实力，行至故乡谯地后，曹丕聚集当地人民与军队一起举办了盛大的宴会。

当曹丕返回河南，来到最开始的根据地许附近时，洛阳献帝的使者到了。使者声称献帝希望把天子之位让给魏王。曹丕坚决拒绝。于是，又有新的使者前来，曹丕又拒绝。使者再至，曹丕再拒绝。使者第四次到来时，魏王在官僚们的严正劝告下，终于答应了，没有再拒绝。当然，所有这一切都只是在按照事先的剧本演戏罢了。

---

[1] 一般认为，战国时期也有过两次禅让。公元前316年，燕王哙禅让给国相子之，酿成子之之乱。公元前299年，赵武灵王禅让给儿子赵惠文王，自称"主父"，又欲封公子章为代王，酿成沙丘之乱。

于是，曹丕就地筑台登基祭天，重新改年号为黄初元年。黄色是土色，意味着代替汉之火德，自此开启魏的土德之世。

无血革命

在这次禅让后，曹丕感叹道："舜禹之事，吾知之矣。"表面上看名正言顺，实质并非如此，这和常见的篡位并无二致，其伪善性屡屡被人指摘。

确实如此，禅让毋庸置疑是一种颇为阴险的篡位手段，然而不可忽视的是，同时它却能达到相应的实用性效果。

革命说到底是依靠力量之间的关系实现的，一旦发生武力冲突，就会给当事者以外的其他人造成影响。尽可能减少这样的灾难，实现政权的和平让渡是禅让的目的。因而，由此看来，禅让可以说是取得天下最为堂堂正正的方式。确定无一人反对，在光天化日、万众瞩目之下实现政权的让渡，从这点来说，可以与近代共和国体制下实行的总统选举进行比较。

因政权交接是和平完成的，所以没有任何牺牲者。话虽如此，在此之后的中国，实力不济却要强行实行禅让之际，仍不可避免有不少人牺牲。当然，若与武力冲突和政变相比，牺牲的人数就不值一提了。

也许因为这种优点得到公认，所以以后的中国就把由禅让登上皇位当作继任正统的条件。就连基本没必要这么做的唐王朝也偏要走这种烦琐的形式，拥立前朝隋的幼帝，以禅让的形式实现改朝换代。到了宋以后，社会形态已经完全改变，也就不再实行禅让了。

而日本的情况是，天皇及其朝廷与幕府表面上是二重政府，但因两者性质完全不同，反而能够长久共存。天皇及其朝廷是宗教性的存在，幕府的将军拥戴天皇及其朝廷，并以此为口实要求臣子向自己尽忠，教导武家要像幕府效忠天皇及其朝廷一样效忠将军。人们要为各自的主人尽心效力，是封建制度的核心。

人们经常指出欧洲中世纪的封建制与日本的情况有许多共同之处。在欧洲，也是教皇与国王分别掌握宗教与世俗的权力而得以共存。加洛林王朝篡夺了同质的墨洛温王朝，却格外尊崇异质的教廷，并加以利用。

然而，中国并没有像日本的天皇及其朝廷或欧洲教皇那样的宗教性的存在体。汉王朝与魏王朝是同质的二重政府，所以其间必然实行禅让。

汉王朝并没有居于世俗权力之上的宗教性。硬要说的话，居于皇帝之上的是"天"。但是，这个"天"无法独立存在，它与世俗的皇帝稳固地结合在一起，不可分离。中国的中世，虽然在种种要素上，具有封建性的特点，但是，超越性存在体的缺失是它与日本及欧洲的一个很大的不同点。

从一品到九品

汉魏间的禅让，更具体来讲，意味着位于邺的魏之大朝廷吞并了残存于洛阳的汉之小朝廷。那么，问题在于应该如何把汉朝官僚安置于新设的魏朝廷的官僚制中。

精明的魏政府已经准备好了答案。这就是采取陈群的建议实施九品官人法，即依照九品选拔官吏的方法。

当时的人民都要在本籍地进行登记。所以，即便是流动性很大的官僚也都以本籍称某郡某县人。九品官人法的实施，首先是在各郡中选置本地出身的官僚为中正官，负责评定同郡官吏的德行才能。评级从一品到九品不等，称为"乡品"。其次，朝廷将官位的等级同样分为一品到九品。比如，三公为一品，大将军为二品等，称为"官品"。

于是，对于魏的新朝廷的官员的任命，朝廷会比较官品与乡品，若二者相符，则予以任用。大体来说，以前在魏王政府的官员，会平移到新魏皇帝政府的相应职位上，但随着官僚机构的扩大，在选拔新人的同时，也必须考虑任用旧汉朝廷的官员。

这里的问题是旧汉朝廷官员的再任用。不管怎么说，汉朝毕竟拥有四百余年的悠久历史与传统，所以执着于汉室、视魏为敌人的人终归不在少数。因此，肯定有在魏来看不可靠的人。这时期的九品官人法，也包含着日本战后实施的公职资格审查[1]的意味。

就像日本的公职审查不仅针对现任人员，也针对新任人员那样，九品官人法在完成对现任官员的审查后仍继续存在，在新官选任上继续发挥巨大作用。于是，有志成为官员的人，需要先从本籍地的郡的中正官那里获得乡品。最终在官吏的任命上，规定以官品低乡品四等的方式授官，比如乡品一品的人初任官为五品，乡品二品的人初任官为六品，以此类推。

九品官人法本来的理想目标是不论家世出身，审查个人的德行、才能，从而安排适当的人才担任适当的官职。然而，受当时上流社会的贵族化的时代大势所驱使，九品官人法反而成了方便贵族阶级利用

---

[1] 日本在二战投降后，根据联合国军最高司令官总司令部（GHQ）的指令，于1946年颁布公职开除令，规定战犯、军国主义者、极端国家主义者等相关人员，开除公职及不准再就任公职。

的工具，甚至变成了贵族制度的一大坚实支柱。九品官人法在隋代被
废止，乡品随之消失，但官品制度却流传后世，而且传播到了日本，
演变成诸如正一位、从二位这样的位阶制，一直持续到二战结束。

　　顺便一提，宋代以后一般称九品官人法为"九品中正"，后人也
发表了不少以"九品中正制"为名的著作及研究，但是，遵用本来的
名称"九品官人法"可能更合适。

不祥的前兆

　　魏文帝进入洛阳，以洛阳为都，禅位的汉献帝受封为山阳公，得
到较为优厚的待遇，度过了晚年。

　　然而，当时风传献帝禅让后遭魏杀害，这个谣言也传到了蜀地。
刘备为献帝服丧，追谥"孝愍皇帝"。于是，刘备宣称，既然如此，
那么拥有汉室血统的自己才应该享有皇位继承权，遂于成都举行了即
位仪式。这样一来，在当时的中国，出现了两人同时称帝的情况。

　　刘备以成都为都，在此设立朝廷，任命诸葛亮为丞相。但是，他
首先做的事情，并不是讨伐据说弑杀汉帝的魏国曹丕，而是讨伐吴
国，为义弟关羽报仇雪恨。虽然从大义名分上来说，有点不合道理，
却是出于现实的考虑。因为荆州曾是自己控制的地盘，吴国应该尚未
站稳脚跟，所以夺回荆州正是当务之急。

　　然而，就在出征前夕，出现了非常不祥的预兆。刘备另一义弟张
飞被部下暗杀。张飞酒德甚差，一旦喝醉就虐待部下，为此刘备也经
常责备他。当收到张飞的文员送来的紧急奏报时，刘备未开封前就叹
息道："三弟休矣。"

　　因为张飞自己无甚学问，所以他非常尊敬学者及文官政治家，却

动辄瞧不起没有学问的武人，以致最终被手下的军人杀害。与此相反，关羽自恃有学问，轻视文官政治家，而对待军人却很是亲切。为此，虽然关羽强于征战，却被文人官僚出卖而最终遭遇致命的失败。

从蜀地至荆州，若沿长江而下就不得不通过险要的三峡。然而，若选择其他路线，则交通更为不便，更别想运送大军。因此，蜀军不得已，只好以蜿蜒的长队沿长江行进。而且，好不容易出了山谷进入了平原，还来不及整理阵形就遭到了吴将陆逊的火攻。

吴国孙权在赤壁之战后实现了事实上的独立，但因为荆州问题与蜀国的关系变僵，而对曹操方面放低了姿态，派使者表达恭顺之意。这并不是什么屈辱，因为既然曹操挟天子以令诸侯，那么对汉廷行臣下之礼也是理所当然的态度。特别是杀掉关羽占领荆州后，吴国也承认了魏以禅让代汉的事实，继续对魏行臣下之礼。这是预测与蜀之间必有一战所采取的谨慎的外交手段。

眼看蜀军逼近，孙权提拔了当时还不太出名的陆逊担任防卫军总指挥。陆氏为江南土著豪族出身，他不辱重任，巧妙地指挥前辈老将们对抗蜀军。一般说来，在总体兵力对等的情况下，原则上指挥官年龄较小的一方容易获胜。当下的吴蜀交战就是很好的例证。当时刘备六十二岁，陆逊四十岁。

就这样，吴国打败了蜀国举国来攻的大军，实力尽显。只是吴国的一个劣势是，魏国接受了汉室的禅让，蜀国继承了汉室的血统，都自称是正统天子，而吴国没有任何可以宣称独立的借口。明明其他两国都可以称帝建元，自己却只能称将军之号、地方长官之名，相形见绌。

于是，在破蜀之年，吴国也建立了年号，称黄武元年（222 年）。然而，孙权最后称帝并定都于建业（今南京），却是在七年之后。

刘备客死白帝城

败于吴军反击的刘备逆江而上越过了三峡的险阻，退守白帝城养病。刘备意识到自己将一病不起，传诸葛亮到白帝城嘱托后事。

对临终前的刘备来说，最担心的还是头脑不太聪明的儿子刘禅（207—271）。于是他对诸葛亮说："若嗣子可辅，辅之；如其不才，君可自取。"这句话不管怎么看都与他的帝王身份不相称。

刘备大概认为天下形势未定，若能乘机全力以赴，也许可以撼动魏的天下，复兴汉室。不，必须复兴汉室！到那时，如果刘禅昏庸成为累赘，诸葛亮就可以取而代之，刘备之意当如此。即使在临死的时候，刘备也依然像个战士，不失壮年之霸气。

诸葛亮涕泣淋漓，誓言拼死辅佐刘禅，从此诸葛亮的负担也更加沉重了。

相继失去创业三杰关羽、张飞、刘备的蜀国阵营相当寂寥。在魏国和吴国，前辈故去后，新进人才一个接一个不断涌现，成长为国家中坚力量，而蜀国只剩下老将赵云孤零零一个人。然而，为了辅佐刘禅，对于诸葛亮来说也许没有了关羽、张飞这样脾气暴躁的将军反倒省心。无论如何，只要自己一个人肩负起责任就好。只是这样的话，就绝不是一般的辛劳了。

为了避免刘备死后人心惶惶，诸葛亮首先必须维持内部的稳定。为此，也不得不与吴言和。南方的边境兴起叛乱后，诸葛亮亲自率兵镇压。叛乱发生在现在的云南地区，当时云南是疟疾极为猖獗的危险之地。讨伐叛乱是为了让对手归顺而非进行惩罚，因而尽可能地使用平和的手段。七擒七纵敌将孟获这种做法，也只有文官司令才能做到。

诸葛亮的远征军直抵现在的昆明一带。或许这一远征的目的，也在于开发云缅通道，确保与南海方面的交通畅通。因为在任何时代，对外贸易都是不可或缺的，魏经河西走廊从陆地与西域自由往来，吴从海岸出发经南海与印度洋诸国自由交往，而蜀国在陆海两方面都没有可以利用的与外国进行贸易的通道。

《出师表》

远征归来，诸葛亮在蜀国的地位愈发稳固。在此之前，他只是一介文官宰相，而如今兵权在握，作为武将的优秀资格也得到了证明。然而，权力越大，就越须小心谨慎。因为这个时候若有任何流言传开，那么，迄今为止的所有的艰辛付出都可能立刻化为泡影。

打消无端猜疑的最好方法，就是尽早贯彻先主刘备的遗言。刘备临终时嘱咐诸葛亮："君才十倍曹丕，必能安国，终定大事。"对此，诸葛亮回答："臣敢竭股肱之力，效忠贞之节，继之以死。"因此，蜀国的立国方针早已确定，那就是排除万难，与魏一决雌雄，复兴汉室。

虽然刘备认为当时天下大势未定，但在诸葛亮看来，毋宁说魏、吴两家的势力已定，颠覆这一大势并非易事。尽管如此，长期偏安蜀地这一穷乡僻壤，乃蜀国国是所不许。这其中有诸葛亮无以言表的苦心。

如果蜀与魏争战，交战的舞台必然是陕西地区。对诸葛亮来说，幸运的是，魏国领土中最不稳定的就是这片归附最迟的陕西地区。而且，原本在这一地区拥有潜在势力的地方豪族马氏的当家主人马超，因被魏追击而逃亡至蜀。

诸葛亮大概就是顺着这些关系，发挥外交天赋，约定天水、安定、南安三郡作为蜀的内应。若以这些地方为立足点，控制陕西一带的话，便可向东与魏一争天下，正如四百余年前汉高祖曾实行并取得成功的战略。

诸葛亮率军出征之际，向后主刘禅献上了著名的《出师表》。《出师表》字字句句情真意切，据说从古至今凡读罢此表之人，无不深受触动，潸然泪下。

秋风星落五丈原[1]

当此之时，魏文帝曹丕已死，其子明帝即位。魏听说蜀国新即位的是后主刘禅这样的昏君，大意地以为不会发生任何事，突然接到诸葛亮率大军入侵的消息，朝野上下顿时惊慌失措。但是，魏毕竟是大国，马上就确定了应急措施，派出援兵进入陕西。

诸葛亮向陕西进军之际，部将魏延进言欲率精兵突袭军事基地长安，一举占领咸阳以西之地。但是，诸葛亮认为这一方案太过冒险，并未采纳。蜀国乃先主刘备所托付，并非诸葛亮一己之物。因此，即使看上去有利可图，也不能赌上国运发动投机性的战争。于是，诸葛亮选择了最安全的道路，向蜀的内应天水郡进军。在那里集结反魏势力，堂堂正正进攻长安。

然而，战争本身就是投机。他的堂堂正正的军队，也因先锋将领马谡的失败而溃不成军，不得不撤退回国（228年）。因此，有批评说诸葛亮本非战略家，随机应变的大将谋略非其所长。事实上也的确如此。

第二年，诸葛亮再次伐魏，进军陕西平原，但还没有取胜，粮食就已不继。又过了两年，在第三次伐魏时，诸葛亮的有力对手是魏国

---

[1] 日本近代著名诗人土井晚翠（1871—1952）有长篇叙事诗《星落秋风五丈原》。

名士司马懿（字仲达）将军。此后，两军虽曾用尽绝招交战，但因为双方都慎之又慎，避免冒险，只在局部分出了胜败，而任何一方都未能取得决定性的胜利。

最后，诸葛亮做好了充足的准备，以打持久战的决心进军。他使用木牛流马从蜀国搬运粮草，类似于如今在日本山间也使用的木橇。抵达陕西平原南端的五丈原后，军人们在这里兴屯田，且耕且守。就这样，故意摆出要打持久战的架势，以引诱敌军发动决战。但对于诸葛亮的这一策略，魏将司马懿并未上当，而是耐着性子僵持下去。

不久，诸葛亮积劳成疾，病重不起。传说天上出现了彗星，拖着红色的尾巴落入了诸葛亮的军阵中，与此同时，诸葛亮的生命也走到了终点。

至诚之人

在中国漫漫的历史长河中，涌现出了众多名垂青史的人物，然而，鲜有人能像诸葛亮那样受到各个阶层的人们的普遍爱戴。他的艰难境遇，深受后世人们的同情。尤其让中国人禁不住感慨的不是诸葛亮在内政与外交上体现出的非凡才能，而是在主少国疑之时，仍能公忠体国，鞠躬尽瘁，最后也没有发生内部动乱。

后世诗人追慕诸葛亮，几乎等同于崇拜。唐朝诗人杜甫在拜访有锦官城之称的成都的武侯祠时，曾作七律一首，最为脍炙人口：

> 丞相祠堂何处寻，锦官城外柏森森。
> ……
> 出师未捷身先死，长使英雄泪满襟。

正如在日本，"黄门"成了水户光圀[1] 的专称一样，在中国，一说起丞相，就让人联想起蜀相诸葛亮。

从今天来看，特别是年轻人可能无法理解如此执着地复兴汉室的理想。反观自身，我们今天非常关心的民族、阶级等问题，其中究竟有多少是真的具有永恒的意义呢？何况现在的国境、领土问题，与人类本身相比，这些又有何价值呢？在当今社会，对"国家"的认识可能是最落后于时代的事情了，与三国时代的人们实际上无甚差别。我们应当对此进行深刻的反省。

贵族化的魏王朝

三国时代，虽说是天下三分，但并非均分为三，而是非常不均衡的三分。魏、吴、蜀的实力对比，大致接近 6∶3∶1。

那么，为何蜀这样的弱小政权能够保持独立呢？因为当时的中国社会深藏着分裂性因素。也就是说，魏虽然有六分的实力，但实际上并未能将六分的实力充分发挥出来。换言之，天子无法集中权力于中央。在中央政府中贵族势力蔓延，牵制着天子；在地方盘踞着豪族势力，妨碍了中央势力的渗透。

而且，曹魏政权是在东汉朝廷贵族化后浮现于政治舞台的，是在后者统治力丧失之际，作为新兴势力兴起，集结了有实力的土豪，成功重组了的政治机构。然而，曹丕成为天子后，皇室与功臣也都开始

---

[1] 在日本江户时代的幕藩体制下，叙任为中纳言或者权中纳言的水户藩（今茨城县）主，称"水户黄门"。虽然水户德川家从初代到第十一代之间，共有七位藩主被任命为中纳言或权中纳言，但由于第二代藩主德川光圀（1628—1701）最为知名，历来说到"水户黄门"，一般就指光圀。

急速贵族化。于是，忽然之间又回到了前朝东汉末年的状态。

从曹丕之子明帝（204—239）时期开始就已经形成的险恶形势，在明帝死后迅速表面化，朝廷变成权力斗争的舞台。在此期间，大臣司马懿（179—251）的势力旋即崭露头角。

蜀国的诸葛亮曾数次进攻陕西，前往防御的基本每次都是司马懿。司马懿巩固阵地进行防守，不急于决战，以万全之策应对，是考虑到要保全自己在魏内部的地位。也就是说，对当时的司马懿而言，尽可能长时间地和蜀军对峙，在此期间尽可能吸收更多的军队进入自己的麾下，是最为理想的。

司马懿威胁魏朝廷，宣称蜀国的诸葛亮是不可大意的强敌，让朝廷调拨大批军队。这样一来，司马懿和军队建立起了亲密的依附关系，同时克扣军饷，用来收买朝廷官员。就这样，司马懿的权力逐渐坐大。

亲魏倭王卑弥呼

在诸葛亮死后蜀国停止北伐的第四年，司马懿又被委以新的任务——讨伐在当时的辽东地区自立为王的公孙渊。

东汉末年，群雄割据，公孙度在辽东扩张势力，兼并了在其南边的朝鲜半岛西海岸上汉人控制的乐浪郡。到了公孙度之子公孙康，又在乐浪郡南边新设带方郡。结果，中国的领地一直延伸到了如今的韩国首尔一带。

到了公孙康之子公孙渊时代，与江南的吴国贸易往来频繁。这是公孙氏的势力向南延伸，威服了朝鲜半岛南端的马韩等韩族国家的结果。从江南出发沿中国的海岸北上的航路相当危险，而横渡东海，向朝鲜半岛西南角行进的航路却是安全的。

公孙氏的领土沿渤海湾、黄海海岸向南延伸，而在其背后一带，以鸭绿江上游的高句丽为首，在朝鲜半岛东南部则有辰韩、弁韩、马韩等本地的民族政权，在隔海相望的日本则有倭国。

这些地方都与公孙氏有贸易往来。在公孙氏享受贸易利益的同时，中国文化也通过公孙氏传播到了这些国家，使诸国走上了文明开化的道路。

现在蜀国衰落，无力伸展，西方边境归于安稳，故魏国开始发兵向东北讨伐公孙氏。司马懿被任命为征讨军司令官。这次他毫不犹豫，长驱直入，直捣辽东，一举消灭了公孙渊（239年）。与此同时，魏的势力扩展到了朝鲜半岛西南端。

结果就发生了倭王卑弥呼的使者入朝魏国的事情。大概倭人从前一直与公孙氏有贸易往来，随着魏的领土扩张，于是直接与魏进行贸易交涉，派出使者不远万里来到魏的国都洛阳。魏也格外礼遇前来的使者，封卑弥呼为"亲魏倭王"，并赐金印。

司马氏夺权

司马懿
（庆长版《历代君臣图像》）

司马懿在征伐辽东之际，之所以抛弃惯持的慎重，采取速战速决的策略，也许是因为他感到必须迅速了结战争打道回府。结果第二年正月，魏明帝病重，临终之时，他叫来了宗室曹爽与司马懿两人，托付后事后就去世了，身后留下了十岁的幼帝齐王曹芳。

托孤大臣的二人中，因曹爽乃曹魏宗室，自然权力集中于曹爽一方。曹爽视司马懿为眼中钉，名义上给司马懿升了官，实际上给了个没有实权的闲职。这样一来，曹爽大权独揽，完全把持了朝政。正好在这时，南方的吴、蜀已失去了创业时期的活力，甚至内部出现动摇的迹象，因此，魏所占领的中原地区得以享受久违的太平气氛。一度荒废的产业，也迈出了复兴的步伐。

然而，产业的复兴不得不依靠地方豪族势力，故社会阶层分化日益严重。与此同时，居于豪族顶端的朝廷官僚的贵族化也得到显著发展。

碌碌无为的曹爽很是安于这样的情势，以贵族社交界的庇护人自任，万分得意，忘乎所以。这同时也意味着他游离于实际政治之外。被迫雌伏十年的司马懿乘隙突然发动政变。

司马懿的政变无关大义名分，完全就是权力斗争。尽管如此，司马懿之所以能轻松成功，几乎没有遭到丝毫抵抗，是因为他长年培植的与官僚、军队的主从、依附的私人关系发挥了作用。由此，魏王朝的实权就完全掌握在了司马懿手中。魏的灭亡只是时间问题。

曹魏的失败，可以说是疏离、排斥同族宗室的结果。革命家历来猜疑心很重。既然自己夺走了他人的东西，自然总是怀疑下次他人也会夺走自己的东西。然而，猜疑的矛头指向谁会因时势而定，因此也会产生各种各样的结果。

曹操一家父子皆文才出众，但这也意味着他们都具有强烈的个性。曹操非常疼爱排行第三的儿子曹植，却很不待见嫡长子曹丕，到了几乎要废嫡的地步。因此，曹丕在父亲死后成为天子后，就对曹植展开了报复性的欺凌。

曹植有一首著名的《七步诗》。当时，曹丕对弟弟曹植说，如若你真有值得父亲宠爱的文才，那就在我面前以七步为限作诗一首吧。
曹植应声迈步道：

> 煮豆燃豆萁，豆在釜中泣。
> 本是同根生，相煎何太急。

诗中吐露了遭遇兄长逼迫的无奈。除了曹植之外，还有很多异母
弟，曹丕对他们都很刻薄。

文帝之子明帝还算精明，但他的猜疑心更为严重，不管是对同族
宗室还是朝廷大臣，都不肯放权。而在他将死之际，欲利用宗室曹爽
来牵制司马懿，但为时已晚。实权像流水一样，落到了司马氏一边。

蜀先亡

政变后的第三年，司马懿去世，时年七十三岁。但是，司马氏的
权力丝毫没有动摇。因为司马懿的儿子司马师（208—255）继承了父
亲的职位，同时得到同族司马孚等人的支持与协助。

魏的天子曹芳长大之后厌倦了司马氏的专横，集结反对势力准备
镇压司马氏，结果却给自己招来了灾难。司马师废齐王曹芳，册立曹
芳的堂弟、时年十四岁的曹髦为帝。

司马师一死，他的弟弟司马昭（211—265）又继承兄长的职位。
在此前后，不满司马氏专权的地方长官相继起兵，但均被司马氏平
定，司马氏的权力也愈加强大。天子曹髦在愤慨之余，亲自率领零星
的近卫军讨伐司马氏，自然只是螳臂当车，身死人手。于是，司马昭
立明帝的堂弟、时年十五岁的曹奂为帝。

曹魏世系图

在当时的蜀国，诸葛亮死后，曾经深受诸葛亮器重的姜维作为新进政治家崭露头角。姜维继承诸葛亮的遗志，屡屡出兵进攻魏的西部边境。但是，不论是从蜀国的国力来说，抑或是从姜维的才能来看，都是勉为其难之举。这反而空耗了蜀国的国力，导致蜀疲敝不堪。

在国内树立了权威的司马昭，开始派出大军伐蜀。魏国大将钟会在剑阁这一险要之地与姜维对战的同时，大将邓艾率领魏国机动部队迂回于无人之野，逼近蜀都成都。于是，后主刘禅毫无抵抗地投降了（263 年）。此时距先主刘备占领蜀地，刚好五十年。而作为同盟国的吴国却没有提供半点儿支援，眼睁睁看着蜀国被灭。

后主降魏之时，曾有人提议或可逃亡至吴国寻求庇护，但谯周劝后主投降："自古以来，无寄他国为天子者也……不如不投吴而降魏。"

后主遂从其议，给邓艾献上了无条件投降书。邓艾也郑重地将后主送往洛阳，魏封他为安乐公，他的子孙五十余人也悉数封官爵。

这让人想起了太平洋战争中日本的失败方式。看来当时的负责人都不知道《三国演义》中的这件事。据说，日本竟然还想着借他国的斡旋结束战事，结果惨遭玩弄，沦为笑柄。这不仅仅是战争失败的事情，而是本身就打错了外交算盘。为何会有这样的人参与国政呢，我们有必要三思。

正统论

中国的皇帝制度确立于秦代，后又被汉代继承，而由于三国鼎立，皇帝制度遭遇重大危机。

本来成为皇帝的人，不仅是中国的主权所有者，同时也必须是全世界、全人类的主人。只是在中国以外的其他地方，文化尚不发达，各自保持固有的风俗，于是皇帝册立各自的君长使其自行管理，而皇帝本人通过这些君长实行间接统治。因此，成为皇帝的人，一个时期只有一个。

换言之，皇帝是专有名词，说起皇帝自然指的就是中国的当朝天子。因而，在当朝皇帝之前绝不会添加秦、汉等限定形容词。

然而，到了三国时代，不得了的情况发生了，三个皇帝并存。本来魏与蜀互为敌国，无视对方，各自称帝，亦无不可。然而，蜀国的盟国吴国的孙权在晚年也开始自称皇帝，那么事情就变得更复杂了。魏国自恃实力雄厚，不承认蜀的皇帝，当然同样也不承认吴的皇帝。他们还将与自己对立、自称皇帝者斥为叛徒。

但是，实力弱化的蜀国无法那样做。蜀只有与吴结成同盟才能对抗魏。然而，蜀与魏对抗是为了表明自己的正统性。如果承认吴的皇帝，那就意味着放弃了自己的正统天子的地位。

于是，蜀出现了主张不计利害，必须伐吴的强硬论。但诸葛亮决定把蜀国的现实境遇放在首位，承认吴国的立场，和从前一样继续保持双方的同盟关系。由此，两个皇帝互相承认对方是皇帝的不正常局面出现了。这样一来，既是皇帝，实际上又不成其为皇帝。

现实的问题，终在现实中得到解决，蜀、魏、吴都相继灭亡。然而，一个困难的问题留给了后世的史家。依然生活于皇帝制度下的中国历代史家，是不会承认一个时期有一个以上的皇帝的存在的。如若不厘清谁是正统、谁是闰位的话，就无法书写历史。于是，正统论或正闰论的议论无休无止。本来正统论并非始于这一时代，从汉代起就已存在。只是汉的正统论，是以五行思想为基础，认为各王朝各备木、火、土、金、水五行之一德，依次更替，争论的焦点是汉承秦，还是视秦为闰位、汉承周。闰位之闰，即闰月之闰，是多余之物插入中间的意思。

然而，三国鼎立的时代，就不得不在三国之中分出孰为正位、孰为闰位。这里的闰就变成了假冒或者次要的意思。

现今，由于作为正史的《三国志》是由晋人陈寿撰写，故定魏为正统。从晋的立场出发，不得不将从汉到魏、从魏到晋的易代视为正统。于是，只称刘备为"先主"、刘禅为"后主"，不称帝号。从历史大势上来说，魏占据着当时中国的主要部分，而且不论正闰，以魏为中心叙述历史也最为自然。

然而，到了东晋，事情却不一样了。东晋虽然继承了正统的天子血脉，但因中原被北方游牧民族占领而逃至江南，偏安一隅，所以他们马上对有着相似境遇的蜀国产生了强烈的同情。因此，东晋时代成书的习凿齿的《汉晋春秋》就是以蜀为正统重写三国历史的。

往后到了宋代，司马光的《资治通鉴》叙述历史又以魏为正统。这是因为截至北宋，人们普遍认为正是禅让赋予了新王朝以正统性。然而，到了南宋，风向又变了。南宋的立场与东晋完全相同，如朱子的《通鉴纲目》虽然是以《资治通鉴》为基础写成的，但三国时代改以蜀为正统。

　　这一正统论也传到了日本。日本曾发生过激烈的南北朝正闰论 [1]，而最终决定以南朝为正统，是由于受到了朱子思想的深刻影响。

---

[1] 日本的南北朝时期开始于 1336 年，结束于 1392 年。南朝是大觉寺统的吉野朝廷，北朝是持明院统的京都朝廷，同时并立，都主张自己的正统性。在江户时代，基于儒学思想的南朝正统论较为强势。到江户幕府末期，南朝正统论发展为否定武家政权的议论，威胁幕府。明治维新后，主张南北朝并立说是学界的主流，但 1911 年以后日本政府介入历史教育，直到 1945 年战败投降，都以南朝为正统。

第三章　西晋的统一

昙花一现的统一

蜀的灭亡愈发巩固了魏朝廷的实权人物司马昭的权威。司马昭像曾经在汉朝廷弄权的曹操一样弄权于魏朝廷，被加封为晋王。在魏的首都洛阳，出现了魏与晋的二重朝廷。

晋王司马昭死后，世子司马炎（236—290）成为晋王。于是，按照既定的计划，魏晋之间实行了禅让（265年）。司马炎即晋武帝即位后，追尊祖父司马懿为宣皇帝、伯父司马师为景皇帝、父司马昭为文皇帝。与此同时，对宗室族人也大封王号，赐领土，行封建。

晋已经吞并蜀地，剩下的只有长江下游的吴国。在孙权死后，吴国内乱接连不断。本身这个国家就没有建国的理想，只是因为中原陷入混乱，为了自卫，豪族们才相互协助建立了割据政权。因此，创业时期的豪杰们全部去世后，到了第二代、第三代，昔日结成的同志关系瓦解，相互之间的权力斗争成了家常便饭。

魏晋易代之时，在吴国，孙权之孙孙皓即位。所谓富不过三代，孙皓便是典型。在晋国内部，主张此时正是伐吴良机的议论占据了上风，于是派出大军攻吴。将军王濬从新占领的蜀地而下，杜预进入荆州，两军会合后，从长江上游以破竹之势东下。孙皓打开建业的城门投降（280 年）。从孙权继承他的兄长孙策之位那年算起，刚好是八十年。

三国均是如此，创业的君主费尽千辛万苦建立的基业，灭亡之际却不堪一击。不知不觉间，魏的政权就顺利地滑入了司马氏的手中，转眼间蜀与吴的国都陷落，国破家亡。

吴与蜀得以与中原势力对抗长达数十年，得益于汉代以后长江流域的开发。但是，当时的实际势力到底不及黄河流域的中原地区，故天下形势稳定下来后，自然就无法长久保持独立割据的态势。

歌舞升平

晋武帝即位后，在宫殿前烧毁珠玉玩好等奢侈品，以身示范，提倡俭约，颇有明君的风范。但是，吴国灭亡，天下回归了久违的统一，敌对势力消灭后，作为一直以来的紧张气氛之反动，全国洋溢着一片太平盛世的气象，安逸享乐之风在以武帝为首的朝廷贵族社会中日益高涨。

此前魏王朝建立之初颁布的九品官人法，最关键的是重视个人才能，选拔适当的人才出任适当的官职。然而，当时正是贵族阶级兴起并走向固化之际，受此社会大势之所趋，九品官人法的施行也已贵族化。

本来地方的中正官，对于其管辖范围内的从学青年，必须严正地审查其学业与品行，写下公正的调查报告提交给中央政府的司徒府。然虽说是为学，但当时既没有公立学校，也没有考试制度，因此中正官必然苦于不知如何评判。在这种时候最稳妥的办法，就是综合此人之父亲与祖父的地位来考量，从而做出与之相应的评判。结果，家世决定个人的地位，个人让门第愈加固定，如此循环往复。

大抵一流贵族的子弟会被中正官评定为乡品二品。于是，司徒府就会授予该人初任六品官，这被称为"起家"。以六品官起家的青年，接下来上升四级到二品官的位置，也不是什么难事。二品官就是朝廷的堂堂大官。于是，他的儿子也会被评定为乡品二品。

出生于这种家世的子弟，不用像后世的知识阶级士大夫之子弟一样为科举考试而苦学。家底殷实，手握特权，又免受任何劳苦，真是没有比这更高兴的事情了。况且天下统一，再也不用担心战争。在这个时候，恐怕人人都在想，若不纵情沉醉于这一太平盛世、追求享乐的话，岂不吃亏。

奢靡攀比成风

然而，人不管多么幸福都不会满足，总要想方设法在同类中出头，争个高下。最轻松的竞争就是比谁更奢靡了。其中，尤以食物的奢靡攀比为甚。

武帝到女婿王济[1]家做客，端上来的蒸乳猪极其松软鲜美。武帝问何以得到如此好肉，王济回答说猪用人乳饲养。就连见多识广的武帝也很吃惊，颇为反感。贵族羊琇酿酒之时，不用炭火，而让奴仆轮流抱瓮暖酒。到底能否以此方式酿得美酒是另一回事，重点是可以以此显摆炫耀。

晋功臣何曾一日的饭钱是一万钱（一万个如今 10 日元硬币重的钱），而到了他的儿子何邵，就变成一日二万钱。听闻此事的任恺干脆一顿饭花一万钱，就这样相互攀比，花费水涨船高。话虽如此，这本非市场购入的价格。当时的贵族无论什么都靠自给自足，像酒、酱油、肉、蔬菜等等都是自己家制造种植的。因此，折算下来的话是这样的数额，并不是说每天真的要支出那么多钱去购买。

这种奢侈攀比实在是毫无意义，但这些人从一开始就自负地认为做这样的事情才是最贵族的，是其他人无力效仿的。然而，另一方面，却出现了另一些人，他们认为这种做法实在是俗不可耐，既不贵族也不高雅，并亲自示范真正的贵族的存在方式。他们打出倡导放达的口号，主张不受任何束缚。

这里面就出现了各式各样的做法。开怀纵酒是其中之一。例如，胡母辅之身为郡太守，却没日没夜地酗酒，完全不理政事。他呼朋唤友，散发裸身，就像现在的癫狂族、嬉皮族的样子，不喝到烂醉如泥决不罢休。他认为这样才能证明自己并非俗物。

与此相对的是清谈派。所谓的"竹林七贤"就属于此派。他们只召集学问之友，结成小圈子，聊着趣话，主张生活即艺术。推崇老庄的虚无之教，对儒礼嗤之以鼻。七贤之一的阮籍正与客人下围棋时听

---

[1] 王济实为晋文帝司马昭的女婿。

到了母亲去世的消息，却一脸平静地下完了棋。之后饮酒二斗，号泣吐血数升。他们痛恨被儒教的强制性规范束缚，认为高兴时就笑，悲伤时就哭，才是人性之自然。

这些人是在找寻真正的生活方式，这一点当然必须承认。然而，这也只是作为特权阶级的贵族才能实施的做法。他们怀抱贵族精英意识，在最贵族的就是最本真的生活方式这一前提下，追求什么才是最本真的生活方式。

清谈派中的一员，也算是大众派的乐广，曾为世态蹙眉叹息道："名教中自有乐地，何为乃尔也！"

何不食肉糜

当时的皇太子，也就是后来继位的惠帝（259—306）天生痴呆，智力低下，让武帝很是发愁。朝廷大臣中，也有人因此为国家的前途忧心忡忡。

宫中举行宴会，老臣卫瓘装作醉酒的样子来到武帝身边，手抚天子的坐榻，说："此座可惜！——不能随便给人啊。"如醉汉般喋喋不休地说了一通话。武帝会意，然而终究父亲的溺爱之心占了上风。武帝想看看太子的头脑究竟愚钝到何种程度，于是出了政治方面的问题让太子作答。

太子妃贾氏虽然相貌丑陋，但她的父亲是朝中的权臣，这桩婚事也是与皇室的政治联姻。太子妃狡猾，鬼点子多，总是在背后操纵太子。太子领到父亲的问题后，贾氏就差人代为作答。不过，如果答得过于完美，必然会马上暴露代答的事实。于是，贾氏动了歪脑筋，让答案乍看之下糊里糊涂，但却切中了基本要点，勉强及格。

看过答卷后，武帝大为放心，非常高兴，说："如此可为天子也。"在此以后，关于太子之事，不论别人怎么说，武帝也毫不理睬。

然而，武帝沉迷酒色，纵欲无度，五十五岁就死了。于是，三十二岁的惠帝即位。三十来岁本应是通晓事理的年龄，然因惠帝天生智力低下，所以缺乏常识也是无可奈何的事情。

偏巧惠帝时天下闹饥荒，百姓因为缺粮相继饿死。大臣向惠帝报告情况说："百姓为没有米吃而发愁。"惠帝却觉得不可思议，一脸疑惑地说："他们是傻子吧。无米充饥，何不食肉糜？"

日本在二战期间也曾按2合3勺 [1] 的米量实施过米的分配制。若有谁发牢骚，就会被大骂"营养足足的了"！这些大人物偷偷吃着肉，自己的肚子应该不会饿吧。但是，他们却不会对人民说"何不食肉糜"。与他们相比，可以说惠帝的天真烂漫反而更可爱。

同族的自相残杀

惠帝自己因为呆笨，没有任何担心，但有个这样的丈夫的皇后贾氏就不免总是忐忑不安。之所以这么说，是因为皇后预感到朝廷大臣、皇室亲戚不知道什么时候就会擅行废位之事。而且，不幸的是，贾氏天生兼具超出常人的女性特有的猜疑心与不让须眉的决断力。在此之上，更为不幸的是，天子一族掌握强大的军队，在政治上拥有绝对的发言权。

鉴于魏王朝在政治上疏远宗室同族导致过早灭亡，武帝采取了相反的政策，大行封建，为宗室同族子弟分封领土。平定吴之后，武

---

[1] 1 勺约 15 克，1 合（=10 勺）约 150 克，因此 2 合 3 勺约 345 克。

帝宣告天下已经太平,地方官无须军队,于是就地解散了驻屯军。但是,各地诸侯在分封的领地上依然保有军队。这些诸侯都年轻气盛,加之自负出身皇家宗室,行事粗暴,所以只要一步走错,后果就不堪设想。

人的想法总免不了肤浅。魏的天子不给同族人分权,是为了提高天子的独家权威,只喊家万岁。有鉴于此,晋皇室优待宗室同族,分封诸侯,让他们指挥强大的军队,期待族人能够成为不惜余力支持皇室的坚固藩屏。

然而,这样的如意算盘终归徒劳。既然皇室为自己的利益考虑,诸侯们也会为自己的利益考虑。而且,所幸兵权在握,为了自己的利益可以马上诉诸武力。就这样,族人之间的相互残杀就开始了。

武帝死后,辅佐惠帝而有势力的是惠帝之母杨太后的父亲杨骏。贾皇后最害怕的就是杨太后利用母权废惠帝。幸好杨骏声望不高,贾皇后遂乘机教唆惠帝之弟、楚王司马玮动员殿中兵,攻入杨骏的府第,杀死杨骏,不久也幽禁了杨太后。杨太后最终被活活饿死。

八王之乱

取代杨骏辅佐天子的是惠帝的叔祖汝南王司马亮以及老臣卫瓘。这两个人掌权后,贾皇后又开始警惕起来。特别是汝南王是皇室一族之长者,不一定什么时候就会策划废惠帝。于是,贾皇后再次利用楚王,铲除了汝南王与卫瓘二人。

然而,楚王甘心反复被贾皇后利用,是因为他算计着自己是惠帝的弟弟,顺利的话,可能被立为皇太弟,有机会继承帝位。贾皇后对楚王的心思一清二楚,立即以专断之罪处死了楚王。

但是，即使以这种手段除掉了碍事者，后面新的碍事者也会一个接一个出现。贾皇后这次又开始怀疑是不是皇太子也在图谋废位。这位皇太子当然不是贾皇后所生，平时二人的关系就很紧张。终于，贾皇后找了一个借口逮捕皇太子，送到流放地后，又把他毒杀。

对贾皇后之暴虐行径忍无可忍的皇室一族的长老赵王司马伦率兵入宫，首先幽禁了惠帝，捕杀了贾皇后，并大肆屠杀朝廷大臣。赵王大权在握后，环顾四周，发现皇室一族中属自己辈分最高。如果废当今的天子惠帝，再立他的子孙为帝，将来也不知会成什么样子。想到这些，赵王更加坚定了自己践祚称帝的决心。于是，司马伦尊惠帝为太上皇，自立为帝。

司马伦的篡位遭到了皇室一族人的集体反对。惠帝之弟成都王司马颖、堂弟齐王司马冏、族叔父河间王司马颙等联合进攻消灭了赵王，惠帝复位。于是，此次行动的首倡者齐王进入中央政府，辅佐惠帝。然而，齐王同样在掌握权力后，专横跋扈，被诸王攻灭。而此次的功臣惠帝之弟长沙王司马乂取代齐王辅佐惠帝。

成都王与河间王嫉妒长沙王的成功，共同举兵讨伐长沙王，后得到东海王司马越的支援，成功杀掉长沙王。然而，成都王与河间王分道扬镳，互相斗争，先是成都王被杀，接着河间王也被杀，同年惠帝也中毒而死（306年）。

就这样，最后存活下来的就是惠帝的族叔父东海王司马越。据说惠帝之死，投毒之人正是司马越。于是，惠帝之弟怀帝即位。

从汝南王到东海王的八王，轮番登场，执掌大权，或者为了掌权而武力相争。用武力解决问题看起来达到了立竿见影的效果，但是，一旦动用武力，就不是自己可以制止的了。如同火药库起火，火苗会不断向周边蔓延，次第引爆，直至全面爆炸。

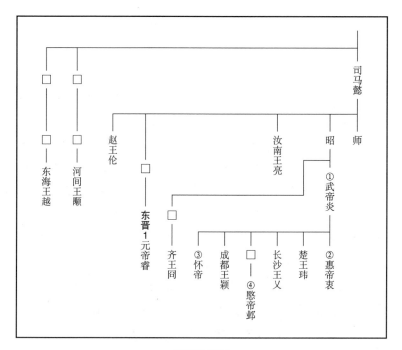

西晋世系图

这并非只是他人之事。战前日本积累的军备正是如此。如今，世界各国不断积累的原子弹，谁敢断言不是这样的呢。再者，认可武力的革命，一旦开始就很少能够毕其功于一役。这样的例子不仅仅见于南美与非洲的新兴国家。

蜂起的游牧民族

武帝为了一家一族的繁荣而推行的封建制度，导致同族之间相互残杀，以惨败告终，仿佛是对他狭隘的私心的巨大讽刺。

　　如果参与内乱的诸王，可以睁大眼睛好好审视当时中国所处的环境，那么他们应该做的就不是这些愚蠢至极的举动了。这些都是只顾眼前的小利，急于执政而造成的悲剧。而且，他们的内乱尽管以自我毁灭的方式终止，但悲剧并没有结束，更大的动荡还在后面。这就是游牧民族的蜂起。

　　正如西方罗马帝国曾经遭遇的那样，东方的汉帝国在统一中国后也不得不面对与北方游牧民族的对决。为了对付崛起于蒙古大漠的匈奴人建立的游牧帝国，即使是强盛的西汉帝国也是煞费苦心。于是，用了几个世纪，汉朝政府终于有效打击了匈奴，成功肢解了匈奴政权。北匈奴不堪汉朝的打击，逃到了遥远的西北方，南匈奴则降汉，获准移居到长城以内。

　　汉代以前的中国，农民建设大小都市，居住在城内，而在城外的耕地上进行耕种，维持生活。因此，都市与都市之间有很多空地。然而，新移居到国内的匈奴等游牧民，形成与汉人不同的系统，他们在空地搭起帐篷，组成部落，过着放牧的生活。他们照搬从前的氏族制度，奉他们的天子单于之子孙为君长，保持着集团生活。

　　他们不受汉朝地方政府的控制，但因为臣属于汉天子，所以时而会被征发劳役。特别是战争期间，国家会频繁动员以利用他们的骑射才能。由于他们只是雇佣兵，即使立下战功，也只能分配到战利品，并不能像正规军那样获得地位的提升。但是，如果败了，就完全是自己承担损失。

　　曹操以武力统一中原后，政府对匈奴的压迫也急剧加重。特别是正值内外多事之秋，与对汉人一样，魏国政府也对匈奴课税征役。当时魏国武力强盛，不管匈奴情不情愿都不得不屈服。然而，对于匈奴的潜在势力，有心的汉人政治家们始终认为不可放松警惕，希望朝廷能制定出相应的政策进行牵制。

　　进入晋代，江统、郭钦等提出"徙戎论"，主张游牧民族应该移居到边陲之地。他们的理由是，当时在中原放牧的游牧民族，不仅有住在山西的匈奴，西边属于藏系民族的氏、羌等也涌入陕西，其人口数量甚至与汉人持平。于是，他们主张趁晋朝国威鼎盛之时，将这些游牧民族赶回到他们的原住地。

匈奴之汉

　　然而，实际的形势反而朝相反的方向发展。"八王之乱"使诸王间的对立激化后，他们便拉拢一切外部势力支援自己一方。在这种时候，谁也管不了远在将来的事情。

　　成都王司马颖的根据地在曾经的曹操的首都邺，邻近匈奴部族。为了借助匈奴的力量，司马颖任命左贤王刘渊统率匈奴，征发动员匈奴部族之兵。刘渊为匈奴首领单于的子孙，因祖上曾与汉室通婚，故取汉人名字，以刘为姓。刘渊擅长武术，又有很深的汉文化教养，通经史，青年时期曾到首都洛阳与名士交往，认识的人都很尊敬他。

　　刘渊在成都王的劝诱下招募部族内的士兵，但实际上是想乘机自立。他在集结了五万人的军队后，被推举为大单于，取左国城为都，因为也开始统治汉人，又自称汉王。另一方面，晋仍处于"八王之乱"中，刘渊乘乱迅速扩大了汉的势力。

　　晋惠帝去世、怀帝（284—313）即位后，汉王刘渊的势力愈发扩张，吸收了匈奴别部羯族出身的石勒以及归降的汉人群盗，占据了山西大半的土地，于是自立为帝，定都平阳。

　　当时，晋的境内蜂起的各民族，不仅有匈奴刘渊建立的汉。在靠近万里长城东端的辽西地区，鲜卑族的慕容氏不从晋命，终于采取了自立的态势，伺机向内地进攻。为此，晋推行怀柔政策，任命慕容廆为鲜卑都督，优待备至，但这反而助长了鲜卑的势力。此外，鲜卑族还有宇文氏、段氏等别部，各自独立，分别行动。

在山西北端，横跨长城内外，生活着鲜卑族的索头部。他们是汉化最迟的部族，与蒙古地区的游牧民族有着广泛交往，虽然野蛮，但同时武力惊人。

在陕西地区，藏系的氐、羌等部族大量涌入，但这里连年干旱成灾，而只要发生旱灾，这些人与汉人的贫民便联合谋反。陕西地区土地贫瘠，若发生饥荒，入蜀乞食的人就非常多，给蜀地的治安带来威胁，当局也感到棘手。

于是，朝廷与蜀的地方官商议，计划将进入蜀地的陕西流民强制赶回本籍。这遭到了流民的普遍反抗。他们推举氐族出身的李特为首领进攻成都，到他的儿子李雄时，终于带领流民们平定了蜀地。李雄自立为帝，国号成。后又改国号为汉，故史称成汉。或与刘备前蜀相对，称为后蜀。

作为欧洲中世史起点的民族大迁徙，最初是以被罗马征服、后移居至莱茵河—多瑙河线以内的日耳曼民族的蜂起为导火索。中国的中世也经历了同样的过程。

显著的游牧民族活动最开始出现在东汉末期，董卓、吕布的军队中有很多游牧民族出身的骑兵。但是，他们最终被曹操的军队收编，使曹操的军容达到全盛。

接着，到了晋代，乘国内混乱之机蜂起的匈奴等则是有意识地主动出击。但是，他们可以说是文明化了的"熟番"，长期在长城以内与汉人为伍，共同生活，因而不知不觉间或多或少都已汉化。尤其是他们的首领，具有不亚于汉人的汉文化教养。

因此，他们自立后，汉人的贫民自不待言，连知识分子也都竞相归附，心甘情愿地成为他们的部下，俯首帖耳地工作。他们大概认为比起腐败透顶的中原政权，在朴素的游牧民族政权之下更有前途。

都市与农村

以匈奴之汉为开端的持续的游牧民族蜂起征服中原的活动，引发了中国社会的巨大变动。其中最显著的是中国都市的蜕变。

汉代以前的社会，可以说是大小农业都市的集合体。从东汉开始，豪族成为社会的中心，他们在远离都市的农村建立庄园，从城里召集农民，让他们隶属于自己，于是出现了村落形态的百姓聚落。魏曹操实施的屯田，实际上就是对这种豪族庄园的模仿，因此，村落愈加广泛地普及于地方。换句话说，这表明从前的农业都市逐渐走向崩溃。

汉代全盛时期，由政府掌握登记在册的人口数量大约是六千万，这恰好与罗马帝国全盛时期的人口不相上下。汉代的这些人口基本都定居在各个大小都市。

然而，根据晋统一三国后的人口统计：

户　　2459840

口　　16163863

可知与汉代相比，晋代的人口数量减少到了约为汉代的四分之一。由于汉末三国战乱频仍，可以想象死于非命者不在少数。尽管如此，同时不可否认的是，政府的控制力衰弱，大量百姓因为避税逃役，而未纳入政府的统计数据。

那么，百姓是如何脱离政府掌控的呢？首先是成为庄园之"客"。中央政府任命的地方官顶多到县的长官，在县城以外的乡、亭小都市由土著居民的代表负责户口调查和租税征收。然而，在远离都市的山间偏僻地带的庄园，政府的权力不易抵达发挥作用。况且，庄园的主人都是有势力的土豪，有着浓厚的治外法权的性质。

其次是流民。闹饥荒时百姓逃离本籍地，进入其他地方。其中，除了被庄园吸纳之外，也产生了集体种地并在当地定居的人。成汉的李特率领的流民就是这类百姓。在本籍地吃不上饭的人，流浪到他乡就有饭吃，虽然这种事情听起来不可思议，但在本籍地他们不得不背负沉重的税役负担，而成为流民后，就脱离了政府的控制，得以免受盘剥榨取之苦，通过自给自足维持生计。

正是这样，古代都市瓦解，取而代之的是新出现的村落逐渐成为农业生产的主力。但是，形成这一形态的决定性因素，还是游牧民族成为统治者后以大都市为根据地的事实。

游牧民族向来都是涌入汉人的都市与都市之间的空地居住，在那里放牧为生，但如今他们建立了自己的政权，而作为支撑现政权的基础，几乎所有人都要服兵役。然而，他们的人口数量不管怎么说都少于汉人，因此必须始终集中在一起。于是，他们便移居至征服地的大都市中，都市也就随之军营化。

承载文化的佛寺

在此之前，中国都市中的大都市已经逐渐丧失农业都市的性质，而政治都市的色彩得到强化，伴随着行政的复杂化，都市中官署、军营林立，同时农民被排挤出都市，向郊外流动。

然而，新出现的游牧民族政权以大都市为纯粹的政治都市，官署、军营、市场、工场等必要人员留在城内，而将农民逐出城外。这是因为都市同时也是作战根据地，具有军事要塞的功能，所以无关的非战斗人员的杂居没有益处，而且，也是考虑到如果游牧民族军队与汉人农民杂居，可能会引发争斗，或者军事机密遭泄露，或者危急之时发生汉人叛乱、投敌的可能。

于是，农民在村落的定居逐渐普遍化，那么，这与从前的都市生活相比，会产生何种利弊呢？首先，好处是居住地与耕地间的距离变近了。

从前家在城里，耕地在城外，不管怎么说距离总是很远，往返相当费时。而且，城门傍晚就会关闭，因此不得不赶在城门关闭之前回家。然而，在村落的话，无论在何地都可以在耕地的中心建造房屋。因为夜晚也可以自由出行，所以即使耕地离住地很远也没关系。他们的农业劳动变得非常自由。

但是，农民们在最初离开都市进入农村之时，总觉得靠不住，因而心里肯定会有难以名状的不安。与都市相比，邻里间距离较远，万一遭遇敌人的袭击，也没有城墙抵挡。然而，逐渐习惯了这种生活后，他们必定反而觉得村落才更安全。之所以这么说，是因为如果只是零星的敌人，那就下定决心，依靠自己的力量进行防卫。比如，养狗看家，吹响号角发出信号，邻里帮助。如果遭遇大部队的敌人入侵，就将食物埋藏起来再逃走。

从前的都市生活人口密集，因而储藏着大量的食物，反而容易成为掠夺的目标，蒙受遭敌人袭击的灾祸。然而在农村，人们彼此分散居住，大部队的敌人会认为没有什么十分值钱的猎物，也就不会靠近。即使入侵，也会在不久后不得不撤退。只要在此期间暂时躲避，等待敌人离开后再回去将埋藏的粮食挖出来，总是可以继续活命。

与以豪族为中心的庄园村落不同，在由百姓聚集起来自然形成的村落，肯定没有像样的文化。能读会写的人，大概一个也没有。因为是从各处聚集在一起居住的家庭，所以难免相互吵架、争斗。于是，这个时候佛教寺院深入农村，扩大了传教范围，致力于百姓的教化，维持社会的和平。

当时的佛教不单单是宗教，而是综合的文化体。佛教融建筑、雕刻、绘画、经济、法制、文学等所有的一切于一体，指导百姓的生产和生活。百姓起了争讼，就介入调停；如果有贫困的人无法自活，就支援财物，或者提供借贷。佛教寺院同时也是集会地、交易所、当铺、银行。总之，政府应该做的事情寺院都在做。

正是如此，中国的中世成为佛教的时代，如同欧洲中世纪是基督教的时代一样。

洛阳沦陷

汉刘渊去世后，其子刘聪即位（310 年）。刘聪派同族的刘曜与羯人石勒攻陷晋的郡县，晋都洛阳反而陷入被敌人孤立的状态。

朝廷的掌权者东海王司马越，一面传檄天下，催促各方勤王，一面亲率十余万官兵防御石勒的入侵。他聘请一流名士王衍为从军参谋。然而，天子怀帝憎恶东海王的专权，虽然是在战争期间，仍然褫夺了他的职位，为此东海王痛心疾首，疾病发作倒下，将身后之事托付给王衍后撒手人寰。

王衍在当时的贵族中，是最具贵族气派的贵公子，以其高尚的风貌与巧妙的话术被尊为社交界第一人。这也同时直接让他成功跻身政界出人头地，顺利问鼎军队最高统帅的位置。这怎么看都很奇怪，但却正是当时的风潮。

在全军总司令这样的位置上，即使没有战争，也同样危险。何况对手是率领勇猛的游牧民族部队的不世出的豪杰石勒。果然不出所料，仅仅交战一次，晋军就全军崩溃，被敌军的骑兵围困，总司令以下全军或被杀或被俘，以惨败告终。成为俘虏的王衍被押解到石勒面前，丑态百出。

贪生怕死的王衍此时将羞耻、名誉、贵族的自豪统统抛在一边，只是个寒碜的一无所有也无所归属的平民。王衍胡说八道：

"衍徒有总司令之名，从未参与作战。本来我年轻时就不喜参与政事，无意仕进，远离俗事。只是一直被当作政治的门面，如若阁下需要的话，也请将我当成政治的门面吧。"

虽然完全是语无伦次，但是，如果石勒当上了天子，统领中原贵族，高呼万岁的带头人肯定就是王衍吧。

在太平洋战争后的东京审判中，伪满洲国皇帝溥仪曾作为证人被传唤出庭。某日本人听了溥仪的供述后，曾吃惊地说："多么软弱的性格啊。满族的爱新觉罗氏一门已经沦落到这种地步了吗？"另一日本人却感叹道："就是因为对生的强烈执着，满族人才取得了不逊于汉人的生活能力。"

这两种认识，也可以套用在晋的王衍身上。

朴素民族出身的石勒，头一次与王衍这种人交谈，不知该如何处理。虽然王衍徒有其表，但好歹是汉人中的名士，不宜直接公开处以死刑。于是，石勒派人在半夜里推倒墙壁把王衍活活压死。

晋全军覆没后，首都洛阳毫无防御。汉军轻而易举地占领了宫
城，俘虏了天子怀帝，送至平阳。怀帝最终也被杀（313 年）。

西晋灭亡

惠帝、怀帝及其他兄弟共有二十五人，有的早亡，有的相互残
杀，怀帝被杀后，竟然无一幸存。怀帝的侄子司马邺从洛阳逃到了长
安，晋的官僚拥戴他即皇帝位，是为愍帝（300[1]—317）。

然而，曾经的汉朝首都长安，因东汉末年以来的战乱而荒废，城
中居民不满百户，虽称朝廷，但马车只有四辆，粮食短缺，不胜寒
心。即使贵为天子，但号令几乎不行于天下。

只是让人稍感欣慰的是，在南方的长江流域，同族的司马睿集结
军队进行防卫；在西边靠近长城西端的凉州（今甘肃武威），张轨、
张寔父子与游牧民族势力对抗。这两个地区作为汉人自治地区存留下
来，并且都与长安通好。愍帝拜司马睿为丞相、大都督中外军事，任
命张轨为凉州牧，封西平公。但是，两地与长安相距甚远，在紧要关
头也靠不住。

愍帝即位后的第四年冬天，汉将刘曜征服了陕西北部，进而渡过
渭水攻打长安。晋军毫无招架之力，天子及以下诸人出城投降（316
年），愍帝被送往汉都平阳。因为已经归服汉廷的晋的旧臣都同情愍
帝，所以愍帝被刘聪所杀。

当时致力于光复中原的汉人，以祖逖为首在各地举兵起义，但都
以失败告终，华夏文明的发祥地黄河流域一带被游牧民族占领。史上

_____

[1] 原作"270"，不确，今改。

将这场战乱以怀帝的年号命名，称"永嘉之乱"，并将从武帝到愍帝的四代称为西晋，以区别于后来的东晋。

永嘉之乱是历史上中原首次被非汉族征服，汉文化首遭巨变。后世汉人读史至此，无不痛心疾首，并常常引用清初顾炎武《日知录》中的一节为证：

> 是以讲明六艺，郑、王为集汉之终；演说老庄，王、何为开晋之始。以至国亡于上，教沦于下，羌胡互僭，君臣屡易，非林下诸贤之咎而谁咎哉！有亡国，有亡天下。亡国与亡天下奚辨？曰：易姓改号，谓之亡国；仁义充塞，而至于率兽食人，人将相食，谓之亡天下。魏、晋人之清谈，何以亡天下？是《孟子》所谓杨、墨之言，至于使天下无父无君而入于禽兽者也。

这一因果论认为，最先是学问堕落，继而天下大乱，结果汉人及其文化都遭受到前所未有的冲击。

虽然这是站在儒学立场上的老生常谈，但确实有一定的道理。如果一个时代厌恶踏实的学问，仅凭交际手腕就能游走于官场，那这个世道就彻底完了。顾炎武生活的明之末世正好也是这样的时代，最终中原被兴起于东北地区的清朝征服。但是，问题却并不仅仅如此，难道社会深处没有潜藏着其他更重要的历史整体性的问题吗？

中世的世界

与中国的中世一样，欧洲中世纪的特色之一乃是日耳曼民族对旧社会的入侵。通观东亚历史与欧洲历史全体，虽然可以列举两者间的若干相似点，但最明显的是共同存在着北方朴素民族与南方文明社会的对立，历史就是以这一对立为轴展开，而中世的历史只不过是其中的一幕罢了。

然而，最近的社会经济史学派[1]屡屡将游牧民族的迁移当作外部因素或者机械性的压力，仿佛是非历史性的偶然事件一样而加以轻视。

不过，事实是游牧民族的迁移之所以能实现，是因为在旧社会中实际存在着得以迁移的前提。问题到底是存在于旧社会的内部。一言以蔽之，就是古代社会的瓦解，在这一点上中国与欧洲也是各自平行发生着演变。

从东汉时代起进行的由豪族主导的庄园开发，既然是与土地息息相关，就意味着新资源的开发。但是，他们的劳动力是脱离了国家公民身份而作为私人的隶农从事劳动。在人口数量并没有多少增长，反而因恶政、天灾等减少的时候，只要庄园越盛行，相应地国家的公民数量也会越来越少。

这就带来了两个后果。其一是国家财政收入的匮乏。租税负担者越来越少的话，相应的岁入自然就会减少，这是显而易见的道理。

其二则是兵役负担者的减少。这也是国家公民数量减少必然产生的后果。于是，对政府来说，比起征用汉人，招纳游牧民族入伍显然是效率更高的办法。因为他们的生活水平低下，仅获得较少报酬就能满足。而且，他们日常以放牧为生，擅长骑射，具备作为战士的优秀

---

[1] 这里所谓的社会经济史学派，主要是指以社会经济史学会为中心的研究流派。社会经济史学会成立于 1930 年年末，是日本全国性的学会，现有会员一千四百人左右，主办学术期刊《社会经济史学》。

素养。如此一来，军队率先走向游牧民族化。

然而，招纳游牧民族入伍，如果走错一步，可能面临无法收拾的结局。特别是战争持续时间长的话，他们就会逐渐意识到自我力量的强大，自然就不甘心作为他人的雇佣兵而战，而是想为自己而战。

就这样，从董卓、吕布率领的游牧民族骑兵即所谓"胡骑"参与内战开始，经"八王之乱"中对"胡骑"的利用，事态朝匈奴部族长刘渊一家独立并征服中原的方向急速发展。几乎同样的事情也在罗马帝国时代末期的欧洲相继发生。

另外，还有一点也不能忘记，那就是中国与欧洲存在共同的类似的环境。中国与欧洲的共同邻居西亚地区的文化更古老，社会组织更先进，且与两地都分别有长期持续的贸易往来。也许可以说这是条普遍原则，先进地区与后进地区进行贸易交往的时候，先进地区处于出超地位，后进地区处于入超地位。不管什么时代、什么地区，贸易结算都必须使用货币。作为本位货币的是金或银，铜是辅助货币。

中国持续与西亚进行贸易期间，作为本位货币的黄金不断从中国向西流出。本位货币的减少在任何社会都会带来严重的不景气现象。于是，大家惜金如命，不愿消费，结果促成了自给自足的庄园经济的盛行。古代罗马也发生过完全相同的事情，众所周知，那是走向中世纪的巨大契机。

第四章　民族大迁徙

东晋中兴

吴被晋灭后，曾经支撑着吴国政权的土著贵族们就回归到了从前土豪的身份。其中，自信才堪大用者，如吴地屈指可数的望族陆氏一门的陆机、陆云兄弟，托关系来到晋都洛阳谋求官职。

但是，晋朝政府并没有优待他们，朝中甚至有人蔑视他们是乡下人。这大概由于他们说的是吴方言，与中原发音不同。才华横溢的兄弟二人，不久就被卷入了八王之乱的漩涡，悲惨地死去。此事挫伤了吴人进入政界的热情。

游牧民族进入中原之际，若是在以前，吴地豪族肯定会奋起建立割据政权。然而，此时却连一个带头人都没有出现，何以至此？回想三十年前吴国灭亡的事实，吴人或许认为建立割据政权也毫无意义。抑或是因为晋朝政府的压迫，吴中人士消极蛰伏，没能出现可以号令全体吴人的名士。不论如何，当时的吴人意气甚为消沉。

尽管如此，中原的混乱如果稍微持续长一点时间的话，肯定有吴人出头策划割据一方。然而，事实是吴人还没来得及行动，由晋宗室司马睿（276—322）率领的中原贵族集团就已引兵南下。

司马睿是宣帝司马懿的曾孙，与当时的皇室关系已颇为疏远。八王之乱最盛时期，他害怕祸及自身，离开邺城，逃回到自己的封国山东琅琊。途中，他在黄河的渡口准备渡河时遭到盘问，险些被拘留。当时在邺城大权在握的成都王，将同族所有人留在身边加以监视，不准任何人自由前往地方。司马睿过黄河时，正好在后面的随从追赶而至，以策鞭其背说："舍长！官禁贵人，汝亦被拘邪！"于是得以顺利通过。那场面宛如源义经和家臣武藏坊弁庆通过安宅关 [1]。

怀帝初期，成都王被杀、东海王掌权后，司马睿被任为安东将军，在原来的吴都建业设立都督府。这一准备工作是他的心腹王导的谋划。王导劝司马睿要努力取悦地方土著豪族。

此时的中原，洛阳已被匈奴军攻陷，皇室及贵族被杀者众多，幸免于难的人们则争相逃往南方投靠司马睿。司马睿预想自己有朝一日将谋求自立，组建政府，于是选用百余人担任属官，称为"掾"——时人称之为"百六掾"——有效确保了政府要员的选拔。

---

[1] 安宅关是位于日本石川县小松市面向日本海方面的关卡，当时的守卫叫富樫泰家。源义经遭到兄源赖朝的迫害，和家臣弁庆由北陆地区向奥州（今岩手县）藤原氏的根据地平泉逃亡时，经过安宅关。富樫泰家识破了弁庆读的《劝进帐》是伪造的，也发现了义经，但出于同情，选择了放行，义经和弁庆遂得顺利通关。

在长江下游地区稳固根基后，司马
睿又开始着手经营长江中游的荆州地区。
该地区因发生土著叛乱，治安尤为混乱，
司马睿便派遣王导的堂兄[1]王敦及名将陶
侃成功平定叛乱。这样一来，从前的吴
国领土就基本上转归司马睿支配。

司马睿　东晋元帝
（庆长版《历代君臣图像》）

在长安的愍帝任命司马睿为丞相，
不久长安被汉攻陷后，司马睿自立为晋
王，尔后在群臣的拥戴下即皇帝位。司
马睿即为元帝，被称为晋中兴之祖。因其本来也未能光复晋的全部领
土，只是偏安东南一隅，故史称东晋。东晋定都建邺，就是从前的建
业，后为避愍帝之讳"邺"改称"建康"。

浮萍本无根

东晋虽然继承了曾经吴国的领土，但二者性质迥异。吴国是由南
方的土著豪族协力建立的割据政权，具有强烈的对抗中央朝廷的意
识。然而，东晋可以说是以正统王朝自居的流寓政权，无论是君主，
还是高级官僚和军队的中坚力量，都是北方人。因此，东晋的国是乃
有朝一日恢复中原，还都洛阳。

从这点来说，东晋毋宁说与三国时代的蜀国具有共同的性质。只
是现实的问题是，东晋的国力依然不及中原，而且官僚们从前在中原
过惯了贵族生活，不少人都有贵族的惰性，虽然嘴上喊着恢复中原，

---

[1] 原文作"从弟"，不确，当为"从兄"（即堂兄），今改。

实际上压根看不到他们为此认真努力的行动。

即使有祖逖这样的志士赌上性命反攻中原，但他的壮举也几乎得不到东晋政府的支持，眼睁睁看着良机一次次错过。从这点来说，东晋的意气还不如三国时代的蜀国。东晋是史上最不受待见的王朝，原因就在于此。

政府既是来自北方的流寓政权，南方的土著豪族仍然不免被当作乡下人。只是政府也不得不承认他们的实力，因此，与西晋时代相比，土著豪族的待遇还是得到若干改善。同时，政府又不敢对他们放松警惕，极力阻碍他们掌握实权的地位。朝廷用语仍然是北方话，而将当地的南方话贬称为吴语。二者的差异之大，就如同传播到日本的汉音与吴音 [1] 之间的差异。

对于如此差的待遇，土著豪族虽心怀不满，仍然没有发起大叛乱，而是选择继续忍受，因为流寓政府从北方带来了强有力的军队。军队分别驻扎在长江北岸的广陵（后称扬州）和长江南岸的京口（现在的镇江），在这里为政府服役的都是世袭式的职业军人。

土著豪族首先最畏惧的就是这一军人集团。与此同时，这一军队也是防御北方游牧民族的最可靠的力量。因此，不妨说南方豪族是将国防委托给政府与军队，同时也放弃在政界为官升迁的希望，而埋头于追求自己庄园的经济利益，从中得到满足。

若在欧洲历史上寻找相似例子的话，东晋政权正好与东罗马帝国相当。二者都被北方民族占领了从前的根据地，偏安于东南的半壁江

---

[1] 汉音和吴音，都是日语中汉字的音读法。汉音是隋唐时代由中国长安、洛阳一带传入日本的，称为"正音"，多为官府、学者使用。吴音是由中国南方吴越地区，经朝鲜半岛传入日本的汉字的音读发音，佛教和官职名多用吴音。吴音传入时间早于汉音。

山，而且都以正统政府自居。

就像东罗马帝国扼守达达尼尔海峡，依然维持着地中海的霸权一样，东晋政权也因控制着长江水路，确保了领土的统一，得以与北方游牧民族对抗。关于东晋朝廷贵族制度与东罗马官僚制度的比较，是今后值得深入挖掘的研究课题。

雨后地固

最能说明东晋流寓政权性质的是王敦之乱。王敦是王导的堂兄，与西晋时代著名的清谈家王衍、王戎为同族。东晋中兴之初，王导在内主持政治，王敦在外指挥征战。与王导的谨慎相反，王敦军权在握，刚愎自用，终与朝廷生隙。

王敦以清君侧之名，率兵从根据地武昌顺长江而下逼近都城建康，政府军败退，王敦占领了都城外郭。天子命百官出城恭迎王敦，然而王敦只是杀掉了自己的反对派，并未入朝，就撤回了武昌。

王敦好不容易起兵，却放弃入朝掌权，到底为何他会这样半途而废呢？实际上这是他在掂量了自己的地位与实力之后做出的决定。

王敦虽然一战之下，侥幸突破了建康的外郭，但朝廷背后尚有驻扎于广陵、京口的大部队。如果他进入朝廷，企图夺权，就不得不与这些军队一决胜负。这就意味着要与从北方南下的流寓集团同室操戈。无论哪方胜利，都会遭受重大的创伤。随之而来的肯定是北方游牧民族势力的南下，或者南方土著豪族势力的抬头。最初举兵打出的口号是"清君侧"，既然目标已经实现，那么对王敦来说，早日撤退才是万全之策。

但是，这一暴动，却是天子元帝难以忍受的屈辱，乃至忧愤成疾，郁郁而终（322 年）。于是，太子明帝继位。明帝（299—325）既

王导　东晋的功臣
（庆长版《历代君臣图像》）

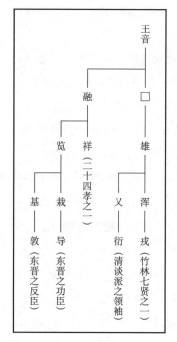

琅琊王氏世系图

具文才，又刚毅好武。他无法坐视王敦以武昌为根据地割据一方，命令王导为大都督，率军征讨。

背上逆贼的污名，遭到朝廷的征剿后，王敦不得已再次举兵，打算走一步看一步。

然而发兵之际，王敦病倒危笃。当亲信问及如有不测，后事应该如何处理时，王敦告诫道：

> 非常之事，岂常人所能！……我死之后，莫若解众放兵，归身朝廷，保全门户，此计之上也。退还武昌，收兵自守，贡献不废，亦中计也。及吾尚存，悉众而下，万一侥幸，计之下也。

但是，亲信们商讨之后，认为"公之下计，乃上策也"，决定继续兴兵，以王敦之兄王含为先锋，与政府军决战。

王含虽然凶暴，但资质平庸，一战即败。王敦想要强撑病体亲往督战，却再次倒下，旋即死去。首领一死，叛军全面崩溃，长江中游又回归到建康政府的统治下。

王敦之乱犹如雨水滋润大地，更加稳固了东晋政府的统治基础。正是因为东晋政府软弱，反而得到了流寓贵族及军人们的支持，眼看着要崩溃却并没有崩溃。反过来说，若司马氏政权消亡的话，所有人都会手足无措。果然，最自然的还是尊司马氏皇室为政权核心，这样大家就可以相安无事。

天下大乱

西晋灭亡后的中原，陷入了如欧洲罗马帝国末期日耳曼民族入侵后的法国、意大利、西班牙的混乱。

中原的主要地区被匈奴刘氏的汉政权占领。但是，这个政权并不稳定。因为他们的武力虽强，却还没有组建汉人式政府，也缺乏统治人民的经验。而且，作为北方民族，又没有既定的皇位继承制度，尚残存着谁有强大的统率能力就推举谁为君长的习俗，这也成为混乱滋长的要因。再加上不同民族错综复杂的聚散离合，不免到处发生意想不到的惨剧。

最初汉刘渊死后，长子刘和即位，不过他的弟弟刘聪才是英雄豪杰，于是谋杀兄长夺取皇位。然而，天道有常，因果循环，刘聪死后，子刘粲继位，马上发生巨变。刘聪将后事托付给了族人刘曜与羯人豪杰石勒，但是刘粲宠信汉人心腹靳准，一切政事听之任之，自己则整日荒耽酒色，游燕后庭。

刘氏族人之所以都会因酒坏事，大概是因为风俗习惯以体力为傲，而且根本不懂其他的高尚趣味吧。

然而，靳准是汉人，从一开始就对刘氏弑杀汉人天子怀恨于心。

如今幸运地被委以全权，靳准遂伺机发动政变，杀害以刘粲为首的刘氏皇族，挖掘刘渊、刘聪的坟墓，焚烧其宗庙。于是，靳准自称大将军、汉天王，打算纠合汉人重建汉人国家，但因为他此前一直效力于刘氏，汉人对此不无顾虑，响应者寥寥无几。

其时刘曜在长安，石勒据河北襄国。二人听说靳准政变后集结于平阳。刘曜以汉皇族的身份，自立为帝，封石勒为赵公。石勒虽然表面上接受，但内心却不服气，只是为了消灭共同的敌人靳准而暂且共同作战。不久，靳准被部下所杀，他的弟弟靳明继立为帝。石勒首先发起进攻，攻陷了平阳，靳明投奔刘曜求救，但他本人及其全族都被刘曜斩杀。

平阳陷落，靳氏全族灭亡后，刘曜与石勒的共同战线转眼间分崩离析，二者反目成仇。双方都以赵为国号，史称刘曜之赵国为前赵，称石勒之赵国为后赵，以示区分。

刘曜与石勒

前赵与后赵在初期忙于扩大各自的势力范围。前赵的刘曜以长安为根据地向西征讨，招降据守凉州的张茂，占领河西走廊。张茂是张轨之子，继任兄长张寔之位。另一方面，后赵的石勒以襄国为根据地，征服了包含今山东省在内的直达东方海岸的黄河下游一带。

就这样，双方的势力范围基本固定下来后，展开了正面冲突，围绕着洛阳进行攻防战。后赵军队坐守洛阳，刘曜发动十余万大军逼近，从南至北列阵形成包围态势，石勒则派侄子石虎为先锋，率四万大军进军洛阳。

刘曜虽为勇将，却嗜酒如命，决战前夕仍杯不离手。石勒趁其大意之时，率领精骑突破刘曜的中军，刘曜尚酒醉未醒，从马上摔下来被生擒，全军溃败，狼狈不堪。石勒劝他举国投降，不听，从容赴死。刘曜的前赵领土逐渐被石勒平定，统一了中原大部分地区的石勒最终称帝。

虽然刘曜最后颜面尽失，惨不忍睹，但他本来是相当出色的豪杰。据史书记载，他"生而眉白，目有赤光，须髯不过百余根，而皆长五尺。读书甚广，善属文，工草隶。雄武过人，铁厚一寸，射而洞之"。

刘曜进攻晋愍帝的长安城时，晋将军索綝遣密使前来，提出如果可以得到重赏，愿意背叛皇帝献城投降。刘曜严词拒绝："孤将军十五年，未尝以谲诡败人，必穷兵极势，然后取之。"攻下长安后，刘曜将索綝斩首示众，并布告天下："天下之恶一也。"

另一位石勒同样也是盖世英雄。他年轻时正逢晋末内乱，遭遇饥荒，备尝艰辛，曾被人贩拐骗，贩卖为奴。逃走后加入群盗之中，逐渐崭露头角，称雄一方。后投奔至汉刘渊麾下，成为部将，顺利地巩固自己的势力。

有一次，在宴席上石勒问大臣们："朕方自古开基何等主也？"

某大臣阿谀奉承："陛下神武筹略迈于高皇，雄艺卓荦超绝魏祖，自三王已来无可比也，其轩辕之亚乎！"石勒笑曰："人岂不自知，卿言亦以太过。朕若逢高皇，当北面而事之，与韩、彭竞鞭而争先耳。朕遇光武，当并驱于中原，未知鹿死谁手。大丈夫行事当磊磊落落，如日月皎然，终不能如曹孟德、司马仲达父子，欺他孤儿寡妇，狐媚以取天下也。"

石勒的话看似狂言，实则并非狂言，而是充满自信且负责任的发言。

刘曜、石勒的所作所为，从某方面来说相当残酷，毕竟他们本性如此。但是，与当时代表中国的东晋贵族们的阴郁与功利相比，刘曜、石勒们反而给人一种飒爽痛快之感。这让我们不禁反省：果然历史是由人创造的。

本性难移

但是，北方民族有一个致命的弱点，那就是过分依赖武力，相信任何事情都能凭武力解决。而且，他们有永不妥协的清高，必将信念贯彻到底。另一方面，从个人行动上来看，他们往往缺乏克己之心，不懂得节制欲望，一旦得志就沉迷酒色，将过去的功业一朝葬送，而不知反省。

石勒对此进行了深刻的反省。他平定中原后，宛然一副以晋王朝继承人自居的架势，大兴学校，制定官吏选拔制度，继续推进晋的文化事业。但是，石勒去世后，他的子孙、族人身上的残酷本性就完全暴露，相互争斗起来。

石勒死后，太子石弘即位，但却软弱无能，堂弟石虎弄权。石虎由伯父石勒抚养长大，从小就相当凶暴残忍，石勒也束手无策。考虑到有可能成为将来的祸患，石勒甚至想过干脆杀了石虎，因为石虎母亲的恳求才最终放弃了这个念头。但是，石虎跟随石勒从军后，石勒发现他勇猛果敢，大家都不敢做的事情，他却可以冷静地完成，最后成了石勒不可或缺的左膀右臂。

石勒活着时还好，然而到了性格懦弱的石弘时代，从分量上来说，石弘已经不是石虎的对手了。最初石弘慑于石虎的威势，曾提出过放弃即位，要让位给石虎。石虎则说"若不堪重任，天下自有大义，何足豫论"，没有理会。于是，石弘迫不得已只好即位，石虎就做了很多为难石弘的事情，借天子之手将看起来能派上用场的竞争对手杀光。最后连石勒之妻也被杀，忍无可忍的族人兴兵讨伐石虎却失败，反被石虎杀害。

石弘愈发恐惧，提出禅位给石虎。对此，石虎说："帝王大业，天下自当有议，何为自论此邪……便当废之，何禅让也！"

于是，石虎篡位，不久杀死石弘。他自称赵天王，移都邺城，在那里大兴土木，建造豪华宫殿。遇上这种暴虐君主，人民必然疲敝不堪。成千上万的人被折磨得精疲力竭，成群结队地死去。

但是，君主一旦沉迷于修饰宫室，奢侈无度，武力也便衰退，此后急速衰落。正当此时，东北方面鲜卑慕容氏崛起，慕容廆建立了燕国，隆盛一时，其子慕容皝称燕王。石虎亲自率兵征讨燕国，折损士卒三万余人，大败而退。石虎接着又攻打西方的凉州，遇到了骁勇善战的张寔之孙张重华，只得被迫败退。

惨烈的内乱

武力的衰退反过来造成了内乱。石虎的太子石邃骁勇善战，屡立战功，石虎对他也疼爱有加。但是，石虎沉溺酒色，精神衰弱，动辄发怒，甚至连爱子也鞭打。石邃不堪忍受，企图谋反，不料事泄，遭石虎诛杀。于是，石虎又立石宣为太子。然而，看着父亲更疼爱自己的弟弟石韬，石宣担忧自己有朝一日会被废，非常不安，于是秘密派人暗杀了石韬。石虎大怒，诛杀太子，本来只是爱子之仇，但却惨虐至极。

当时才几岁的太子的儿子，也就是石虎的孙子，不断哭着求救。石虎平时非常疼爱这个孙子，孙子也很亲近他。石虎打算赦免孙子一人，但大臣们却不同意。在送往刑场的时候，孙子用尽全力紧紧拽住石虎的腰带不放手，以至于腰带几乎要被拽断，石虎甩开了手，让人杀了他。

威风一世的石虎也不免精神受到重创，随即病倒，在册立十岁的石世为太子后，不久就在无限感慨中去世。

"何为专生恶子，年逾二十辄欲杀父！今世方十岁，比其二十，吾已老矣。"这又是何等苍白无力的自白。这个杀人如草芥的冷酷无情的男人，在自己的家事面前却是如此狼狈。但是，我们也不能一味嘲笑，因为任何世道，只要战争降临，这种事情就会经常发生。即使现在我们也亲见亲闻过类似的事情。

石虎死后，石世即位。但是身逢乱世，一个十岁的孩子当天子本身就是不可能之事，何况兄长们对此也颇为不平。石虎的养子、汉人出身的石闵劝说兄长石遵："殿下长且贤，先帝亦有意以殿下为嗣。正以末年惛惑，为张豺所误。……殿下若声张豺之罪，鼓行而讨之，其谁不开门倒戈而迎殿下者！"

于是，石遵与石闵合力，废石世，自立为帝，不久又杀了石世。最初，石遵与石闵约定，事成之后立石闵为太子，然而因为他是养子，遭到多人反对。于是，石遵把侄子石衍带来册立为太子。未能如愿的石闵此次又怂恿另一兄弟石鉴杀掉了石遵与石衍，石鉴即帝位。石闵被任命为大将军，执掌兵权。

石闵本姓冉，因为勇猛果敢，得到石虎的垂青，收为养子。但石闵本是汉人，归入石氏一族后，总被当作外人对待。心怀叵测的石闵就这样导演了让石氏兄弟相互残杀的好戏。石鉴终于意识到事情的本质，计划铲除石闵。

但是，为时已晚。兵马大权在握的石闵幽禁了石鉴，率领汉人军队把非汉人杀死。这是何其惨烈的内乱！石闵恢复了本姓，称冉闵，定国号为魏（350 年）。

前燕的兴隆

石氏内斗期间，东方燕国慕容氏的势力渐长。燕国在慕容皝时期，平定了辽河东西的平原，进而征讨以鸭绿江流域的丸都城（现在的集安市）为根据地的高句丽，攻下其都城。

高句丽就是日本所谓的"三韩"之一的高丽，从纪元前后起登上历史舞台。高句丽逐渐走向强盛，对汉王朝与其控制的朝鲜半岛上的乐浪郡之间的交通产生了威胁。于是，在三国魏时，将军毌丘俭就曾讨伐高句丽，并攻下了它的首都丸都城。但是，因为这里多山，交通不便，魏国军队未能长期驻扎，不久就班师回朝。后来，高句丽恢复势头，再次走向强盛。

燕国慕容氏其实很想南下中原，但首先要确保后方的安全，因此就有必要事先收拾高句丽。与此同时，燕军也消灭了位于东北地区腹地的土著农业国扶余。

到了慕容皝之子慕容儁时代，一直以来妨碍燕国南下的后赵内乱频发，对燕而言这是绝无仅有的经略中原的良机。燕王以弟弟慕容恪为大将，讨伐灭亡后赵的冉闵之魏国。

冉闵是以勇猛果敢闻名的武将，他亲率精锐部队进行防御作战。燕军兵分三路，诱使冉闵进入自己的包围圈，从而巧妙地实施围攻。冉闵左手持双刃矛，右手执片镰枪，骑着名马朱龙英勇奋战，但是遭到燕军的重重包围，身中流矢，朱龙也在乱阵中跌倒死去。燕军生擒了落马倒地的冉闵，然后杀死他。冉闵的根据地邺城也被燕占领，黄河下游一带的平原遂归燕所有。慕容儁于是即帝位，以邺城为都，史称前燕，以区别于后来出现的数个燕国。

然而，前燕的势力，在西边止于洛阳附近。这是由于当时在陕西新出现的藏系的氐族苻氏政权正在兴起以及前燕自身的国内情势。

燕帝慕容儁有兄弟数人，每个人都才能出众，其中慕容垂尤为卓越，但却不受慕容儁待见。慕容儁死后，其子慕容暐继位，叔父慕容恪为顾命大臣，劝说慕容暐应该重用慕容垂。但是，不久慕容恪去世，慕容暐与慕容垂之间的隔阂逐渐加深。此时，燕与南方的东晋以及西方的苻氏秦国形成了三足鼎立的外交关系。

敌国平，奇才出

东晋王敦之乱平息后不久，明帝去世，其子成帝（321—342）继位。成帝初年，苏峻起兵叛乱。苏峻是山东人，家世门第并不显赫。西晋末年，天下大乱，苏峻纠合故乡数千家，南下归附东晋朝廷。虽然平息王敦之乱有功，但因为出身并非大族，遭到朝廷贵族们的蔑视，他自己对朝廷的贵族主义也相当厌恶。

虽然苏峻一直以来未能进入中央政府任职，但中央眼见他的势力坐大，解除了他在地方的官职，改授中央政府的闲职。苏峻于是决定从前线退兵，转而进攻都城建康，攻陷宫城，粗暴野蛮。

其时成帝七岁，司徒王导辅政，但苏峻却未行废立之事，而是打算自居王导之次，掌握实权，专断朝政。苏峻毕竟是来自北方的流寓人士，似乎也意识到东晋王朝的存在对自己相当重要。结果东晋虽然作为实体相当虚弱，但作为超越性的精神主权象征，反而长期维持住了自己的地位。但是，攻破建康容易，守城却难。不久，晋名将陶侃等人集结地方军勤王，苏峻转眼间失败，被斩杀于战阵之中。

在平定这场内乱中立下大功的陶侃数年后病死。陶侃为东晋初期第一名将，在军中服役四十一年，晚年基本驻防荆州，统治长江中游一带，维护社会的和平。据说在陶侃的治下风俗淳美，路不拾遗。

陶侃
（庆长版《历代君臣图像》）

过了几年，王导去世。他效力于元帝、明帝、成帝三代，前后达二十余年，总揽朝廷大政，是东晋朝廷的柱石。世人评论东晋王朝的统治是"王与马，共天下"。王导的原籍是山东琅琊，其后琅琊王氏一族被尊为天下第一名门。

不久，二十二岁的成帝去世，太子即位，是为穆帝（343—361），年仅三岁。叔祖会稽王司马昱成为顾命大臣，将荆州方面的军事委任于桓温。桓温的父亲桓彝在此前的苏峻之乱中殉国，引起了世人的同情。桓氏也是来自北方的流寓贵族，但并非一流贵族，而是以军事为业的武将世家，族人累立军功，尤以桓温最称奇才。

桓温受命都督荆、梁等州军事后，就决定讨伐割据长江上游的成汉政权。实际上早先陶侃镇守荆州，维持和平，其间已经充实了军备。陶侃名重中外，手握大权，因担心功高盖主，朝廷生疑，故早早打消了再立战功的念头。意气风发的桓温却计划用这里储备的军事力量建功立业。

由胜转败

对蜀的讨伐战可谓不费吹灰之力。自李特据守成都以来，成汉政权历经六位君王。到了最后的李势时期，因为受到天险保护的安全感，完全没有考虑过会遭遇外来的侵犯。在这种形势下，桓温挑选少数精锐，首先突破了入蜀的第一难关三峡，夺取了重要的交通枢纽。再往前进，接下来就是平坦的地势。桓温的军队迅速攻破成都后，李势走投无路，向桓温投降。李势被送往建康，受封归义侯。李氏政权据蜀四十六年后灭亡。

蜀的平定对东晋来说是意想不到的成功。东晋此前一直没有可以对外炫耀的战功。然而，现在兼并了蜀，长江流域从上游到下游尽归东晋统治。但是，出乎意料的成功也让东晋政府不知所措。因为立下卓越功勋的桓温威名过于刺眼，朝廷担心他有不臣之心。

不知桓温是否知道朝廷的疑虑，这次他又干劲十足地准备北伐，恢复中原。当时，正值中原的后赵石氏政权瓦解，而东方前燕慕容氏的势力扩大，同时西方秦国苻氏也正走向兴隆。位于他们之间的晋之故都洛阳一带，就像两股势力中间形成的真空地带一样被保留下来。桓温率兵北伐，久违地光复了洛阳。晋室司马氏历代的陵墓都在洛阳，不难想见朝廷上下是何等欢欣鼓舞。

然而穆帝早亡，膝下无子，遂由成帝的长子继位，是为哀帝。但没过几年，哀帝去世，于是其弟海西公司马奕（342—386）继位。如此一来，天子年幼，而且中央又没有像王导一样有声望的大臣，于是在前线掌握兵权的桓温的威望与日俱增。

此时，前燕的慕容暐以邺城为根据地，势力逐渐向南伸展，其前锋打败了东晋驻军，占领洛阳。桓温岂会坐视不管，率领步兵、骑兵五万，沿淮河水系从山东进入黄河平原。

桓温大军军容甚盛，令燕国的慕容暐望而生畏，打算向北方撤退，却被主动请缨迎战的叔父慕容垂与慕容德阻止。慕容垂也率领约五万人的军队与晋军会战于枋头。桓温眼见燕军占据地利优势展开顽强抵抗，晋军屡屡受挫，盘算着趁粮食未尽之时撤退。当晋军撤退至边境附近，陷入疲惫不堪的状态时，慕容垂迅速发动骑兵进行包围攻击。晋军大败，痛失三万士兵，逃回南方。经此一役，东晋国力大为消耗，同时桓温的威名也严重受损。

不称职的天子

面对东晋桓温的北伐，在正面与之对立的前燕，对单独抗战感到不安，于是与在陕西正走向兴盛的前秦苻氏通好，请求援助。此时，前秦的势力业已壮大成熟。苻氏是藏系的氐族首领。从三国时代起，来自西方的氐、羌等民族就进入陕西，与汉人杂居，时而兴起叛乱，令西晋政府颇为烦恼。在匈奴的汉刘氏统治中原的同一时期，蒲洪据守渭水上游一带，形成割据势力。不久，后赵的石勒打败刘曜，蒲洪投诚，成为石勒的部将，率领氐、羌诸民族为中原所用。

然而，石虎死后，后赵大乱，诸民族拥立蒲洪为君主，开始向西方迁移。蒲洪自称大单于、三秦王，改蒲为苻，自名苻洪。他被暗杀后，其子苻健率众进入陕西，占据长安，称秦天王，随后即帝位。史称前秦，以区别于羌族的后秦。

苻健死后，太子苻生继位，然而他却是个让人束手无策的暴君。幼时因为说了祖父苻洪的坏话而遭鞭打，苻生反驳道："性耐刀槊，不堪鞭捶。"祖父大惊，认为他长大后必然祸害家人，劝他的父亲苻健杀掉苻生，但是苻健的弟弟苻雄却阻止说："儿长成自当修改，何至便可如此！"

结果苻生长大成人后，蛮力超人，手格猛兽，走及奔马。在战场上以一顶十，单枪匹马冲入敌阵，前后斩将十余次。另一方面，其本性粗暴残忍，对杀人也毫不在意。他的性格正好与后赵石虎极为相似，可谓是这一时代的游牧民族武人的代表。然而，无论是怎样的乱世，这样的人都不配当天子。即位后的苻生，对父亲指定的顾命大臣们心存不满，将他们逐一杀害，连他们的子孙也不放过。

对此，苻生不以为意地说："嗣统已来，有何不善，而谤讟之音扇满天下。杀不过千，而谓刑虐。行者比肩，未足为稀。"君主暴虐，甚至动物也跟着暴虐。据说当时虎狼断道吃人的事情时有发生。

理想人物

苻雄之子苻坚早有令名，与苻生的名声下降正好成反比，被世人寄予厚望。其时苻坚与羌族君长姚襄对战，并擒杀姚襄，同时降服了其弟姚苌，回到长安后名声大振，因此遭到苻生的忌恨。苻坚先发制人，入宫杀死苻生，后即位称秦天王。苻坚作为人质，成长于后赵国都邺城，具有较好的汉文化教养。苻坚拜在长安当地居住的王猛为宰相，委以国政。东晋桓温北伐时，曾见到王猛，并想起用他，不过王猛固辞不受。大概王猛识破了东晋王朝及其贵族主义已经是过去时。他预想的世界，应该是朴素的少数民族汉化后，由融合了朴素与文明的新人创造的新社会，必须超越过去的传统与民族，找出新的理想。而苻坚碰巧就是可以实现这种理想的人物。苻坚之于王猛，宛如刘备之于诸葛亮。

就这样，当苻坚的前秦国正在陕西不断巩固其坚实的地盘时，前燕的慕容暐因桓温的北伐前来寻求支援。苻坚立即率步兵、骑兵二万援燕。这支援军虽然并未起多大作用，然以此为契机，苻坚抓住了灭掉大国前燕、称霸中原的幸运之绳。这要从枋头之战的当红主角慕容垂于战后亡命前秦的变故说起。

此前在枋头建立战功的慕容垂得胜归邺后，人气渐涨，因此遭到了慕容暐亲信的嫉妒与猜疑，他们谋划杀掉慕容垂。慕容垂的一个侄子慕容楷得知这一阴谋，向慕容垂汇报，并劝他先发制人，实行政变。

此事若发生在其他国家，十有八九都会成功。然而，慕容垂却拒绝了这个提议："同族之士，实不忍骨肉相残，不如出逃他国。"于是，谎称狩猎，带着自己的孩子及侄子们，亡命前秦，投靠苻坚。

苻坚之前目睹了前燕慕容恪之死，认为讨伐燕国时机临近，只剩慕容垂一人令他忌惮，故踌躇不定。而如今慕容垂从前燕逃到自己的地盘，苻坚当然大喜过望。机不可失，时不再来，次月，苻坚就派王猛担任指挥官出兵向东占领了洛阳。

第二年，王猛进而攻打前燕，经山西到河北，攻陷邺城，生擒慕容暐，灭亡前燕。至此，中原一带尽归苻坚所有，前秦迎来了极盛时代。

第五章　江南别天地

淝水之战

　　另一方面，在东晋，桓温实权在握，他的举动左右着政局。桓温的开局相当顺利，消灭了蜀国，恢复洛阳，建立了东晋前所未有的丰功伟业，从而超越皇室一族，坐稳宫中头把交椅。但桓温因枋头之战的失败遭受重大损失，而又不愿主动对此负责。这与蜀诸葛亮的态度颇为不同。于是，朝廷的贵族们在背后偷偷嘲笑，指指点点。

　　东晋朝廷的氛围本来就与蜀国迥异。如果桓温向朝廷请罪，那就正中了朝中贵族的下怀，免不了贵族们会倚仗人多势众，对桓温群起攻击，毕竟这里聚集的都是极坏的人。这正是非一流贵族的悲哀之处，非得摆出强硬的架势不可。想要治服居心不良的贵族，最好的办法就是武力威胁。

桓温以在前线平定小规模的动乱为契机，领兵进入朝廷，不由分说擅行废立。司马奕二十四岁即位，如今三十岁被废黜。历史上确实有几个人，明明是天子，却不被称作天子，而是以"废帝"相称，司马奕就是其中之一。

司马奕的叔祖、会稽王司马昱被拥立为帝，是为简文帝（320—372），时年五十三岁。简文帝心想按照这种即位的方式，下次不知何时就会轮到自己被废黜，流着眼泪即位，当年就忧愤辞世。于是，其子孝武帝（362—396）即位（372年）。

第二年，桓温从前线还都，朝廷的贵族们因为不知道这次会发生什么事情，都惊慌失措。幸而桓温在滞留都城期间患病，什么都没做就撤回到了任职地，不久病亡。这着实让东晋朝廷松了一口气。

内难虽然得以幸免，但是接下来源自外部更大的危险正在逼近。那就是前秦苻坚的势力在迅速壮大。尤其是连东晋倚仗桓温之力收回的蜀地也被前秦的军队占领。汉刘聪以来，游牧民族政权的领土还从来没有扩张到如此地步。相应地，东晋也深刻地感受到来自前秦咄咄逼人的压力。

对前秦来说，偏不凑巧的是丞相王猛病逝。在王猛临终之际，苻坚在他枕边询问后事。王猛回答说："晋虽僻处江南，然正朔相承，上下安和，臣没之后，愿勿以晋为图。鲜卑、西羌，我之仇敌，终为大患，宜渐除之，以安社稷。"劝苻坚在对东晋关系上谨慎持重。

但是，随后前秦降服凉州张氏政权最后的君主张天锡，灭前凉，讨平在山西北部新兴的鲜卑族的代国，因而在华北地区已无劲敌。这样一来，君主苻坚继而打算平定东晋，成为一统天下的天子。

苻坚着手准备南征后，许多亲信都曾加以劝阻。有人还说长江水域辽阔，渡江谈何容易。然而，别有用心的慕容垂与姚苌却力劝苻坚南征。他们二人正伺机复国，如果苻坚远征失败的话，那简直是求之不得的好事。在二人的不断怂恿下，苻坚终于坚定决心远征。

苻坚还口出狂言："以吾之众旅，投鞭于江，足断其流。"然而，实际上苻坚没有亲眼见过长江，他不知道投鞭断流不过只是痴心妄想罢了。

据说苻坚动员步兵六十余万，骑兵二十七万。即使有较大的夸张成分，在当时也算是前所未有的大军了。

大军一路你推我挤抵达了淮河一线，渡过淮河后，就隔着淮河支流淝水与东晋军对峙。其时为 383 年的阴历十月。

扎堆成群的小国

前秦的北军于夏末出动，一路冒着暑气，因此抵达淝水时有不少人病倒，兵疲意沮。特别是这支庞大的军队是多民族拼凑起来的部队，从一开始就没有什么顽强的斗志。与之相对，东晋出动的是驻屯于广陵的宝贵的精锐部队，即所谓"北府军"。朝廷虽然任命了一流贵族谢石、谢玄为指挥官，但实际指挥作战的是将军刘牢之等人。

东晋军罕见地积极迎战，渡过淝水，攻打北军，破其先锋，拔腿欲逃的乌合之众全军溃败，仓皇撤退。苻坚自己也丢下战车，单骑遁逃。

东晋宣称此次大捷俘虏和斩首敌军数万，但实际的战果应该没有达到这个数字。毋宁说前秦的战败情况被夸大后造成了比战败本身更为严重的后果。一直伺机自立的慕容垂欺骗了苻坚，逃离苻坚，在河

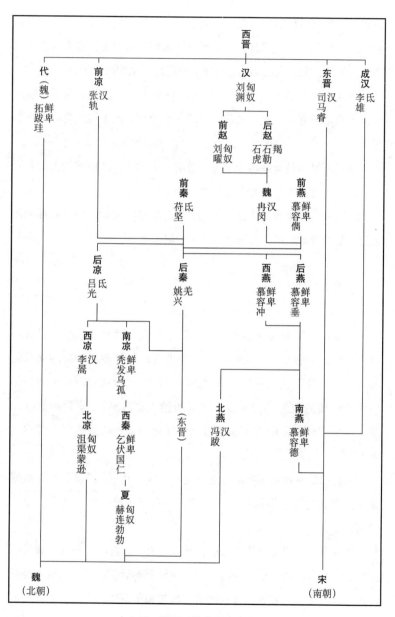

十六国一览图（族名及有名的君主）

南宣布独立,自称燕王。

继慕容垂之后,羌族君长姚苌也没有放过这个好机会。姚氏经姚弋仲与其子姚襄两代人与氐族苻氏争夺势力,但最终失败,姚襄之弟姚苌投降了苻坚。此时,苻坚遭遇之前在他的逼迫下移居长安的少数民族发起的兵变,他本人险些丧命,逃出长安后,又被伺机而动的姚苌生擒,继而被杀。姚苌遂自称秦王,史称后秦,以区分于苻氏的前秦。就这样,以长安为中心的陕西一带归后秦所有。

在长安带头发起兵变的是此前被俘虏而来的前燕王慕容暐及其族人。虽然兵变之际慕容暐自己被杀,但其弟慕容冲集结了散布于长安近郊的鲜卑族,势力走向强盛,自称燕帝,史称西燕。苻坚未能抵抗到底,逃走后被姚苌生擒。而苻坚的族孙苻登率众继续与姚苌战斗。

慕容冲率领了数十万鲜卑人,但他们原来的根据地在东方,大家都希望离开长安返回故乡,于是杀了慕容冲,开始大迁徙。他们渡过黄河到达山西,在这里推举慕容永为皇帝。

此外,在山西省北部,鲜卑族的代国复国。在甘肃,同属鲜卑族的乞伏国仁建立西秦国。在凉州,除曾为前秦苻坚的将军的氐人吕光自立,建立了后凉国之外,匈奴人沮渠蒙逊的北凉国、汉人李暠的西凉国、鲜卑族秃发乌孤的南凉国等在附近扎堆成群地建立起来。由苻坚暂时统一的北方广大领土,如今陷入了四分五裂的状态。

信口开河的贵族们

虽然东晋取得了淝水之战的胜利,但这场战争胜利后反而产生了严重影响。那就是朝廷与军队的反目。本来为这场战争拼上全力的是刘牢之等人率领的北府军,他们出生入死,终于赢得幸运的胜利。然

谢安
（庆长版《历代君臣图像》）

而，在战争结束后，他们却并未得到应有的赏赐，战功全被贵族夺走。

当时在朝廷，谢安以司徒兼任大都督，是政治、军事的最高负责人。因而，朝廷将淝水之战的胜利归功于谢安得当的安排谋划。谢安任命其弟谢石及其兄之子谢玄等人为前线指挥官。但是，大战前夕，谢玄回来向谢安请教战略计策，谢安却不予回应，硬是带着谢玄去别墅下棋。至深夜谢安回到官邸后，才向将帅发号施令，无不恰当适宜。

当战争刚结束，前方捷报传来，谢安正在与客人下棋。谢安瞥了一眼书信，漫不经心地放在一边，继续下棋。客人问信中都写了什么，谢安轻描淡写地答道："小儿辈遂已破贼。"且说谢安送客到大门前，正要返回，一踏入大门就欣喜若狂，手舞足蹈，连屐齿折断了都没注意到。

还有一个故事，是关于此前被苻坚俘虏的一个叫朱序的贵族。朱序被俘虏后也被迫参加了淝水之战，当苻坚的军队开始出现动摇时，他大喊："秦军败矣。"于是，北军大乱，溃败奔逃。但是，果真这样就能决定胜负的话，那战争也未免太轻而易举了。

朱序趁着前秦战败的混乱，成功脱身，逃回到了东晋，因其功劳得到了朝廷的表彰。当时的贵族之间，一味称赞这种无聊的荒唐事，真正发挥了作用的军人们却丝毫没有被提起。

历来说到东晋望族，首推琅琊王氏，至于其次是哪一家，并无定数。此战之后，谢氏身价大涨，声望日隆，从此王、谢并称，成为超一流贵族。

另一方面，军人内部郁积着不满的情绪。军人本身对赏罚非常敏感，没有得到赏赐的军人，已经对东晋王朝失去了信任。只因他们都是职业军人，无法摆脱自己的身份地位。于是，他们下定决心，将来如果要参加战争，也并非为朝廷而战，而是为作为首领可以依靠的将军而战。军人们的这种思想倾向对东晋朝廷来说相当危险，为不久之后革命的到来亮起了红灯。

第二代

苻坚从北方率领举国的大军南下，结果惨遭大败，而且战后又兴起巨大的混乱，让东晋朝廷甚为心安。淝水之战后不久，谢安去世，天子孝武帝之弟、被封为会稽王的司马道子及其子司马元显相继执掌政权。

孝武帝在位达二十四年，是东晋在位时间最长的天子。实际上，孝武帝完全可以活得更久，但因与后宫女性戏言过分，结果醉卧时被用被子活活捂死，死得极不光彩。其子安帝（382—418）继位，但他是白痴般昏庸的少年。即便如此，他在位二十二年，仅次于其父，从这点来看做得不错。安帝的在位当然不能说成是统治，然而即使他是个有为的人才，也同样成不了厉害的统治者，因为实权已经逐渐离开了天子之手。

军队的叛乱四处兴起。当然，被推举为首领的是对现状不满的贵族政治家。对此，政府采取的对抗策略不是堂堂正正派遣征讨的军队加以镇压，而是在对手内部找出异己分子进行收买，使其背叛。

在此期间，桓温之子桓玄扩大了自己潜在的势力。先前随桓温进军中原的军队也对朝廷的举措不满，这是因为他们虽然一度建立了赫赫功勋，但由于最后的一败涂地，就没有获得任何赏赐。

他们自己物色自己的首领，恰好桓玄有不输其父桓温的手腕，也是个野心家。朝廷方面也对军队的不稳定感到担忧，于是计划提拔一直以来抱怨怀才不遇的桓玄，以抑制军人的不满情绪。

然而，桓玄在长江上游掌握了一州的兵权后，父亲旧部的各处军队中，有很多人希望赶走自己的长官而投奔桓玄麾下。转眼间，桓玄就掌握了父亲鼎盛时期的权力。据说东晋领土的三分之二都成了桓玄的势力范围。

东晋政府的实际掌权者司马元显看到这番光景，觉察到桓玄有异心，于是自任征讨大都督，决定讨伐桓玄。北府军将领刘牢之被任命为先锋。桓玄方面也移檄上奏司马元显的罪状，举兵沿长江东下，在逼近都城建康之时，政府军的先锋刘牢之倒戈，向桓玄投降。

刘牢之对麾下北府军的实力很有自信，他认为即使是桓玄也休想动他一根指头。他预计的是，不久桓玄就会失败，到时自己再趁机篡权。然而，参谋刘裕曾阻止他投降，劝告他在这种情况下打倒桓玄是首要问题，但刘牢之不听。

刘牢之投降桓玄后，东晋朝廷完全丧失了防御能力。桓玄轻轻松松攻入建康，先杀了司马元显，又自任丞相，统掌内外兵权，将族人都安排到地方要地，最后只给了刘牢之一个地方文职将其调离京城。至此，刘牢之追悔莫及。他向北逃跑，打算回到广陵举兵再战，但眼见计划没有实现的可能，在途中自缢而死。

东晋朝廷中已无任何反桓玄的势力。这种时候，贵族政治家志气尽失，唯桓玄之鼻息是仰。桓玄的背后有强大的军队，而没有武力的贵族什么也做不了。桓玄专权到如此地步后，就再也无法后退了。除了篡位，以巩固自己的地位外，别无万全之策。

桓玄让朝廷任命自己为比丞相更高阶的相国，封楚王，号令百官。接下来终于逼天子安帝让位，自己即皇帝位，定国号为楚。

刘裕崛起

一直以来，东晋的都城建康屡屡被地方的将军占领，然而却未曾发生过王朝更迭的易姓革命。因为东晋朝廷是个懦弱无能的朝廷，所以它才成了流寓贵族、军队之间的共有物，不允许任何人私吞。然而，随着时间的推移，贵族之中也出现了不满于现状的人。只有这些人才是出色的人才。同时，军队之中的不满情绪也在高涨，越来越多的人感到东晋朝廷并没有一直持续存在下去的必要。

桓玄的篡位正是乘此风潮而起。但是，毕竟东晋百数十年的传统，不可能消失于一朝。各地都有人兴兵要推翻桓玄，而其中最引人注目的要数京口刘裕的举兵。

刘裕（363—422）出生于京口，但他的祖先也是来自北方的流民。刘裕小时候家里非常贫穷，出身于军人世家。刘裕长大后成为将军刘牢之的部下。他最开始是在孙恩之乱中崭露头角，才能得到赏识。

孙恩家族从叔父孙泰时起，就信奉吸收了张角太平道的称为五斗米道的道教。五斗米道的信众分布范围广泛，从社会上层至社会下层，无论是富人还是穷人，特别是在船民中间扎根颇深。船民在任何世道都很迷信，最容易相信像道教这样的强调现世利益的宗教。最初孙泰造反失败，孙恩逃至海上，藏身于贸易商之中，图谋再次举兵。

在司马元显执掌政权的安帝时代，政府从人民中征调奴隶，供军人驱使，此举导致民间不满情绪高涨。这时孙恩与地方信徒串通同时起义，杀死地方官并进行掠夺。朝廷出动军队平定叛乱，刘牢之、刘

刘裕 南朝宋武帝
（庆长版《历代君臣图像》）

裕也加入到平叛队伍。

得益于刘牢之等人的英勇作战，孙恩的陆上势力被粉碎，他本人又逃往海上，准备伺机突袭，这让东晋朝廷万分苦恼。最终给予孙恩以毁灭性打击的正是刘裕。

桓玄之所以会藐视东晋朝廷，公然举旗造反，建康一带遭到孙恩之乱的荼毒而疲敝非常，也是原因之一。然而，对桓玄来说唯一的弱点是，从父亲桓温以来就与长江上游地方的军队保持着良好的私人交往，容易统率，但与建康附近的广陵、京口的最精锐的部队却没有很深的交情。不仅如此，因为刘牢之是被桓玄逼迫自杀，所以桓玄反而遭到了精锐部队的痛恨。于是，桓玄任命他最信赖的同族干将担任该地方军团的首长，企图抑制他们的躁动。

然而，在被空降了桓氏同族大将的以京口、广陵为中心的军队中，推翻桓玄的计划正在悄悄推进。这表明桓玄政权的势力已经到达极限，换言之，桓玄的易姓革命过于勉强，在时机尚未成熟之际，却硬要当天子，其缺陷于此就暴露无遗了。

计划是秘密推进的，但没想到风声走漏。于是，京口与广陵的军队已经不能犹豫，必须在约定好的日期之前举事，幸运的是居然成功了。将校们杀死桓氏出身的大将祭旗，京口、广陵两处的军团高举义旗，推举刘裕为起义的总司令官。

恩威并施

刘裕率领的起义军以破竹之势，蜂拥至不远处的都城建康。即位三个月的桓玄在惊慌失措中丢下都城，逃至原来的根据地荆州。取而代之入主都城的刘裕有必要事先协调好各方关系，以确保不久之后新政府的顺利组建。当此之时，首要之事就是让盘踞在朝廷的贵族集团绝对服从自己的威令。为此只有一个办法，那就是"恩威并施"。

刘裕首先诛灭了仗着与桓玄有姻亲关系而嚣张跋扈的太原王氏一族，以树立自己的威信，与此同时，却优待琅邪王氏。从前刘裕贫贱，陷入困窘之际，琅邪王氏曾经出钱救其于危难中，也算报答当日之恩。此外，可以预想的是，只要笼络了琅邪王氏，其他贵族想必就会一个接一个地向自己投诚。果然表面上趾高气扬的贵族们，在这之后皆唯刘裕之鼻息是仰，一举一动无不迎合其意。

沦落荆州的桓玄的命运，只是个时间问题。背负乱臣贼子污名的人一旦栽了跟头，就再无人会伸手援助。桓玄无法安居于荆州，在逃跑途中被杀。被桓玄掳走的安帝平安还都，恢复帝位。然而，近于灭亡过一次的东晋王朝，即使白痴的天子复位，又有什么意义呢？何况无论贵族还是军队，早已对东晋王朝失去了往日的执着，桓玄的篡位正表明了这一事实。

但是，刘裕汲取了桓玄失败的教训，没有乘势着急即天子之位。因为即便不为东晋考虑，虎视眈眈要挑战新兴的刘裕势力的野心家也为数众多，稍不留意就会给他们提供推翻自己的借口。

为了使天下人忠心拥护自己，刘裕有必

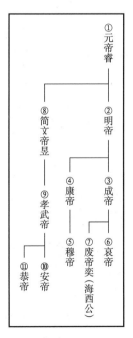

东晋世系图

要彰显自己有他人无可企及的实力，也就是说能做到其他人无法做到的事情。最有效的办法就是实现恢复中原——这个夙愿自东晋流寓政权成立以来，虽然只是口头上说说，但经常作为宣传口号被提出来。幸运的是，此时的中原，前秦灭亡后的混乱尚未平息，依然处于持续动荡的状态中。

民族兴亡战

前秦苻坚覆亡之后，无论从个人力量来讲，还是从背后的地盘来说，燕国的慕容垂无疑成了中原最为瞩目的希望之星。

慕容垂在河北中山称帝后，先前追随前燕的鲜卑族从各地集结于此，从而急遽壮大了慕容垂的势力。史称慕容垂的燕国为后燕，以区别于其他燕国。慕容垂出兵山西，讨伐西燕，斩杀慕容永。西燕逃出长安后，在转移过程中屡屡易主，最终于第十一年灭亡。慕容垂之所以选择首先攻打和自己有亲戚关系的西燕，就是为了收编一直跟随着西燕的鲜卑族，充实本国的实力。

当时的中原陷入四分五裂的局面而难以统一的最大原因，在于各民族相互对抗且没有哪个民族拥有压倒性的人口数量优势。在带有民族斗争色彩的内战中，同种族中哪怕是多一个人，也希望他能够加入本国的阵营。

只是对慕容垂来说，不幸的是，最年富力强的壮年时代却是在怀才不遇中度过，终于幸运降临得以东山再起时，已经步入垂垂暮年。慕容垂逃出苻坚的控制称燕王时已经五十八岁，外加辛苦憔悴，实在是风光不再。更不幸的是，燕国的邻国是更加可怕的强敌代国。而且代国同样也是鲜卑族，在山西北部横跨长城南北建国，具有尚未汉化的原始的蛮勇。如果说燕是"熟番",那么代国就是"生番"。何况代国的背后横亘着一望无际的蒙古草原,从这里不仅可以获得健壮的战马,而且可以征调富于战斗性的未开化民族作为战士,这是代国的优势所在。

此时,代国是英雄拓跋珪(371—409)的治世,他改国名为魏,招纳汉人开发土地,正一步步迈向兴盛。慕容垂察觉到魏终将成为祸患,遂命太子慕容宝率领八万大军伐魏。

然而,后燕的远征军落入了魏军的圈套,在参合陂之战中遭到了近乎全军覆没的严重打击,败退而走。慕容垂大惊,鞭策老躯亲自挂帅再次兴兵远征,结果大破魏军,彰显了国威,却在还师途中病亡,享年七十岁。随后太子慕容宝即位称帝(396年)。

不愧是慕容垂,虽遭老耄之讥,在世之时,仅靠其威名就足以震慑四邻。不过慕容垂一去世,后燕的国力就马上发生动摇。与此相对,魏的拓跋珪却愈发得势,以朝攻一城、夕取一州之势侵吞后燕的领土。

相反,后燕偏偏祸不单行,慕容宝被暗杀,虽然其子慕容盛平定内乱后继承了帝位,但其领土却因魏而分裂成南北两部分,慕容盛统治的只不过是北部三州而已。在南部的领土上,慕容垂之弟慕容德自立为帝,史称南燕。但是,这也只是统治着五个州的小国。

另一方面,苻坚去世后的长安附近,前秦的氐族与后秦的羌族之间,上演着宿命性的无休止的殊死争斗。氐与羌同属藏系,可谓是兄弟民族,抑或正因为是兄弟民族,双方才陷入了必定没完没了地争夺、对抗的命运。此前因为苻坚斩杀了姚襄,接下来姚襄的弟弟姚苌又杀了苻坚。这样一来,两族已经有了不共戴天之仇。

姚苌占据长安为都称帝,苻坚的侄子苻登也在渭水上游称帝,势不两立。双方屡起战事，各有胜负。但姚苌一死，太子姚兴即位后，秘不发丧，发兵攻灭了苻登。

虽然经过连年争战好不容易灭亡苻氏，但是，姚氏的后秦也极其疲敝萧条，而在它的北方，匈奴赫连氏正在勃兴。后秦所统治的地盘以长安附近为中心，尚不及前秦疆域的一半。

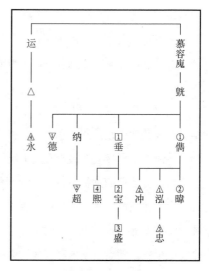

燕慕容氏世系图
（○前燕，□后燕，△西燕，▽南燕）

南燕灭亡

刘裕执掌东晋王朝的实权时，北方中原地区就这样陷入了前所未有的混乱状态中。如若实施北伐，不得不说是绝无仅有的良机。特别是以山东广固为都处于孤立状态的南燕，完全暴露了自己国力最弱的事实。

当时，南燕处于第一代皇帝慕容德死后第二代皇帝慕容超在位的时代。慕容超是慕容德的侄子，但远不及慕容德。这一族历经前燕灭亡、后燕倒台，每逢动乱，族人四散，命运不济，以至找不到适当的继承者。

刘裕力排朝中的反对言论，决意北伐，他选取南燕作为首个目标。从淮河溯其支流北上，轻松翻过了泰山山脉。南燕的都城广固位于山脉的北侧平原。只要翻越了山脉险地就万事大吉。另一方面，南燕兵力不多，无法分散兵力到各地进行防守，于是将所有力量集中于都城，以严整的防御工事做好了防守的准备。剩下的就是持久力的问题了，看看到底是南燕能够固守都城，还是北伐军的军需能够持续输送。然而，刘裕一方早已算计好了一切：在夏天挑起战争，将敌人封锁在城内，等到秋天就自己动手进行秋收，从而把敌人逼到饿死的地步。事实上，这个作战计划取得了成功。

第二年的二月，广固城内因生鲜食粮短缺，许多人患病，终于无法抵挡住北伐军的攻击，城池沦陷。慕容超被押送至建康后处死，对刘裕来说，这是对自己武功的最好宣传。其实，南燕只不过是一个存活了十一年的地方割据政权罢了。尽管如此，因为领土增加了相当于今天山东省的地方，对东晋朝来说，这是近来未曾有的巨大成功，所以人们无不津津乐道。

船民的叛乱

然而，正在此时，都城建康却传来急报，要求刘裕立即返回。原来是孙恩的余党从广州北上准备进攻建康，分湖南与江西两路前进，已大破政府军，势不可挡。

当时从建康到广东正规的交通路线，是顺着纵贯江西的赣江逆流而上，越过大庾岭，向岭南行进。除此之外，另有由民间运输业者开拓的从广州至长江入海口的沿岸海路交通路线。政府的权力尚未伸展到这些民间运输业者之中，而五斗米道深入其中，集结了大批反政府势力。

那么，他们为什么要走到反政府这一步呢？正如后世倭寇的事例所示，一般认为是由于政府施行的统制贸易政策打压了他们的自由贸易。孙恩就相当于倭寇汪直。孙恩死后，妹夫卢循代之成为首领，统率部众。东晋王朝没有强有力的海军，又考虑到如果南海贸易因为他们的叛乱而中断的话，必然会给财政带来重大损失，因此竭力采取怀柔政策，任命卢循为广州刺史，以便安抚示好。这就是卢循趁刘裕离都出征发动谋反，向建康进攻的缘由经过。

刘裕返回都城后，不知不觉间敌人大军云集，号称十余万人，攻破政府军，乘坐劫掠而来的大型战舰沿长江上游顺流而下，马上就要攻到建康。于是，刘裕急忙在建康城附近的码头建筑要塞以阻止敌人登陆。

因为卢循的中坚战力都是船民，刘裕归来加固了陆地上的防备后，他们没有就此决战的勇气。卢循打算先占领长江上游的各处要地，进而耐心对建康进行经济封锁，让政府陷入物资匮乏的境地，遂率舰队朝上游撤退。

刘裕认为平定此次叛乱的决定性因素在于增强海上战力。于是他急忙建造海船，召集水手，制订出沿海路迂回南下攻击敌人在广州的根据地的大胆战术。虽然反对声音强烈，但是刘裕以其天生的倔强力排众议。果然广州方面根本没料到政府军竟然会从海上前来强袭，卢循的留守部队被全部歼灭。

刘裕亲率水军与骑兵沿长江西进，与卢循的主力部队决战。陆地上的骑兵优势是刘裕取得胜利的保证。因为敌方战舰在无风时无论如何都要停泊靠岸，无法继续航行，可以趁此时机，从陆地上放火攻击敌舰。

卢循的部队本是乌合之众，遭遇身经百战的战略专家刘裕，从一开始就没有胜利的希望。结果，卢循军被打得落花流水，逃回广州后才发现这里也已经被政府军占领，已无自己的立足之地。他们迫不得已逃往交州，也就是现在的越南北部，却遭到了政府驻军的迎面痛击，一败涂地，卢循本人也投水自尽。

卢循部队由船民组成，乘势太过深入内地，本身就是个错误。就如同河童[1]上岸，神通尽失，他们就这样被斩草除根。此外，他们开拓的海上交通路线，从此以后归政府控制（411年）。第三年，日本的倭王赞派出的使者造访了东晋朝廷，这也绝非偶然。

肃清异己

刘裕此前外征成功，如今又镇压了内乱，正是军功卓著之时，遂乘机果断剪除了国内的异己分子。其中的首要对象是荆州都督刘毅。此人在桓玄篡位之际，率先举起义旗，成为刘裕的得力干将。

与刘裕埋头于军事不同，刘毅擅长文学，在贵族社会中颇受追捧，因而心高气傲，轻蔑刘裕。于是，反感刘裕的人自然投奔刘毅，集结于荆州，荆州俨然变成了阴谋策源地。此时，刘裕派心腹大将王镇恶突袭荆州，将刘毅一党一网打尽。

刘毅倒台后，东晋皇室的司马休之被派往荆州出任长官。在天子只是个白痴，而且完全沦为傀儡的当下，司马休之是皇室最后的希望。刘裕特意任命这位重要人物为动辄掀起反建康运动的荆州的都督。

而且，刘裕又斥责留守在都城的司马休之之子司马文思凶横残暴，褫夺了他的位号，并且将他送至荆州，要求他的父亲亲自处置。

---

[1] 河童是日本传说中的动物、水中的妖怪。相传状似儿童，头顶有蓄水盘，水若流失便失去神通。

司马休之不忍杀害自己的儿子，反刘裕的态度变得鲜明。刘裕于是亲自率兵攻打荆州，司马休之兵败北逃，投奔后秦国姚兴。

刘裕连续两次对荆州用兵，有其深刻的考虑。以荆州为中心的军阀，经过桓温、桓玄两代的发展壮大，成为长江中游最强的军事集团。桓玄覆灭后，其根基依然相当顽固。若有对抗刘裕的北府军阀的势力兴起的话，这里无疑就会成为中心。因此，有必要通过反复的军事打击，彻底剪灭荆州军阀的力量。

此外，因为打倒了刘毅，刘裕在北府军阀内部也就没有了强劲对手。东晋皇族也因司马休之的逃亡失去了最后的希望。总而言之，刘裕已将有反抗苗头的潜在势力斩草除根，一扫而尽，其地位也愈加稳固。

果敢的内治

就这样，刘裕马不停蹄地奔走于外征内战，且均取得了成功。然战争之必需品，第一是钱，第二还是钱。

刘裕发起战争的时候都会事先慎重考虑军费的筹措办法。

当时，为了保证政府岁入充实，早就有人建议实行"土断"。简单说来，"土断"就是不再区分土著与侨人，从而对侨人也课税征役。

西晋末年的大乱之后，大批人民从黄河流域的中原地区成群结队蜂拥而入东晋领土，侨寓于此。当时的制度是，这些侨人仍称原来故乡的本籍，如太原王氏、琅琊王氏。这并不仅仅是名义上的称呼，实际上也作为侨人受到特别对待。也就是说，他们可以等到恢复中原回到本籍后再交税、服役，在此之前于侨寓地可以免除税役。

但是，实际上侨人同样占有土地、从事生产，却登记在被称为白籍的特殊户籍中，而当地土著则登记在黄籍，被课征税役，土著与侨人被给予完全不同的对待。尽管不知道侨人有数十万还是数百万，但对国家财政没有任何贡献。

虽然从一开始就知道这种措施极不公平，无奈的是，朝廷已经是流寓政权，朝廷政治家都是流寓贵族。何况已经得到认可的特权，想要废除它，在任何世道都会出现强烈的抵抗。如果不能妥善处理，还可能危及政府的生存。

虽然一开始是侨人，但东晋已经落脚江南达数十年之久，朝廷、贵族、人民都已经全然扎根于此，变得与土著没有什么区别。即使如最初的口号所喊的那样，万一恢复中原，侨人果真会回到寒气逼人的北方故乡吗？恐怕谁也没有这样的打算吧。既然如此，侨人当然应该与土著一样对政府承担义务，只是问题在于政府的执行力。

在朝廷被流寓贵族把持期间，不可能提及废除侨人特权的话题。因为这样马上会对贵族们的私人经济利益带来重大负面影响。他们占有大量的土地，在庄园中役使众多隶民，如果真要被调查实际的户籍情形的话，就会破绽百出，因此贵族们对此极其排斥。即使要废除的话，也要等到异端掌握政权之后。

此前，桓温执掌实权时，其实就已经着手处理。这对贵族们来说无疑是巨大的震撼。根据命令发出之日的干支，史称"庚戌土断"。但是，这种改革能进行到何种程度，与为政者的实力成正比。桓温还未能充分慑服朝廷的贵族群体，他见到前辈谢安等人时也得毕恭毕敬，客气地恭维。

然而，此时实施的土断政策尽管效力有限，但还是说明了只要实施就会产生相应的效果。同时，给世人留下了一种不实施则政治不公，总有一天必须彻底实施的印象，对后世产生了极大影响。

刘裕在这样的历史变迁的背景下，利用前人无可企及的伟大权力，坚决实行了一直悬而未决的土断政策。他废除了侨人的白籍，将侨人与土著同样录入黄籍，要求侨人向政府纳税、服役。不用说，政府的财政收入因此获得了飞跃性的增长。在此基础上，刘裕便开始着手更大规模的北伐计划。

刘裕选定的目标是曾经使西晋朝廷蒙受游牧民族蹂躏的后秦姚氏政权，它统治着中原中心地带的洛阳和长安。

船马并用

当时后秦正处于第二代君主姚兴去世，其子姚泓继位的时期。姚兴在位时间长达二十三年，在乱世中这样长期的在位实属例外。在此期间，都城长安从表面上看一派繁华。

姚兴是狂热的佛教信徒，据说他为了将在后凉吕隆处的西域高僧鸠摩罗什（344—413）迎接到自己的国家，不惜派兵攻打凉州。鸠摩罗什的父亲是印度人，进入中亚后，停留下来居住在龟兹国，并在这里生下了鸠摩罗什。鸠摩罗什幼时出家，后返回印度潜心钻研佛教教义，又再次回到龟兹，后为了在中国弘扬佛法而来到了凉州。

十六国的君主中有不少都是佛教信徒，甚至世所罕见的暴君后赵石虎也醉心于佛教。石虎曾将西域僧人佛图澄召至首都邺城，并为他建造了许多座壮丽的佛寺。杀伐无数的君主与佛教的结合虽然看起来极不相称，但当时的佛教是贵族佛教，并非单纯的思想或信仰，而是融汇了建筑、雕刻、绘画、音乐、经济、设计等所有领域的综合文化体。而且，僧侣的身份超越了民族与国家，他们可以自由跨境，随意往来，具有当作消息传递者的利用价值。

姚兴是鸠摩罗什译经大业的支持者，为后世带来了巨大影响。今天日本的净土真宗的佛寺所使用的《佛说阿弥陀经》就是出自鸠摩罗什之手的汉译本。但是，同时不难想象的是，与这样的小国如此不相称的文化事业肯定会使国力陷入疲敝虚弱。刘裕正是瞅准了这一时机。

刘裕兵分三路进发，他亲自为将，率领其中东路军的主力部队，从淮河沿运河北上，抵达黄河，又逆黄河而上逼近敌人的大本营。这路军队以船队为主，承担着军需品补给的任务。正如有所谓"南船北马"之说，中国在地形上，南方长江流域河流众多，以船为主要交通手段，而北方黄河沿岸平原则是以马为主要运输动力。战争期间同样如此。

然而，刘裕制订的新战术总是船马并用。在江南作战，以马辅船大获成功，而如今在北方作战，则以船辅马。船的装载量大，搬运军需品的效率是驮马、马车的数倍。战争往往就是补给战，可以说这是从古至今的铁律。哪方粮食充足，受损武器能够迅速得到补给，哪方就能获胜。

百年梦圆

中路军由王镇恶、檀道济率领，北上河南，突袭洛阳，西路军由沈田子率领进逼长安。王镇恶是谁呢？他就是苻坚的名相、名震天下的王猛之孙。王猛死后，苻坚为后秦所杀，年幼的王镇恶也面临危险，亡命到东晋等待机会。如今作为刘裕的部将，接受了征讨仇敌后秦的先锋的要职，踊跃地踏上了征途。

王镇恶从建康出发时，曾大发豪言："吾不克关中，誓不复济江。"

决意如此，将军王镇恶率领中路军抵达洛阳后，旋即发起猛攻，转眼间即占领洛阳，追击逃跑的敌人，逼近长安的门户潼关。

刘裕的主力部队在这里才追赶上了王镇恶的中路军，两军合流。船队由黄河进入渭水，部队在长安的北部登陆。在此期间，西路军正在搅乱敌人的后方。

后秦君主姚泓在交战一次败北后，就彻底绝望，向王镇恶投降。刘裕在王镇恶等人的迎接下威风凛凛地进入长安（417 年）。此时距东晋流寓政权建立刚好满一百年。在梦中也不忘反复念叨的洛阳、长安的恢复，终于由刘裕变成了现实。姚泓被押送到建康后遭杀害。

然而，这对东晋王朝自身来说，到底是喜是忧，就是另外一个问题了。令人深刻地感受到的是，这一梦想的实现并非出于东晋王朝的国威，而是东晋内部产生的异质性势力代替东晋实现了其理想。

一百年的岁月，无论古今，都是意味着一次完结的时间长度。已经完成了自己历史使命的东晋，想必也迎来了命运的终点。事实也正是如此。

荣华之都是荒野

从北伐途中开始，刘裕就为日后凯旋施展抱负做好了充分准备。

刘裕启程离开淮河前线时，参谋王弘（379—432）已经返回首都建康。王弘是东晋开国元勋王导的曾孙。他肩负刘裕的秘密使命回到首都后，动员朝廷，目标是促成颁诏赐刘裕加"九锡"。"九锡"的九种特权是与天子几乎没有区别的礼遇，乃位极人臣，距天子之尊仅一步之遥的荣誉恩典。曹魏以降，每当将行禅让改朝换代之前，诏加"九锡"的荣典已成惯例。

但是，刘裕却故意谢绝"九锡"的礼遇，一并拒绝了同时下达的位进相国、爵封宋公的诏命。他深知在这种情况下只需要提升威望即可。刘裕占领洛阳后，马上邀请东晋皇室的司马恢之来到洛阳，让他修复西晋时代的皇家陵墓，并主持祭祀。西晋灭亡后，皇陵遭到了盗掘，陪葬的宝物被掠夺一空，破坏严重。刘裕借此向世人宣示，能够做到这一点，并不是东晋皇室的力量，而是拜他所赐。

刘裕接着占领了长安，但没有长期驻留的打算。他也已经没有了流寓江南的意识，彻底变身为江南土著。对刘裕来说，如今首都建康才是自己的用武之地，洛阳和长安都只不过是边远的乡下。他让儿子刘义真留在长安，选任王镇恶和沈田子二人从旁辅佐。

得知刘裕马上要撤离长安的消息后，当地的父老们无不含泪挽留。长安是中国最早的统一王朝秦以及汉的定都之地，有着悠久的历史。在经历了百数十年非汉族的统治后，长安终于回到了汉人之手，而建立卓越功勋的人离开后，谁也不知道将来又会再遭遇什么。这种心情刘裕当然也能感同身受。但是，他也有不得已的苦衷，在首都建康有更加重要的工作等待着他。而且，只要解决好首都的根本工作，枝叶的问题自然能够迎刃而解。

然而，刘裕离开长安，撤回到前线基地，正致力于建立新占领地的统治体制时，长安却发生了突变。盘踞在长安以北伺机南下的匈奴赫连勃勃，趁刘裕撤离之机，发兵进攻长安。恰在此时，长安内部发生纷争。出身长安的王镇恶被怀疑暗藏自立的野心，死于同僚沈田子之手，沈田子因专断之罪为王修所杀，而王修肆无忌惮，又被刘义真盯上，结果也丢了性命。

执掌实权的人物接二连三被杀，导致他们部下的军人士气低落，无心作战。当此之时，赫连勃勃来犯，长安已然不堪一击。刘义真险些丧命，总算逃回到东晋境内。侵占长安的赫连勃勃即皇帝位，国号夏。

焦躁的刘裕

败报传来，刘裕变得焦躁不已。他好不容易一步一步建立起来的功业，如果功亏一篑的话，恐怕连名声也将不保。既然无法预知未来会发生何种不测，就必须趁现在处于权势巅峰做好应该做的事情，早日做个了结。

此时刘裕的表现与之前截然不同，他接受了自己曾经拒绝的赐封宋公、进位相国和加"九赐"的礼遇。迄今的谦让态度骤然转变为积极进取，暴露出阴险残忍的本性。在刘裕的授意下，天子安帝被缢死。随后司马德文继位，即为东晋最后的天子恭帝（386—421）。

当时恭帝三十六岁，勤政尽职，并不是像安帝一样昏庸的君主。刘裕让自己的长子刘义符迎娶恭帝之女为妻。通过与天子之家联姻，不仅提升了自家的门第地位，而且获取了以姻亲的身份公然干涉皇室内部事务的权力。皇族之中，只要稍微有点骨气或者才华得到认可的人，都不为刘裕所容，陆续遭到杀害。

刘裕下定决心后，篡权夺位顺利展开。刚由宋公晋爵为宋王，一年后就实现了禅让，宣告刘宋王朝的诞生。恭帝在禅让诏书里写道："桓玄之时，天命已改，重为刘公所延，将二十载。今日之事，本所甘心。"这确实也是事实。但是，刘裕在此前后的行动显得仿佛是被什么附体了似的焦躁不安。这究竟是怎么回事呢？

第二年，退位后的恭帝就被刘裕派出的使者毒杀。果真有这样做的必要吗？魏受汉禅，晋受魏禅，前朝天子都得以天寿终，因病而亡。而且，虽然禅让是充满粉饰意味的伪善之举，但它毕竟具有和平革命的优点。正因为拥有压倒性的实力，所以不需要依靠政变式的偷袭，而是光天化日、堂堂正正地继承天子之位，实现改朝换代。

拥有此般强大实力之人，本来没有必要害怕前朝的反攻倒算。前朝天子悠闲地度过余生，对新王朝而言没有丝毫妨碍。同时，新天子当然也应该有这种程度的自信和雅量。然而，刘裕对已经不再反抗的前朝天子痛下毒手，到底是为了什么呢？

总觉得刘裕似乎觉察到自己将不久于人世。刘裕即位时已经五十八岁。当时平均寿命较短，五十八岁相当于现在的七十岁到八十岁的中间。刘裕年轻时硬着头皮勉强自己，过度透支身体，乃至身负战伤，加速了身体的衰老。而且，孩子们都还太小，立为太子的长子刘义符刚满十五岁，幼子刘义季则还只是六岁的孩童。

刘裕出身于贫寒的士族，亲戚很少，更别说世袭的家臣。现在的这些家臣都只是他自己使惯的人。因此，考虑到自己的身后之事，刘裕感到无比不安。为了给经验尚浅的下一代尽量减少负担和阻力，刘裕不得不做无益的滥杀之事。

盖世英雄如今沦落成只考虑自己一家得失的凡夫，委实可悲可叹。而且，我们在魏和晋也都看到过，这种只顾利己的钻营被不断变迁的现实背叛，结果总是事与愿违。最终宋也不免于重蹈覆辙，不得不说这是宿命。

天子速裁的朝廷

为了与后世的赵宋王朝相区别，刘裕建立的宋王朝习惯称为"南朝宋"或者"刘宋"。刘宋王朝的性质与前代的东晋相比，存在非常显著的差异。

东晋自中兴以来，天子个人不过是傀儡。天子的权力极度弱化，正因为弱化，反而成了优点。天子个人的意志基本上未对现实政治产生任何影响，因而也不会被任何势力敌视。因为东晋王朝是整个贵族群体的共有之物，不能由一两个贵族垄断。

尽管如此，为了防止随时都有可能发生的垄断，贵族之间设立了门第。贵族必须按照各自门第的高低在合适的范围内行事，自由竞争的原理在这里并不适用。因此，贵族组建的政府也是效率非常低的政府。政府没有做什么像样的工作。政府的工作就只有人事的安排。而人事大体上也是由门第高低决定相应的大的范围，在该范围内根据个人的才德酌情授官，这就是他们心目中公平的政治。

然而，刘宋王朝的天子出身行伍，必然会将军队的做法带进朝廷。兵贵神速，与其经过长时间的思考得出万全之策，还不如即便不理想也尽早做出决断来得有效。由贵族群体组成的东晋朝廷的弊端是经常召开议而不决的马拉松会议，而刘宋朝廷，天子独裁专断，决定政策方针，可以说是天子速裁的朝廷。

于是，朝廷化为天子的私人物品，随天子的个人意志运转。但是，下决断其实是需要强大精力的工作。因此，天子开始重用亲信。本来辅佐天子是朝廷大臣的任务，不过，军人出身的天子与贵族出身的大臣秉性不合。天子只把朝廷大臣当作摆设，习惯在深宫中与亲信商议政务，迅速决定重要方针。

天子与大臣对立，褫夺大臣的实权，只赋予大臣名誉性的地位。这种现象古已有之，并非始于此时。汉初，朝廷的大臣是三公，三公作为政府的核心参与政务。不过，从东汉光武帝时期开始，天子委任亲信的秘书官尚书决定政策，三公逐渐脱离实际的政治运作，其权力向尚书转移。但是，魏国曹操在汉廷的尚书之外，又增设了自己的秘书官中书，此后中书作为与天子关系最紧密的亲信作威弄权。到了东晋，在天子被架空的同时，亲信当政的弊病也一度消失，但进入刘宋时代后又再度复活。而且，侍奉在天子身边的不是一流的贵族，而是身份低贱得多的难缠之人——也就是所谓的"寒人"居多。

就这样，天子与亲信一起决定方针政策，贵族出身的朝廷大臣越发脱离朝廷的实际政治。与此同时，贵族失去权势。正因为失势，贵族们更加执着于坚守引以为豪的门第。贵族们的这种状态使人联想到日本幕府时代的公卿阶级。虽然他们头脑简单，精神空虚，但自尊心却比任何人都强。

毫无效率的空转

既然当今皇帝出身于军队，那么军队的地位是否因此有所提高呢？事实上绝对没有。的确，开国元勋获得了封赏，加官晋爵，地位跃升，但那只是专门针对具体的个人。军人阶级这一群体依然处于社会的底层。汉代以前实行的是全民皆兵的征兵制度，进入三国时代，开始流行雇佣兵制。这一变化与将游牧民族编入军队有关。

因为雇佣兵不是农民，虽说战事已经结束，也不能遣散归农。同时，军人的地位世代相袭，注册在称为"兵户"的特殊户籍，不允许自由脱离。他们已经不是自由民，而是非自由民，沦落成被普通人视为贱民的阶级。这种状态到东晋也没有改变，如今诞生军人皇帝的刘宋王朝也是如此。

与军人阶级地位的下降一样，普通人民的地位也在下降。热衷于战争的政府尤其重视军事，这也是三国时代以来的状况。于是，人民常常处于戒严令的管制之下。只要联想到太平洋战争期间，在非常时期的名义下，日本人民的权利不断被政府剥夺的情况，我们就能清楚生活在战事频仍时代的民众的状态。

庆幸的是太平洋战争得以在短时期内结束，不过，如果像当时所宣称的那样战争要持续一百年的话，又会变成怎样呢？想必人民会完全陷入奴隶般的地位，永无翻身之日。然而，即使是在战争最吃紧的非常时期，军人和高级官僚也并不痛苦，反而享有莫大的特权。在他人受到全面管制的束缚时，不受管制束缚的特权就显得无比珍贵。三国时代以后，贵族在社会上得势的同时，其实普通人民的地位在下降。道理也很简单，如果没有一方地位的下降作为代价，就不会有另一方地位的上升。

那么，宋朝的刘氏政权架空贵族，天子独裁专政，最后实现了有效率的政治吗？其实完全没有。这也只要联想到日本二战期间军人内阁的做法就能马上理解。所有的机构都如同大回环般旋转，不管看起来多么充满活力，其实什么都没有做。虽然是在运转，但也只是空转，一切毫无进展。

速裁型政治带来的危机

宋朝刘氏出身卑贱，家庭教育非常糟糕，给王朝的命运笼罩上了一层挥之不去的阴影。刘裕出身贫寒，纵然变身帝王，也依旧保持庶民本色，自奉俭约，固然值得称许。但是，他的孩子之中，即使最年长的太子也和父亲相差四十岁，因为所处环境不同，便产生了很大的失衡，造成悲剧。

刘裕六十岁时去世，在位前后仅三年，谥武帝。继位的是十七岁的太子，是为少帝（406—424）。功臣檀道济、徐羡之、傅亮、谢晦四人被指定为顾命大臣。不过，少帝在父亲出人头地后安乐地长大成

宋文帝
（庆长版《历代君臣图像》）

人，受到周围人的宠溺，完全被惯坏，行为放荡不羁。

正当十七岁精力旺盛的叛逆青春期，即使成为天子，也不能指望他马上改邪归正。即位第三年，在四位顾命大臣的同心协力下，少帝被废位并处死，而从荆州迎立少帝之弟刘义隆为新天子。刘义隆即为宋朝的明君文帝（407—453）。与文帝同岁的异母兄弟刘义真在这场骚动中受到牵连，被大臣杀害。

文帝即位后，痛恨操持朝政的四位顾命大臣的专权跋扈。檀道济只是单纯的一介武夫，因此文帝拉拢他加入了自己的阵营，而诛杀了徐羡之、傅亮、谢晦三位大臣。尔后进行朝廷人事的大换血，成功组建了天子得以独裁专政的南朝式政府。于是，在刘宋王朝历史上延续了三十年这一最长在位时期的文帝时代正式揭开序幕。由于是史上相对和平稳定的时代，遂用当时的年号称文帝治世为"元嘉之治"。

然而，北方拓跋氏北魏的入侵，让宋在长江以北的领土化为荒野，来之不易的"元嘉之治"毁于一旦。当时北魏趁新兴之势南下，夺取了武帝曾经征服的位于河南的领土。本来宋廷依靠檀道济等武将的力量，即便节节后退，也不至于吃大败仗。但是，当武将檀道济被认为是宋王朝不可或缺的关键人物时，就出现了嫉妒和猜疑。最终，檀道济被认定为危险人物，在没有任何证据、也未进行任何审判的情况下，全族都被处以死刑。这里暴露了速裁型政治容易出现的最坏缺点。不久，宋王朝遭遇重大危机。

北方的形势

在此，我们再将目光转向北方。自从西晋末匈奴刘渊建立汉以来，在中原兴亡交替的国家多达十六个以上。其中大部分是游牧民族建立的，分属于匈奴、羯、氐、羌、鲜卑。就这样，中原的混乱状态持续了大约一百三十年后，由鲜卑族的北魏实现了统一。

虽然北魏的历史可以追溯到很久以前，不过一般认为始于338年。其时正值后赵石虎的全盛时代，拓跋什翼犍在山西北部即代王位，建元建国，以338年为建国元年。代国遭到前秦苻坚的讨伐，一时式微，而随着苻坚的灭亡，代国再度复兴。到拓跋珪时代，代国与后秦、后燕等强国争战，建立起世所公认的强大势力。

当时，游牧民族建立的国家柔然崛起于蒙古大漠，屡犯中原，首当其冲的就是代国。代国的发展因此受阻，蒙受了巨大损失。但是，代国最终得以称霸中原，也可以说是拜柔然所赐。因为代国是以中原的经济实力为后盾讨伐柔然，在掳获柔然的军马和牲畜之外，还招降了柔然部族，将他们编入自己的军队加以利用。

此前北方五族轮番称霸之际，他们致命的弱点是同族人口的不足。为了巩固国家的根基而将族人集中于都城的话，就无法有效管控四方边远地带，而若将兵力分散驻扎各地，作为国家心脏的都城的防卫又令人感到不安。在这一点上，代国的优势是从蒙古大漠获得了接近于无限的人口资源，并快速将他们同化，补充到前方战线。

况且，代国的鲜卑族人在文化上最落后，因而也是最为骁勇的战士。加之，从蒙古大漠获得的战士，更是未开化的"生番"。早就进入中原内地成为"熟番"的北方五族，在战场上见到这些威猛的"生番"时，无不是未战先怯。

当时处于全盛期的后燕慕容垂派出太子慕容宝率领的远征军来犯，代王拓跋珪诱敌深入，大破之，给后燕军以毁灭性打击。代国的胜利简直是颠覆各国势力均衡的大冷门，代国和后燕的攻守之势从此发生逆转。虽说同属鲜卑族，但遭到代国精悍的游牧骑兵的攻击，看起来那么强盛的后燕政权转眼间土崩瓦解。

在慕容垂之子慕容宝时代，代国占领了后燕领土的中心地带，慕容宝往北逃跑，退守燕国的发祥地辽河以西的龙城。但是，后来发生内乱，慕容宝政权垮台。在经历多番混乱后，汉人冯跋建立了割据政权，史称北燕。另外，慕容垂之弟慕容德则往南逃跑，固守今山东省一带，史称南燕。南燕虽然得以暂时维持政权，不过最终还是被东晋刘裕消灭。

酒色和长生不老

就这样，代王拓跋珪将领土扩张到中原后，改国号为魏，定都平城（今大同），不久即皇帝位（398 年）。拓跋珪即为北魏王朝的第一代皇帝道武帝。他起用汉人贵族崔浩等，逐渐将北魏政府改造成中原王朝式的政府。

然而，如此蒸蒸日上的北魏王朝也有弱点。天子及其族人都依然是未开化的游牧民，缺乏文化教养。本来游牧民在寒冷的原野上与牲畜一起生活时，正是粗野的生活方式支撑着社会的运行。如果他们真的有了一知半解的文化教养，只会徒增对现状的不满。

但是，在文明社会中，生活宽裕，物资丰富，随之而来的是各种各样的诱惑。为了战胜诱惑，就需要文化教养。代国的统治者们从游牧民一变而为文明社会的统治者。由此，他们的精神生活和物质生活之间产生了巨大的不平衡。这是在这些北方游牧民族君长间存在的共同现象，只不过在北魏，二者的落差尤为严重。

游牧民突然过上优裕富足的生活后，首先便会沉溺于酒色的享乐，同时希冀能够长生不老。中国自古以来就有附会老子学说、宣扬长生不老的神仙方术，而道武帝听信方士之说，服食寒石散后，精神错乱，喜怒无常。太子拓跋绍触怒了道武帝，与生母合谋杀死道武帝后自立。但弟弟拓跋嗣（392—423）又把拓跋绍及其生母杀死，登基称帝，是为明元帝。

明元帝时，北魏进攻南朝宋，占领了山东、河南等地。明元帝也因为喜服寒食散，中毒患病，不能处理国政。皇太子摄政一年多后，明元帝驾崩，皇太子继位，是为太武帝（408—452）。太武帝时代统一了华北中原一带。

北朝的确立

当时在华北除了魏国以外，陕西的匈奴赫连氏的夏国也以强国自豪。赫连勃勃虽然在长安称帝，但考虑到长安古来就是容易滋生文明弊端之地，所以有意避开此地，而定都于长城以北的鄂尔多斯沙漠附近的统万城。据说建造统万城时，以黏土烧制而成的砖头砌城墙，如果用锥子戳城墙，尖头能戳进去，就要处死负责的工人。赫连勃勃死后，其子赫连昌在位时期，北魏太武帝挥师亲征，攻克统万城，赫连昌逃亡而死。赫连昌的弟弟赫连定逃往西边，消灭了鲜卑族乞伏氏建立的西秦，夺取了他们的土地，谋求复兴夏国，不料却被鲜卑族游牧国家吐谷浑俘虏，并被献给了北魏。而在东方，北燕第一代君主冯跋已死，进入了冯跋之弟冯弘的时代。而且，前燕、后燕的领土都以辽河为界，与高句丽接壤，北燕也是如此。此时高句丽将领土扩张至朝鲜半岛中部，所辖范围包括很早就处于汉人统治下的乐浪、带方两郡，与在其南方的百济、新罗适成鼎足之势。在日本，习惯将高句丽、百济、新罗合称为"三韩"。

北燕最初寻求高句丽的援助，同时与南朝宋通好，希望以此牵制北魏，保持自己的独立地位。但是，原本这样的小国在外交上可以争取的生存空间就很有限。北魏太武帝发兵征讨北燕时，冯弘丢下都城，带领民众亡命高句丽。结果北燕的土地被北魏吞并，冯弘自己也在两年后惨遭高句丽王的毒手。

剩下的就只有由匈奴沮渠蒙逊建立的北凉。北凉消灭了在敦煌建国的汉人李氏的西凉政权，控制了河西走廊地区，以凉州为都城，垄断了与西域交通贸易的利益。进入沮渠蒙逊之子沮渠牧犍的时代，北魏太武帝来攻，沮渠牧犍出降。太武帝进而征讨吐谷浑，占领了宁夏地区（439 年），其时为南朝宋文帝即位的第十六年。

当此之时，北魏帝国的版图东至辽河，高句丽是它的属国；西至敦煌，敦煌以西的西域诸国也都成了它的朝贡国。北方占领着大沙漠以南的草原，与漠北的柔然对峙；南方大致以淮河为分界线，与刘宋接壤。这种局势基本保持稳定，此后在中国，北方游牧民族国家和南方汉人国家持续对立，北方称北朝，南方称南朝。

繁盛的西域贸易

北魏统一华北后，马上迎来了与西域交通贸易的盛况。此前因为中国内地连年混战，无法充分维持治安稳定，西域商人即使来到东方，大部分人也都止步于凉州。前凉张氏、后凉吕氏、西凉李氏等凉州的割据政权，抓住了西域商人的这一弱点，廉价购买他们的商品，获取丰富的奢侈品，过着富足的生活。但是，他们无法将这些宝货贩卖到中国内地。因为华北的混乱无休无止，西域诸国只能寄希望于政局比较平稳的东晋，派遣使者前往朝贡，试图打开交通贸易的路线。

前秦苻坚实现的短暂统一局面被打破后，从甘肃到四川边界的山峡地带，出现了西秦、南凉等如芥子粒般大的小国，虽然它们的存在如昙花一现，却凸显了此处交通道路的重要性。在其南边，产生了以仇池为中心的氐族杨氏政权，虽然没有列入十六国中，但它的地位相当重要，从西晋一直延续到北魏，这自然也与新交通路线的出现有关。但是，从整体来看，这条交通路线太过不便，没有起到多大作用就寿终正寝。

然而，在经历百数十年的动乱后，此时华北处在稳固的统一政权的统治下。在此情况下，龟兹、疏勒、鄯善、焉耆、车师等西域诸国派遣使者前来朝贡。无论在哪个时代，对中国的所谓朝贡即是贸易之别名。上述五国都是在现在的新疆境内，不过，越过帕米尔高原位于锡尔河上流的国家破洛那，以及位于阿姆河中流的粟特等国也加入到与北魏通商贸易的行列。

在这些国家的西边，是有中世波斯之称的萨珊王朝。太武帝派遣使者董琬、高明等人巡游上述各国的报告，载于《北史·西域传》，是了解当时西域状况的珍贵史料。

西域与南海

北朝与西域的关系，正如南朝与南海的关系。南朝经由四川、甘肃方向的山地通往西域的尝试大多归于失败，于是致力于促进与南海方面的贸易振兴。

中国南海贸易的门户在广州。广州自古以来就是南洋、印度乃至西亚的珍宝奇货的汇聚之地。据说到任广州的官吏在短时间内就可以攒下巨大的财富。从广州往南方的路线，通常不需要沿着海岸迂回，而是乘着信风一直南下，但途中大多会停泊在现在越南南部的港口，以便补给淡水。

当时越南北部地区称为交州，属于中国的统治范围，越南南部则存在独立的国家林邑国。然而，林邑国人却倚仗地利之便，掠夺侵扰来往商船。因此，宋文帝派遣交州刺史檀和之率将讨伐林邑，击败了林邑王范阳迈率领的象军，攻陷其首都，斩获无数珍奇而归（446 年）。

往西域的陆路从敦煌出发，到南海的海路自广州起航，但这两条交通路线一直往前行进的话，到处都可以相互衔接。首先，走陆路交通，翻过帕米尔高原到达中亚后，从如撒马尔罕附近往南翻过兴都库什山脉，可以抵达印度。在印度海岸，随处都是自广州出发而来的商船。

东晋末，赴印度求法的法显（422 年左右圆寂）出发时取道陆路，从长安往西，穿过河西走廊，进入塔克拉玛干沙漠，沿着在丝绸之路南道（于阗道）的绿洲上建立的都市行进，再翻过葱岭（即帕米尔高原），随即往南越过喀喇昆仑山后，即抵达印度河上游佛教盛行的克什米尔地区。再从印度河流域，进入恒河流域的大平原，就是佛教的发祥地。法显求得众多梵文经典，从恒河口横渡锡兰岛，在那里又请来佛教经典，遂搭乘便船返回中国。

法显乘坐的船绕道马来半岛，打算一路往广州方向进发，但遭遇暴风袭击，漂流到山东海岸。从山东折回到东晋首都建康时（414 年），距离法显从长安出发已经过了十五年。法显的旅行见闻录《佛国记》，是了解当时东西交通状况的珍贵史料。

太武帝灭佛

北魏太武帝在对外方面武功赫赫，实现了统一中原的大业，而他的私人生活和他的父亲与祖父相似，有许多致命的弱点。毫不例外，他无论如何都想要长生不老，成了一名热心的道教徒。

东汉末张道陵开创的道教，在此之后，一方面接受了佛教的影响，另一方面结合方士的长生不老之术，形成了极具中国特色的宗教组织。太武帝时代，道士寇谦之得到大臣崔浩的引荐，极力讨好太武帝，太武帝很快就变成了虔诚的道教徒。道教固然有艰深的教理，但太武帝所追求的并非高深的理论，而是不用进食也能保持健康和身体如鹤般轻盈可以自由飞翔的超人力量。

崔浩既以儒者自命，为何与天子一同信奉莫名其妙的道教呢？想来当时的华北中原地区经历了百数十年非汉族统治，不知不觉间丧失了正当的中原传统。但是，普通的汉人强烈期盼着未来复兴中原传统。

同时，百数十年的痛苦经验令他们变得极为现实。游牧民族拥有与生俱来的强悍力量，外界根本拿他们毫无办法。洞悉这一点的汉人知识分子，如果有尽可能让这个朴素民族向中原传统靠近的手段，就不会考虑这一手段的纯粹与否。

佛教显然是从国外传来的宗教，因此必须加以排斥。而道教则是汉人的宗教，把它作为佛教的替代品推荐给君主，也是无奈的权宜之计。与此相对，老实说儒教没有什么魅力。汉人中的读书人甚至都厌烦儒教，即便向游牧民族的君主推荐也无济于事。这是崔浩等人相当现实的考量。

于是，崔浩向太武帝进言，开始了对佛教的镇压。本来，当时的佛教也确实存在为世人所诟病的缺点。佛教寺庙利用自身受到的治外法权般的保护，甚至藏匿武器，提供寻欢作乐的场所。不过，这究竟是僧徒自身的堕落，还是为了迎合贵族当权者施主的需求，我们不得而知。大概这两方面的因素都不容忽视。

对此，太武帝龙颜大怒，下达了诛杀境内僧侣，烧毁佛经、佛像的粗暴的诏书。据说因为当时的皇太子拓跋晃是佛教徒，拖延了诏书的公布时间，以便僧侣们设法脱身逃难。这便是中国佛教法难的发端。

崔浩引导太武帝逐渐走向汉化方向的做法，其出发点是不认为鲜卑族和汉人是对立的关系。印度有印度的特色，中国有中国的特色，而鲜卑族没有自身的特色，只不过因为在地理上与汉人地区接近，所以注定要被汉人同化。崔浩似乎认为，稳健地将鲜卑族纳入汉人的轨道是自己的使命。

但是，崔浩的想法太过天真了。不仅事情没有按照他的预想推进，他还白白断送了自己的性命。所谓的命运，果真是如此不可捉摸。

战机成熟

北魏统一黄河流域的中原后，自然就给在南方统治长江沿岸的南朝宋廷带来压力和威胁。

然而，因为宋文帝的统治持续了二十几年，保持了相对和平，国力也得到增强，对于来自北方可能的进犯也做好了充分的迎战准备。因此，在淮河沿线的边境，虽然经常发生战端，但是双方互有胜负。不过，总体来说，南风不竞，面对北方的进攻，南朝总是被动迎战，处于劣势。

由于在对南朝问题上的分歧，北魏太武帝与他最信赖的大臣崔浩之间发生决裂。崔浩在北魏对外姿态上，总是提倡积极的对策。特别是屡次建言太武帝远征北方蒙古地区的游牧民柔然，并多次取得巨大的成功。

可是一遇到与南朝有关的问题，崔浩就突然变得软弱，强烈反对太武帝南征，试图牵制太武帝的行动。太武帝终于开始怀疑崔浩的本心是以南朝为心灵之故乡，暗自轻视北朝。就在这时，发生了国史案。

在北魏朝廷的内政尤其是文化问题上，崔浩是总揽一切的主要负责人。在制定律令和修订历法的同时，崔浩主持纂修北魏王朝的历史，创编国史。但是，有人揭发国史中居然据实记录了鲜卑族未开化时代不光彩的事实，掀起了巨大的疑狱。结果，曾经那样为所欲为的崔浩，也急转直下成了大罪人，不仅全族被诛，而且为数众多的人连坐被杀。

崔浩被杀后，庞大的北魏军队马上开始了南征。太武帝亲自上前线指挥作战。宋在要塞建造了坚固的防御工事进行顽强抵御，但北魏军队突破了宋的防御，于所到之处抢夺粮食，杀害无辜。他们经过的地方，如火灾后的废墟般空无一物，惨不忍睹。第二年春天，燕子归来也没有房屋可以筑巢，只能像乌鸦一样在树梢上栖息（450 年）。

持续了近三十年的文帝元嘉治世，也不免留下负面遗产。文帝不禁叹息后悔道："如果让檀道济将军活下来的话，应该不致如此。"不过，这也只是无用的马后炮罢了。

强大背后的脆弱

此时处于敌对状态的南、北朝的天子南朝宋文帝和北魏太武帝，两人其实是相差一年即位，前后在位三十年，又相差一年分别去世。他们二人的死也有共同点，不同寻常。

太武帝的第一个太子拓跋晃是佛教徒，原本性格稳重。但是，太武帝晚年厌倦朝政，万事交给太子打理后，太子被身边的亲信所误，沉湎于奢靡的生活。当时宫中的宦官宗爱得势，向来专横跋扈，害怕会受到太子的惩罚，率先向太武帝进谗言。太武帝信以为真，斥责太子，严惩太子的亲信。

太子因此大受打击，最终病死。后来，当太武帝得知太子的过失被蓄意夸大后，十分懊悔。宗爱担心被问罪，遂弑杀太武帝，迎立太武帝之子拓跋余为天子。宗爱甚至硬是杀害了当时反对他的天子的亲信和其他皇子。相比于南朝，北魏的政治更是决定于幽深的密室之内，因此，只要有极少数亲信共谋，就可以秘密处理任何事情。

得到宗爱拥立的拓跋余，开始对宗爱感恩戴德，优待无所不至。结果宗爱越发恣意妄为，肆无忌惮。拓跋余终于忍无可忍，谋划驱逐宗爱。宗爱听闻风声后，又先发制人杀害拓跋余，并且秘不发表，开始物色可以继位的皇子。

但是，得知事实真相的禁军迎立原来的皇太子拓跋濬（440—465）为天子，逮捕宗爱，处以死刑。从太武帝被弑到此时新君文成帝即位，已经过去了九个月。北魏王朝强大的背后，也有这样脆弱的一面，想来军事国家往往如此。

南朝也有同样的脆弱之处。文帝曾经持续数年身体欠佳，其间委任弟弟刘义康处理朝政。于是，官员中结成了唯刘义康马首是瞻的党派。文帝感到不妙，把刘义康逐出了中央朝廷，贬到长江上流的江州任刺史。尔后，在宋与北魏发生事端之际，有人企图拥立刘义康谋反，因此文帝又将刘义康贬谪到更为边远的广州任刺史。刘义康遭受接二连三的羞辱，愤而反抗，文帝便派人处死刘义康。速裁型政治体制经常在这种情况下被利用。

其实劝说文帝除去弟弟刘义康的是皇太子刘劭。太子在私生活上有太多过失，经常被文帝责骂，不过他听信了巫女的话，以巫蛊之术诅咒父亲早死，以便自己早日登上皇位。文帝闻知此事，大发雷霆，但难以下定决心废除太子，此间太子却先发制人，弑杀文帝及其大臣后，登基称帝。

碰巧任职江州刺史的文帝之子刘骏（430—464）依靠将军沈庆之的力量，进入都城平乱，捕杀了刘劭及其党徒。刘骏被推戴为天子，是为孝武帝。

发生了这一系列事端之后，动乱的余波更无停止的迹象。孝武帝不问青红皂白就处死了平常关系不好的两个弟弟。武帝的叔父江州刺史刘义宣，在亲信的教唆下举兵谋逆，但很快被打败，与十六个子嗣一同被杀。

暴君的谱系

南朝宋的政治从一开始就是亲信政治，奉行秘密主义，到了孝武帝的时代，这种倾向越发明显。决定政策的是皇宫中的秘书室中书省，在那里任职的都是出身低贱的所谓"寒人"。

若依照当时贵族的说法，因为贵族之家有家法，实施严格的家庭教育，所以即使身居高位也会忌惮舆论，节制贪欲。相反，寒人却没有接受过这种家庭教育，一旦掌握了权势，就会不顾廉耻贪污受贿。孝武帝的亲信即为显例，据说他们获取权势后，门庭若市，腰缠万贯。

虽然贵族们在背后会有各种议论，不过即使是寒人出身，成为天子的亲信掌权后，贵族们也不得不在某种程度上对他们妥协。当时，大概只有顾觊之一人可以完全无视这类突然发迹的权贵们。顾觊之和东晋著名书法家王羲之、画家顾恺之一样，都是五斗米道即道教的信徒，以恬淡无欲为世所称。

孝武帝在位十二年后去世，太子继位，史称前废帝（464—465年在位）。孝武帝疑心极重，而且富于决断力。他是一个不把人当人的君主，甚至直呼朝廷大臣的绰号。因此，孝武帝死后，大臣们如释重负。然而，继任的新天子虽然才十六岁，却在坏的方面像极了他的父亲，性格傲慢无比。

大臣们意识到不能对新天子大意之际，为时已晚。以叔祖刘义恭为首，柳元景、沈庆之等老将均被杀害。新天子又杀死了自己的弟弟们，甚至把计划要杀害的三位叔父囚禁在宫中。其中一位叔父刘彧（439—472）迫不得已，指使臣下与对天子不满的天子近臣们合谋，突袭杀害在后花园中夜游玩乐的少年天子。刘彧在母太后的授命下即皇帝位，是为明帝。

自取灭亡的刘宋宗室

就在此时，废帝的弟弟刘子勋在江州起兵反抗其兄。但听到新君明帝即位后，刘子勋仍不退兵，反而自立为帝，号称正统天子。明帝派遣沈攸之等人攻陷江州，杀死侄子刘子勋。刘子勋的兄弟十三人，也悉数被杀害。

孝武帝本来有二十八个儿子，但到这时已经无一幸存。当时孝武帝的皇后称太后，她图谋毒杀明帝，事泄被杀。刘宋宗室真是不可理喻，东晋毕竟没有发生过这种事情。

明帝疑心也很重，把寒人集中到中书省作为爪牙，秘密决定生杀大事。明帝杀光兄长武帝的儿子后，又猜忌自己的兄弟，大开杀戒。只有最没头脑的刘休范幸免于难。明帝死后，十岁的太子继位，刘休范被指定为新天子的监护人。但是，新天子的亲信不允许刘休范留在中央朝廷，撺他到江州出任刺史。刘休范在江州怒而起兵。叛军来势汹汹，逼近都城，都城的命运危在旦夕。将军萧道成（427—482）力挽狂澜，奋勇攻入刘休范的大本营，将他打败。

新天子即位后，发扬了家族遗传的乖张传统。不管是身边的人还是路人，不分是谁，只要心血来潮就以杀人取乐。最终，萧道成等大臣们合谋，趁天子熟睡时把他杀死。因为没有谥号，称为后废帝。萧道成拥立后废帝的弟弟十一岁的刘准即位，是为顺帝（467—

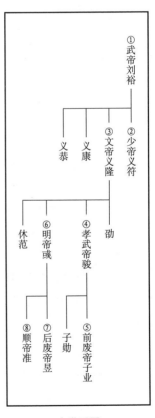

宋世系图

479）。顺帝也是刘宋王朝的末代天子。

萧道成指导这场政变取得成功后，朝廷万机都决定于他一人，其他大臣、将军们基本失去了发言权。对此感到不满的人，在外有老将沈攸之，在内有大臣袁粲等人，他们密谋铲除萧道成，但都失败被杀。结果，萧道成的权势反而更加稳固强大。

没什么大不了的。刘宋宗室自相残杀，消耗了自身的力量，不过是在努力地自掘坟墓罢了。这恰如命运之神诱惑囿于一己私欲的愚昧天子们通过牺牲他人换取自己子孙的安泰，嘲笑他们到头来一无所有。

残酷反复上演

萧道成也是从北方流寓到南方的将门之子。他自称是汉王朝开国功臣萧何之后，当然并不可信。刘宋宗室自相残杀，只留下十来岁的皇子继承帝位。当此之时，萧道成独揽朝纲，没有理由不图进取，易姓革命只是时间问题。

果然，在顺帝即位的第三年，位居相国、爵封齐公的萧道成逼迫顺帝禅位，践祚称帝（479 年）。萧道成即为齐王朝的开国之君高帝。十三 [1] 岁的顺帝被从皇宫转移到别邸，他对使者说："只求饶我不死。"使者冷冷地回应道："我什么都做不了。你的先祖们在灭司马氏一家时也是如此。"顺帝一边流泪一边起誓："愿来世不复生在帝王家。"次月，顺帝及其他刘宋宗室成员，无论老少，全部被处死。实现禅让后，新王朝对旧皇室的迫害一代比一代残暴。

---

[1] 原文作"十八"，不确，今改。

　　就这样，窃取了天子之位的萧道成在位也不满四年。他成长于朴素的军人家庭，对下层人民的生活抱有同情之理解，即位以后也自奉俭约。萧道成的口头禅是："使我治天下十年，当使黄金与土同价。"遗憾的是在位不到十年他就去世了。

齐高帝
（庆长版《历代君臣图像》）

　　高帝的继任者、其子武帝在位期间太平无事，但他统治十余年后去世，其子二十岁的昭业继位后，马上就发生异常。他是青年天子中常见的浪荡公子，肆意挥霍父亲和祖父辈备以一朝有事时苦心积累的财富，不到一年时间府库为之一空。

　　此时，深孚朝野众望、备受尊敬的是叔父萧子良和叔祖萧鸾。但具有文士的细腻情感的萧子良劳心过度病亡后，权力就集中到拥有军人胆识的萧鸾一人身上。

　　这样一来，此番将是在皇室内部实行禅让。萧鸾与大臣们一起将劣迹斑斑的天子昭业废位并杀死，立昭业的弟弟十五岁的昭文为天子。不过，昭文即位的第三个月也被废，萧鸾（452—498）自立为帝，是为齐王朝第五代皇帝明帝。明帝是齐开国皇帝高帝的侄子，即以旁系的身份夺取了嫡系的帝位。因此，为了防止嫡系复辟，明帝逐一杀害高帝的子孙，务求斩草除根。因为明帝的孩子尚年幼，而嫡系一家子嗣兴旺。

　　世道已然变得如此可怕，即使是同族家人也不能麻痹大意，反而是危险的存在。

　　如果族人危险的话，外人只会更加危险。排除了族人的危险，并不意味着世间就没有了危险。相反，自己做出了残酷的表率，最终自己的子孙也会得到报应。

明帝死后，太子即位，史称东昏侯。对天资并不太好的太子，父亲明帝的临终遗言也颇不妙。明帝嘱咐道："世道艰辛，不要落后于人，而要先发制人。"东昏侯听信身边小人的谗言，突然下定决心要诛杀大臣。决断之快胜似屠猫杀狗，无比轻率。

东昏侯不断滥杀大臣，轮到要杀第十个大臣宗室萧懿时，在襄阳前线的萧懿之弟、将军萧衍举兵，奉东昏侯之弟萧宝融为君主，沿长江顺流而下，包围了都城建康。建康城中的人们庆幸萧衍的到来，杀死东昏侯投诚，萧宝融入城正式即帝位，是为齐王朝末代天子和帝。但是，和帝只不过是名义上的天子，萧衍才是掌握全部实权的人物。齐王朝在此后不到一年就宣告灭亡。

军人与贵族

齐王朝并没有什么值得称述，似乎只是前代宋王朝历史的重演。世间昏庸的君主不胜枚举，但昏庸且杀伐残忍的君主大量涌现，是此一时代的特色。而且，他们的做法也与同时代北朝的昏君极为相似，甚至到了难分南北的地步。这到底是怎么回事呢？是因为只要处于同样的体制下，无论统治者是否汉人，都会有相似的行动；抑或是因为即使是汉人统治者，如果不具备相应的文化教养，其统治方式同样会昏庸残忍？这些因素确实都存在。但是，总觉得事实并没有那么简单。

本来宋王朝刘氏与齐王朝萧氏出身的流寓军人阶级，显著地混杂了东汉末以来出入中原的游牧民族军队的系统，他们的气质和习惯在南渡后依然保留了下来。虽然现在难以用文献学的方法进行考证并举出具体的证据，但宏观地观察当时的历史，有充分的理由做出这样的推测。同时，立足于这一假设，也能够合理解释当时社会动向的其他方面。

自三国时代以来，军人成为雇佣兵，身份世代相袭，称为"兵户"，被视为贱民，不被当作人看待。军人上层的"将"有机会依靠功勋晋升到任何高位，但根本得不到贵族社会的尊重和认可。

普通人民的上层是称为"吏"的阶级，在"吏"之上是称为"士"的贵族特权阶级。不过，吏如果爬升到天子亲信的地位，就能够掌握强大的实权，但是，他们与"将"一样，被贵族阶级蔑视为"暴发户"。因此，当时在士之下、兵民之上的阶级总称为"将吏"。

齐武帝时代有一个著名的故事。将门出身的纪僧真任职中书，备受武帝的信任，极为专横，但未能进入社交界与贵族交往。因此，纪僧真请求天子引荐他加入贵族的群体。天子则告诉他："这不是政治问题，我作为天子也无能为力。你去拜托现在的贵族领袖江敩。"

因为是经由天子的介绍而来，江敩只好迎接纪僧真进家里坐下。按照当时的习惯，主人与来客见面，会准备两张床，主客分别脱鞋走上各自的床，与现在的日本人一样跪坐在床上铺着的坐垫上。两个人走上床刚坐下，江敩就突然叫来几个仆人吩咐说："移吾床让客。"仆人连同江敩和床一起移动到靠近墙壁的旁边。然后，江敩从略远的地方，像打量脏物一样看着纪僧真。就连内心强大的纪僧真也吃不消，只好匆匆告辞而去。

没落贵族的逞强

但是，当时的贵族们睥睨世人，自尊心异常强烈，其实不过是自尊心背后的自卑感在作祟。如果拿当今世界打比方的话，犹如欧洲人和美国人的关系，本来双方各自都有自卑情绪。

欧洲人以曾经是世界文化中心自豪，但是现在不仅是经济上，连文化方面也逐渐在美国的物质攻势下失去抗衡的力量，没落的贵族正在走向衰败。另一方面，美国人无论何事都努力追求世界第一，但毕竟建国时间不长，根底较浅，与旧大陆的文化接触时，心理上会有说不出来的压迫感。

因此，江敩和纪僧真的会面，正如欧洲人和美国人的较量，我们不能仅仅听贵族社会流传下来的说法，就轻率判断贵族一方取得了胜利。贵族们逐渐被现实社会排斥，成为完全脱离现实社会的群体，这样的形势只会更加诱发贵族们逞强。这种状态宛如日本幕府时代穷困的公卿阶级徒有自尊心的空虚。

拥立齐和帝的军人出身的大臣萧衍，不久逼迫和帝禅位，成为新天子，是为梁武帝（502 年）。和帝则被贬为巴陵王，但也马上遭到毒杀。和帝的亲信、贵族出身的颜见远虽然对禅让极其不满，但也没有有效的对抗手段。因此，他只好绝食抗议，没过几天就饿死了。闻知此事的武帝大为不悦："革命的时机到了，所以进行革命。这不过是我们军人集团间轮番上演的故事，从一开始就与贵族集团无关。为什么唯独颜见远要狗拿耗子多管闲事呢？"

东晋灭亡以后，皇位在军人之间转相授受，但军人发动的革命也尽量考虑不给贵族群体带来麻烦。相反，率先赞成革命的贵族，会得到新王朝优厚的赏赐。因此，每当发生革命，军阀势力兴亡交替，而贵族之家则连绵延续，赢得声望。但是，其反面则是贵族愈加游离于现实政治之外，直至被完全架空。

贵族们顺应大势则可以相安无事，逆势而动则要被天子斥责为僭越。那么，虽说是贵族，不过只是辅佐国政的摆设而已。在表面上看来是贵族全盛期的宋、齐时代，其实南朝贵族的命运面临着重大危机。

贵族制度的改革

正如梁武帝萧衍也姓萧，梁王朝其实与齐王朝是同族。虽然萧衍是将门之子，但到了此时，社会已经对文化教养有所要求。萧衍像普通人一样钻研学问，他的才能得到当时文坛的资助人竟陵王萧子良的认可，位列"竟陵八友"之一。萧衍三十九岁时受禅，建立梁王朝，在位达四十八年之久，创下了乱世中罕见的长时段统治的纪录。虽然最后他以惨败结束了自己的一生，但他的长期统治给南朝的历史带来了转机。

南方贵族趁东汉以来的发展势头，在东晋的基础上筑牢了地盘，但是贵族们被宋、齐的军人皇帝娇纵宠坏，同时被排挤出政治圈外。虽说如此，贵族们既已世袭垄断了朝廷要职，天子也不能完全无视贵族势力的存在。而且，也不能把贵族当作无用之长物，驱逐出朝廷。那样不仅会引起巨大的物议，而且没有充足的富有才能的文官人才储备即时填补贵族的空缺。

当时人们的想法是，贵族过着一定程度上富足的生活，即使担任中央和地方的要职，也不至于从事破坏活动。同时，贵族们也没有那样的胆量。然而，如果将这些职务委任给来自下层的新兴阶级和没有文化教养的军人，谁也不知道他们会干出怎样的事情。总之，不应该排斥或者敌视贵族阶级，而应当善加引导，巧妙利用。因此，武帝开始着手改良贵族制度。

自三国魏以来实施的九品官人法，本来在任用官吏时，专门看重个人的德行和才能，以期为朝廷的官职选拔最适合的人才。然而，受当时大势所趋，贵族式运行的结果是乡品的核定极不公平。也就是说，既得的官位成为某一家族的身份而固定下来，形成了类似某家世能够晋升至官位二品之家，某家世至多只能晋升至官位三品之家的门第等级。

为了晋升到官位二品，通常需要取得乡品二品，以初任官六品起家。与此相对，为了让一个人止步于官位三品以下，只要给予他乡品三品以下，以初任官七品以下起家即可。这是中正可以斟酌拿捏之事。乡品二品与乡品三品以下之间存在巨大差异，只有二品之家才被认为是一流的贵族。

在乡品评定贵族化的同时，九品官制也出现贵族化趋向，官职出现了清浊之别。本来官品的设置只是单纯表示上下等级，同一官品的官职平等而无差异。然而，贵族阶级形成后，就产生了贵族渴望获得的官职与贵族不愿就任的官职的分别。

比如，尽管同样是六品官，秘书郎是贵族出身的青年起家时担任的官职，而太子的家令、门大夫则是门第低的人长年沉沦下僚最后要担任的官职。因此，前者称为清官，后者称为浊官。这样一来，官品的高下自然逐渐被忽视，而官职的清浊越发成为关心的重点。姑且不论好坏、适当与否，既然大势已经如此，就只能承认这就是现实的常态。

教养发挥作用

梁武帝整理现行的官品表，重新把官职区分为十八班。第十八班为最高等的正一品，其次的第十七班为从一品，官品依次下降，最后降至第一班的从九品。各班分配数个乃至数十个官职，首位的官职是清官之最，依次下降，至末位的官职则为浊官之最。比如，第二班正九品中首位的秘书郎为清官之最，其次为第二位的著作佐郎，末位的府功曹史最劣。

因此，同样是晋升，起家秘书郎，其次晋升为第三班的首位太子舍人，再次晋升为第四班的首位给事中，这样依次晋升为各班首位官，可以说是无上的荣耀。反之，如果是依次晋升为各班的末位官，实际上就失去了晋升的意义。

单纯看这份十八班表，会认为这完全是贵族制度，但是武帝制作这份表另有深意。武帝是要改变将从清官晋升为清官固化为贵族特权的现状，希望根据个人的才能、德行来确定清官、浊官的任命。

那么，要怎样核定个人的才能、德行呢？只能以文化教养的高低作为评价标准。本来贵族得到社会的尊重，也是因为他们比普通人拥有更加良好深厚的文化教养。但是，随着贵族制度的固化，文化教养被完全忽视，纯粹因为贵族的身份而受到尊重，其中还有毫无学识的贵族凭借自己的出身飞扬跋扈，有恃无恐。武帝为了革除这一弊端，只让真正拥有文化教养的贵族行使贵族的特权，首先必须强化对贵族的教育。

武帝为此大兴学馆。南朝的学校在宋文帝时代复兴，创立了玄、史、

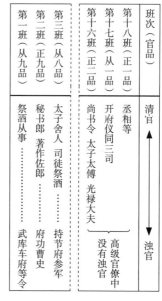

班次（官品）		清官
第十八班（正一品）	丞相等	↑
第十七班（从一品）	开府仪同三司	
第十六班（正二品）	尚书令　太子太傅　光禄大夫	高级官僚中没有浊官
第三班（从八品）	太子舍人　司徒祭酒……持节府参军	
第二班（正九品）	秘书郎　著作佐郎……府功曹史	
第一班（从九品）	祭酒从事……武库车府等令	↓ 浊官

梁十八班表
（《通典》卷三十七）

文、儒四学，继而明帝在位期间统一四学为总明观。齐王朝重建国子学，实行课试的考试制度。但是，这些学校及考试的直接目的似乎不是选拔官吏，而梁武帝的学馆则从一开始就宣告以培养官吏为目的。

武帝于五经各置一博士，博士各掌一馆，接收数百名学生，实行射策的选拔考试，录取学力优秀的人员起家为官。但是，在实际的实施过程中，个人的起家和晋升仍然跟从前一样，门第家世是显著的考察因素，并没有真正形成如后世科举那样全然以个人为本位的制度。不过，已经不再无条件地以家世门第为唯一标准，而是也兼顾个人的才德，不管怎么说这都是巨大的进步。

要之，传统的贵族制度在此时面临重大的转折点，无论如何，对此进行的反省，都具有重要的历史意义。

南朝四百八十寺

进入梁代后，不得不反省宋、齐以来的禅让。在受禅后，新王朝对旧皇室进行无益的凶残杀戮成了常态。不仅有宋对前朝东晋、齐对前朝宋的屠杀，而且齐王朝内部也发生过明帝自立后杀害高帝、武帝子孙的悲惨事件。

梁武帝也一样，在即位前后，残杀前朝齐和帝，也基本杀光了和帝的兄弟。虽说这是为了消除后患，但杀戮毕竟不是能够让人心安的行径。如果是在紧张事态不断发生的时代，也许不久后就会淡忘，但武帝即位后，保持了长久的太平局面，他的心中自然不免悔恨，随着肉体年龄一起衰老的神经也痛苦不堪，长夜无法安眠。

武帝回想起自己深重的罪孽，不禁战战兢兢，向佛教祈求灵魂的救赎。但是，慈悲为怀的佛教也不会无条件宽恕他的过去，让他恢复到不为罪过所扰之身。佛教教理有因果报应之说，如果自己不赎罪，也必须由子孙赎罪。因此，他决定自己一个人为过去犯下的罪业赎罪。

他在建康创建了同泰寺，自称"三宝奴"，舍身出家为寺院的"奴隶"。于是，群臣筹集一亿钱将武帝赎回。武帝前后舍身三次，每次都由臣子赎回。

人们仿效武帝在建康城中建造了众多佛寺，据说僧尼人数达十万之众。后来唐代诗人杜牧"南朝四百八十寺"的歌咏最为脍炙人口，从中不难想象当时佛教香火之鼎盛。

南朝盛行的佛教与日本奈良时代的佛教一样，都是贵族化佛教。它不是依靠众多平民支持的教会佛教，而是获得施主个人的喜舍，同时自身拥有庞大的财产和众多依附农民的一种自给自足的组织，与庄园无异。正如庄园经常成为贵族的社交俱乐部，寺院也是文人集会的场所。

梁武帝不仅文才出众，而且精通儒教、佛教，深造有得，并有著述。据说武帝时，禅宗祖师达摩自印度而来，与武帝问答，因双方意见不合，达摩一苇渡江去往北方。但这只是后世的传说，很难认为是历史事实。

儒学的新发展

另一方面，儒家的经学研究也因梁武帝的和平统治得到蓬勃发展。一般来说，西汉以前的经学是精通一经的专门之学，学者们忠实地恪守各自的师承，再传授给弟子。而到了东汉，大学者必须博通五经，出现了以郑玄为代表的通儒。

　　一个人研究全部经书，可以说这是经学的革命。因为只要儒学是一个思想体系，各部经书之间就不允许出现矛盾，学者为了弥合经书记载的矛盾，就必须协调对各经的解释。实际上，只有到了这个阶段，儒家的经学才得以确立。

　　但是，对经书的解释随时势而变化。同时，非如此则不足以餍学者好学之心。从三国魏到西晋，经学上出现了一个新方向——援用老庄思想重新解释儒家经典。

　　魏王肃也因为是皇室外戚[1]，身份显贵，他为经书所作的注释受到尊崇，进入晋后，诞生了杜预《春秋经传集解》、王弼《周易注》、何晏《论语集解》[2]，另外出现了伪造的《古文尚书》及伪孔安国注，大为流行。这些具有新倾向的学问随晋室南迁，由东晋延续到南朝。

　　但是，在历来是文化学术中心的北方黄河流域的所谓中原地区，在非汉族政权的统治下，学者们孜孜矻矻研究的仍然是古老的郑玄的学问。《诗》《书》《易》自不待言，《论语》《礼记》[3]也遵用郑玄的注释。这一事实反映了晋代一流的文化人大部分都随晋室南渡，留下来的都是未预流的乡曲陋儒。

　　到了南朝梁，经学研究进入到第二阶段，学者开始于注文之下再撰写解释经、注的疏文。其中著名的皇侃《论语义疏》后来在中国散佚不传，幸而在日本保存了下来，为近世考证学做出了巨大贡献。

　　正如上述，南、北朝经学崇尚不同，后来隋唐统一中国，尽管新

---

[1] 王肃仕曹魏，但并非曹魏外戚。其女嫁给司马昭，但直至司马炎，司马氏才代魏自立。

[2] 日文原文确如此。今按，何晏《论语集解》实为三国魏时著作。

[3] 日文原文确如此。今按，据《北史·儒林传》"《礼》则同遵于郑氏"，《礼记》之外，《周礼》《仪礼》也遵用郑注。

王朝在政治上继承的是北朝，但官学却采用南朝的学问。因此，北朝盛行的郑学除了《诗》《礼》之外，大半湮没不传。

不过，进入清朝考证学的时代之后，学者们认为汉代经学最纯粹，值得尊信，无奈郑玄的注释大半在唐时亡佚。因此，当得知在敦煌石窟保存的古文书中发现了失传已久的郑玄《论语注》的抄本时，学者们狂喜不已，视若拱璧。

走向灭亡的征兆

梁武帝虽然出身将门，但因为自己是文化人，厌恶当时军人社会中普遍存在的无教养的粗野之风，采取了排挤武臣参与政治的政策。他建议功成名就的将军们加入贵族社会，过上风雅的生活，但是，对将军们而言这实在是令人苦恼的好意。

与此同时，武帝也着意削弱军队的权力。从东晋到宋、齐屡次发生内乱，都源于地方存在着强有力的军镇。比如，东晋时长江上游的荆州，宋、齐时的江州，往往成为叛乱的策源地。武帝左思右想，决定采取分散兵力的策略。把荆州的兵力分散调派到雍州、湘州，将江州的兵力调拨到郢州等，即是其例。而且，在与北朝接壤的边境前线地区设置众多的州，分别布置兵力。兵力细分之后，有利于中央朝廷节制地方势力，减少来自地方的抵抗，但无法避免的缺点是，一旦发生非常事态，这些分散各处的军队就无法成为朝廷的坚强后盾。

梁武帝还在驻扎了相当有实力的军团的要塞册封皇子或皇孙为王，令其执掌兵马大权。不过，武帝后来才知道，这并不一定会如他所愿成为皇室的藩屏，发挥支援中央朝廷的作用。梁武帝一家正如魏曹操一家，文士才子辈出，但家族内部缺乏团结。

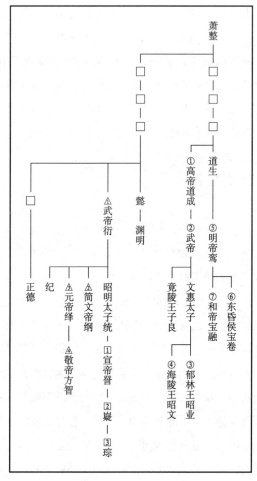

齐、梁世系图（①齐，△梁，①后梁）

　　武帝的第一个太子是昭明太子萧统（501—531），作为《文选》的编者流芳百世，不幸的是英年早逝。让谁继任太子之位，令武帝颇费踌躇，而武帝的踌躇产生了消极的后果。最终册立了昭明太子的同母弟萧纲（503—551）为新太子，但因为武帝长寿，其间幼小的嫡孙们长大成人，在怨恨祖父的处置的同时，也对叔父们充满反感。

武帝感到有必要讨好两方的欢心，封子萧绎、萧纪和孙萧誉等为王，驻扎要地，掌管军权。但是，因为他们之间相互反目，虽然没有像宋、齐一样发生皇室内部叛乱的大事件，但当危急存亡的关键时刻，将他们当作唯一的依靠时，也很难得到他们的支援。

就这样，在梁武帝一代之间，因为对南朝传统的政治趋向进行了深刻反省，南朝梁随之发生了巨大转变，蜕变成极其不像南朝的南朝。同时，这也是南朝即将走向灭亡的征兆。

第七章　胡马嘶鸣

从对立到同化

十六国时代，在华北中原地区，各个民族整体迁徙，东奔西窜的同时，也不断有新的民族从万里长城的另一侧蜂拥进入中原。由于北魏的统一，各个民族之间的斗争、对立受到压制，朝着相互融合、同化的方向发展。

北魏王朝（386—534）的历史性意义，如果从欧洲史中寻找类似的例子，应该可以与（法兰克王国）克洛维一世（Clovis I）王统的墨洛温王朝（481—751）相比拟。因为事实上在北魏的统治下，出现了致力于探求和复兴一度被弃之如敝屣的中国古代文明传统的迹象。

在太武帝遭宦官弑杀的突变后，太武帝之孙文成帝继位。文成帝一改太武帝时代异常高压的政策，施行平和的政治方针。排斥佛教的行动也有所缓和，允许僧尼活动。朝廷拔擢汉人老政治家高允。高允是被太武帝诛杀的崔浩的同僚，行事慎重，颇具先见之明，在波谲云诡的太武帝时代也未曾罹祸。此时高允见用于文成帝，代替崔浩推进北魏的汉化政策。

文成帝立冯氏为皇后。冯氏乃北燕第二代君主冯弘的孙女，是具有非凡决断力的女中豪杰。文成帝驾崩后，太子拓跋弘（454—476）即位，是为献文帝，当时年仅十二岁。北魏祖制"子贵母死"，皇子被册立为太子后，必须赐死太子的生母。

虽然中国的家族制实行的是一夫多妻，正室的权力很大，也只有正室可以对众多儿子辈行使母权，但问题在于只要是儿子都更亲近自己的生母，这也是人之常情。在帝王家，皇后和太子的生母之间容易产生纠纷。北魏考虑到此中的弊病，遂以未开化民族的粗暴做法，规定必须赐死太子的生母。

因为即使身为皇后，儿子被册立为太子后，她也面临被赐死的厄运，所以皇后也希望尽量不要生男孩。这些值得怜悯的牺牲者都是出身汉族的宫人。献文帝三岁被册立为太子的时候，他的生母李氏马上惨遭赐死，由皇后冯氏作为太子的母亲承担养育他的责任。献文帝即位的同时，冯皇后也晋升为皇太后，统治宫中。

冯太后时代

当时朝中大臣乙浑（？—466）滥用权力，嚣张跋扈，多次杀害同僚，攫取了丞相之位，妄称要取代少年天子裁决万机。冯太后无法坐视不管，与亲信密谋诛杀乙浑后，临时摄政，亲莅朝廷指挥大臣。

次年，冯太后还政于献文帝。献文帝虽然只是十四岁的少年，但赏罚严明，受到积极评价。他改革税法，使人民的负担更加公平，受到臣民的拥护，前途无量。但在此时发生了不幸的事件，献文帝与冯太后之间爆发了冲突，导火线似乎是册立太子的问题。

北魏君主代代都非常早熟，献文帝也于十四岁亲政之年和李夫人诞下了后来成为孝文帝的皇子。也许是出于冯太后的意志，皇子三岁时就已经被册立为太子。同时，受到献文帝宠爱的李夫人循例被赐死。献文帝因此遭受巨大打击，快快不乐，一味倾心佛教，再也无法抑制避世的念想。

但太子尚在幼年，虽然从宗室中物色过献文帝的继承人，但没有人接受。于是，五岁的太子继承了皇位，他就是历史上著名的孝文帝（467—499）。太子也非常早熟，知道自己要即位的消息后，悲叹不已。当被问及理由时，太子回答："儿子替代父亲登基称帝，如何能高兴得起来呢？"一般来说，五岁还只是想要玩玩具的年龄，太子却能说出这样一番话，委实不可思议。禅位的献文帝虽称"太上皇"[1]，但当时年仅十八岁。他青春年少却选择隐居，有违常理，酝酿着不祥之兆。

果真，过了五年，献文帝中毒身亡。怎么看凶手都是冯太后，自然真相没有得到披露，冯太后反而掌握了实权，成为孙子孝文帝的监护人，总揽朝政。这种状况一直持续了十五年，直到冯太后去世。因此，一般称为孝文帝所推行的制度改革，其实很多都是根据冯太后的

---

[1] 日文原文确作"太上皇"。今按：严格来说当作"太上皇帝"。"太上皇"与"太上皇帝"有别。据《魏书》卷六《显祖纪》："于是群公奏曰：'昔三皇之世，澹泊无为，故称皇。是以汉高祖既称皇帝，尊其父为太上皇，明不统天下。今皇帝幼冲，万机大政，犹宜陛下总之。谨上尊号太上皇帝。'乃从之。"

方针实现的。

氏族制的破坏和均田法

因文献难征，北魏初期社会组织的确切情况不得而知，大概实行的是与后世的蒙古族和清朝初期的满族相类似的氏族制度，由为数众多的氏族长统治部民。位于这一氏族制度顶端的是北魏皇室，虽然号称天子，不过只是通过族长间接统治全国人民而已。但北魏的领土扩张后，尤其是最终统治了众多的汉人，北魏政府逐渐汉化，不得不蜕变成中央集权政府。

在道武帝时期，北魏就坚决地实施了解散氏族、部民归中央政府统治的改革。但是，在实际政治运作中，并没有彻底贯彻该原则。因为从前的族长摇身一变成了封建领主和官僚，依然是特权阶级。

另一方面，从氏族制下解放出来的部民，绝非马上就还原成了独立的个体，成为北魏政府统治下的市民。相反，氏族制度的基层仍然保持团结，形成数十家为一户的生活单元。在这种情况下，政府最苦恼的就是在征收租税和征调徭役之际，完全无法掌握每一户的实际负担能力。因此，必须继续推进第二阶段、第三阶段的改革。

冯太后摄政期间实行的三长制，目的就是要瓦解这种氏族的团结，将人民还原、回归到小家庭。三长制规定：五家之民为一邻，立邻长；五邻为一里，立里长；五里为一党，立党长。邻长、里长、党长合称为"三长"。"三长"又称"三正"，可以享受免除徭役等特权，同时，需要承担检查各自管辖下的户口，以及征收租税、征调徭役等职责。

三长制的五进法，不同于游牧民族兵制通行的十进法，或许是有意识地要创造与传统区分法不同的体制。

就这样，既然政府的统治直达每个家庭，接下来就必须将这种统治延伸至家庭内部的每个成员，尤其是具备劳动能力的成年男丁。为此，政府推行了均田法（485 年）。当时正值旷日持久的大战乱之后，由于人口锐减，劳动力不足，许多地方土地荒芜，无人耕种。因此，政府按照人口的劳动力分配政府所掌握的土地，作为回报，受田人员要上缴租税和应征徭役。

均田法规定，成年男丁每人授桑田 20 亩，即一公顷左右的面积。此前已经拥有土地的人直接以该土地为桑田，政府不另授田。因为桑田不仅可以自己终生拥有，也允许子孙后代世袭继承，故又称"永业田"。

其次，政府授予成年男丁每人露田 40 亩。这与原本拥有土地与否无关。不过，妇人每人授田 20 亩，奴婢相同，丁牛 1 头授田 30 亩，每户仅限 4 头。露田的分配与劳动力相对应，本人或者妻子去世后，抑或奴婢、耕牛卖出后，必须将田归还给政府。

最后，因考虑到轮作休耕的需要，在授予露田的同时，另授予与露田相同面积的土地，称为"倍田"。如果自己原来拥有土地，可以将之充当"倍田"。而且，如果自己所有的土地扣除倍田的部分仍有剩余，则允许继续拥有该土地。

与此相对的人民的义务是，夫妇每年需缴纳绢一匹，长约 10 米，粟即谷子 2 石，大约相当于现在的 7 斗（140 升）。如果只是缴纳这些实物的话，显然负担非常轻松，但除此之外还有徭役。虽然不知道征调徭役的确切天数，但徭役负担作为中世的特点，一般来说，只可能比其他时期更加繁重，一定有不下于 20 天的强制劳役。

当时的土地问题与后世极为不同。当时的问题在于土地的生产力并没有得到充分发挥。土地问题本质上就是劳动力问题、资本问题。后世情况发生变化，问题变成了如何将少量的土地公平地进行分配，发挥人民的劳动力，保障人民的生活。在中世时期，首先是以土地为媒介掌控人口，通过人口治理生产。因此，就政府而言，没有什么比户籍更重要。到了后世，与户籍相比，更重要的是地籍，如鱼鳞图之类的就是官府衙门最重要的台账。

转折点

在孝文帝二十四岁那年，冯太后去世。在丈夫文成帝死后，从儿子献文帝一代，持续到孙子孝文帝在位初期，冯太后一直乾纲独断。冯太后个人虽然多有失德之处，但权力欲强烈的女性的共同性格是富于决断力。冯太后早就看透了北魏政治制度汉化的必然趋势，果断采用了三长制和均田法等新政策。

孝文帝出生后，马上被领到冯太后的身边养育。且说冷酷无情的冯太后，难道会单单对这个孙子疼爱有加吗？冯太后驾崩，孝文帝守丧，哀毁逾礼。据云孝文帝五日未进饮食，群臣劝谏才开始喝粥。

但是，对于孝文帝而言，其实冯太后正是不共戴天的杀父仇人。在冯太后活着的时候，恐怕任何人都不会将事实告诉孝文帝。既然冯太后已经死了，孝文帝没有理由始终不知道事实真相。

首先，在孝文帝被册立为太子时，生母李夫人就按惯例被赐死。李夫人的父亲李惠任青州刺史，镇守与南朝边境接近的地方，莫名蒙受暗通南朝的嫌疑，与妻子一起被杀。本来这就是由冯太后的疑忌引发的冤罪。孝文帝的父亲献文帝被冯太后毒杀，成为冯太后政治野心的牺牲品。献文帝的生母，也因为儿子被册立为太子而被杀。结果，孝文帝的父母、父亲的生母及外祖父母一家，全部都被杀害。

得知事实真相的孝文帝该是何等悲愤！大概他在憎恨冯太后个人之前，一定更加憎恨催生这些悲剧的环境。孝文帝极度厌恶北魏残酷的旧习，而憧憬先进的中原文明。他锐意推进汉化政策，从他自身所处的地位中也能找到其必然性。

不过，即便没有孝文帝，当时的北魏社会也面临重大的转折点。北魏王朝凭借优越的武力，作为征服者入主中原。但是，他们在武力上的优势，只有在他们是与汉族不同的朴素民族的前提下才能够维持。

假如他们汉化，就不得不在数量上处于压倒性优势的汉人面前屈服。此前他们已经顺利地推行汉化，可以预见未来没有制止汉化大势的可能。这样一来，北魏王朝到底要以怎样的政策转换，才能维持既往的优先权呢？

当时的中国社会，绝非公平的市民社会，反而是封建身份等级社会。在社会上层有与南朝大体相同的贵族特权阶级，他们拥有广阔的庄园并役使农民，占据了中央和地方政府的所有官职，这些都成为他们世袭的私有"财产"。因此，贵族的地位极其稳定，以绵延数百年繁荣而自豪的门阀大族不在少数。

如果北魏王朝难以永久维持武力征服者的地位，那么，继续推进汉化，拥有汉人式贵族相应的特权，对他们而言最为有利。在这样的社会里，所谓的帝王家本质上就是贵族的一员，并非是不同于其他贵族的超越性的存在，只不过在贵族群体中拥有最雄厚的实力。

北魏王朝发展到孝文帝时期，进入了深刻反省的阶段。无论是从感情上还是从谋略上来说，都迎来了必须除旧布新的转型期。

汉化浪潮

孝文帝的统治长达二十九年，历来将在此期间发生的各种事件，都说成是孝文帝推行的措施。但事实上，孝文帝亲政只有在位的最后十年，只占他在位时期的三分之一。孝文帝的历史功绩是通常被称为汉化政策的一系列改革。

孝文帝刚实现自由施政，就马上举行了自古以来中国帝王依例举行的宫中典礼。设立明堂，行养老之礼；营建太庙，祭祀祖先；为古代的圣王尧、舜、禹和圣人周公、孔子，建立祠庙。

但是，位于山西省北端的北魏都城平城，从来就是与文化隔绝的荒野。虽说平城成为北魏政治的中心，依靠人工建造起了都城，但冬季气候寒冷，土地生产力低下，终究无法开出文化之花。相反，黄河下游的平原地带，由于战乱已经平息，进入了和平稳定的时代，经济开始复苏，终于呈现出活跃的景象，人口、物资逐渐辐辏于此，因而文化也开花结果。平城落后于社会进步的时代洪流，沦为永远的乡下之城。

北魏王朝要想推进汉化，作为纯粹的汉人贵族统治中国，首都平城的地理位置就并不理想。无论如何都有必要进入中国文化的中心地带洛阳，切实掌握中国本土的文化。持有这种想法的孝文帝，最终毅然决定迁都洛阳。当然，迁都一事遭到了巨大的阻力。作为胜利者、征服者的北魏王朝无缘无故舍弃荣耀的民族都城，迁移到失败者汉人的旧都，必然引起民族自尊心强烈的耆老旧故的反感。

因此，孝文帝也必须在做好周全准备的基础上，实行他的迁都计划。首先，孝文帝隐瞒了迁都的真实意图，以讨伐南朝的名义率领大军赶赴前线。但是，到达洛阳后，就没有进一步向前线进发，而是驻留扎营，冷不防地宣告定都洛阳（493年）。

定都的声明震惊全国，保守势力掀起了抵抗运动，但孝文帝力排众议，成功实现了迁都洛阳的既定计划。实际上，因为洛阳是华北经济、交通的中心，以此为根据地，平城等地兴起的反对运动只不过是局部性的地方事件，很快就被镇压下去了。

孝文帝抛弃北魏第一代皇帝道武帝以来百余年的旧都平城，迁都到中国文化的中心地带洛阳后，汉化政策的推进也势如破竹。朝廷起用汉人贵族中的文化人李冲、李彪、高闾等，兴建学校，制定汉人式官制，服装也走向汉化，甚至朝堂之上禁用母语鲜卑语及其他民族语言，只允许使用汉语。

既然以汉语为标准语，北方民族冗长的姓氏不免让人感到别扭，而且，将这样冗长的姓氏写进汉语的文章也颇不雅驯。因此，北方民族的姓氏全部进行简化改易。北魏皇室的姓拓跋氏改称为"元"，元是万物的根源之意。唐代著名文人白居易的友人元稹的"元"也源自于此。

进步的政策？下策？

后世对孝文帝的上述汉化政策有两种截然不同的评价。汉人大体对汉化政策抱有好感，肯定鲜卑族主动摆脱夷狄之风，吸收优秀的汉族文化的进步性。相反，与北魏同样出身北方民族而入主中原的清朝乾隆皇帝（1735—1795年在位）则批判孝文帝的政策不仅是目无祖先的不孝行为，而且从效果来看也是损失惨重的下策。

在今天看来，上述两种意见都有各自相应的理由。西晋以来，北方诸民族逐鹿中原，争夺霸权，各个政权总是不能维持长久，归根到底是因为人口稀少，即使乘一时之势掌握了霸权，一旦弱点暴露，转眼间就土崩瓦解。北魏政权相对稳定，主要是因为与其他北方民族相比，鲜卑族在人口数量上占据优势。但是，鲜卑族与汉族的人口相比就没有任何数量优势可言。而且，汉族文化的优秀程度是其他民族无法企及的。

鲜卑族进入到拥有压倒性人口优势和文化高度发达的汉族社会，终究难以避免被汉化的命运，这只是时间问题。既然如此，对鲜卑族的领导者北魏皇室而言，与其被历史大势牵着鼻子走，没有方针拖拖拉拉地被汉化，不如根据自己的愿景主动推进汉化更为有利。孝文帝心中描绘的愿景是以皇室为首的鲜卑族权贵毫发无损地蜕变成汉人式贵族。在当时，这一理想绝非错误。事实上，从某种程度上来说，孝文帝的意图最终都得以如愿达成。

孤立的皇室

但是，这样的政策，反过来也带来了极大的危险。鲜卑族的权贵蜕变为汉人式贵族的同时，也失去了固有的朴素性，必然与武力相分离。

在鲜卑族中，只有少数的权贵进化成为汉人式贵族，这也是自然之势。即使他们自己不打算这样做，但他们已经逐渐汉化了，因为他们把汉族妇女作为婢妾收容在家里。从血统上来讲，其实北魏皇室基本上已经完成汉化。

相反，作为奠定北魏政权基石的鲜卑族军人集团，地位越低的人汉化进程也越慢。他们依然说鲜卑语，日常磨炼武艺，服兵役，赴战

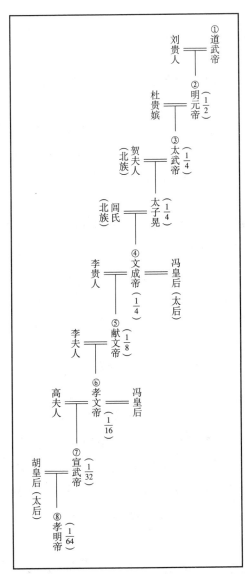

北魏王朝血统的汉化（分数为鲜卑血统的浓度）

阵，根本无暇汉化。这些鲜卑军人以非常不安的眼神观望着北魏朝廷急剧的汉化。因为朝廷的汉化必然导致在政治上优待汉人贵族，从而阻塞世代相袭的"旗本"[1]鲜卑武将们出人头地的通途。就这样，随着汉化的推进，北魏皇室及其亲信权贵无可避免地与作为政权基石的鲜卑军人集团分道扬镳，陷入孤立的境地。

孝文帝在三十三岁去世后，皇太子即位，是为宣武帝（483—515）。宣武帝是第二个皇太子，第一个皇太子在刚迁都到洛阳后，受到保守势力的拥戴，掀起反抗运动，因此遭废黜。

遵照北魏旧制，新天子宣武帝的生母高氏在宣武帝幼年时期已经被赐死。但高氏的兄长高肇得到宠信，独揽朝政，天子的同族逐渐被逐出权力的宝座。从表面上来看，天子个人的权力在增强，其实意味着天子一家也与其所在的一族分道扬镳，结果皇室愈加孤立。

宣武帝在位的十七年（499—515）大致相当于南朝梁武帝初期，前代孝文帝制定的汉化政策得到持续推进，是比较和平稳定的时代。宣武帝册立皇子为太子时，打破北魏旧制，没有赐死皇子生母胡氏。任谁都没想到的是，这一极为人道的举措反而埋下了几乎要颠覆北魏国运的祸根。

宣武帝驾崩，太子即位，是为孝明帝（510—528）。此时，孝明帝的生母胡氏，自然成为皇太后，掌握朝廷实权。胡氏是一位让人以为像曾经操纵孝文帝的冯太后再生般的女中豪杰。孝明帝即位的次月，以往在宫中和朝廷都为所欲为的实权人物高肇被诛杀。前代宣武帝的正室高太后是高肇的侄女，也很快被杀害。

---

[1] 日本江户时代直属德川将军的武士中，俸禄在1万石以下有资格直接晋见将军的人称为"旗本"。

就这样，胡太后取得了宫中的控制权后，任用妹夫元叉，干预朝政。从孝明帝即位伊始，就让人感到前途多舛，事实上，外界的情势极度恶化，即使是不让须眉的女中豪杰，这时局到底也不是胡太后的手腕能够轻易收拾的。

《洛阳伽蓝记》

胡太后时代初期虽然内部蕴藏着严重危机，但表面上却繁荣兴盛，尤其是首都洛阳繁华至极。

皇宫位于洛阳中心靠北处，围绕着内城和外城两层城墙。内城中官府衙门和佛寺林立，佛寺之庄严令人瞠目。佛教虽然曾遭到太武帝的镇压，但也没有因此而衰落，在宣武帝、胡太后时代尤受尊信，极其隆盛。佛寺的总数多达1367座，特别是胡太后建造的永宁寺的九层塔，可在百里之外的远处望见。其豪奢之结构，出自西域僧人之手，令人感叹并非世间之物，而是西方极乐世界才有的模样。当时，来自西域的僧侣多达数千人，主要居住在永明寺。

内城中王公贵族的宅邸府第鳞次栉比。他们竞相争夺财富和权势，沉浸于豪华的建筑和奢侈的生活。有些人家宅之大甚至超过皇宫的规制。他们中的许多人都乐意死后将宅邸捐赠为佛寺，这与日本奈良时代的状况有相似之处，也是佛寺增加的原因。宅邸变为佛寺的同时，也捐赠庄园和奴婢，以便维持佛寺的日常运行。因为佛寺增加了，所以普通人出家为僧或者托身于佛寺的庄园成为隶民的情况也逐渐增加，这甚至成了北魏国家财政紧张的要因之一。

外城是进入北魏时代以后新扩张的部分，主要是庶民的居住区域。当时的都市与古代的都市不同，已经不是农业都市，而是消费都市或者第二产业都市。居住于此的是在政府机关工作的中下级人员和工商业者。手工业者根据各自所从事的职业种类，集中居住在规定的区域。居民的人种构成也日渐多样化，有从南朝逃亡而来的人，有战争俘虏，有来自塞外、西域的移民，有来往的商人和使者等等。在这里聚集了各个民族的人，可以听到多种不同的语言。

如此繁荣至极的首都洛阳，从胡太后末年开始急转直下，化为战争的修罗场。荣华之梦毁于一旦，沦为狐狸出没之荒野。杨衒之目睹这一光景，不禁兴起怀旧之情，追忆往昔之繁华，付诸笔端，即为《洛阳伽蓝记》。书名虽为"伽蓝记"，但它不仅仅是对佛寺的记录，也是多角度生动再现北魏末年充满活力的洛阳的绝佳史料。

石佛上的民族气魄

洛阳的繁华如梦一场，终成镜花水月，但是北魏王朝却为世人留下了永恒不灭的坚固的建筑物。这就是以云冈和龙门为代表的石窟寺院。

石窟寺院发源于印度，经中亚传入中国，最开始就是在通往西域的门户敦煌动工建造。在敦煌南部，现在还有称为千佛洞的石窟寺，其中早期建造的部分可以追溯到公元4世纪中叶十六国的前凉张氏时期。此后直到宋代，新的石窟陆续开凿，但宋代以后逐渐式微，不再受关注。

进入20世纪以来，法国的伯希和、英国的斯坦因、日本的橘瑞超等西域探险家造访敦煌，携归在石窟中保存下来的以唐代为中心的丰富的古文书资料，震惊国际学界。

北魏定都平城后，从5世纪中期开始，在平城西边的云冈开凿石窟寺院。此时正值太武帝灭佛之后、文成帝转向复兴佛教之际，营造

者在砂岩的悬崖上开凿洞窟，在洞窟内部雕刻大佛。当时开凿了五座
这样的石窟寺院，其中有一部分现在变成了露天的大石佛，大的高达
70 尺（约 27 米）。[1] 体积之巨大固不待言，技艺之雄浑，气宇之宏
大，无不鲜明地体现出北魏勃兴期的民族气魄。

此后，虽然相继开凿了石窟寺，但残存至今的石造部分，实际上
相当于寺院的正殿。其前方沿断崖建立的高层建筑是外殿，不过，因
为外殿部分为木结构，所以逐渐朽坏崩塌，只有石窟残存下来。由于
石窟不容易接近，反而经年累月得以保存至今。

后来，欧洲人关注到云冈石窟，自从认识到石像的美术价值后，
其不幸成了古董商的牺牲品，竟然有人干出带走没有佛头的石像的冷
酷勾当。

孝文帝迁都洛阳后，在洛阳南方的龙门建造了石窟。这里的玄武
岩质地致密，可以运用在云冈无法施展的流丽技法。同时，造像记等
雕刻文字也风行一时。

从唐代到清末，东晋王羲之是书法的代表。然而，王羲之及其后
学一派书法家的真迹，却几乎没有实物传世。有的只是以唐代的摹写
本为蓝本印刷而成的折本，这也是不知经过了几次复制后雕版印成的
黑底白字，作为临写的标准范本，称为"帖"。每次改版自然都不免
产生误差，虽然说是王羲之的书法，但在多大程度上传达了王羲之书

---

[1] 原文如此。《魏书·释老志》载："昙曜白帝，于京城西武州塞，凿山石壁，开
窟五所，镌建佛像各一。高者七十尺，次六十尺，雕饰奇伟，冠于一世。"文
中讲述的五所佛窟，是北魏文成帝令沙门统昙曜开凿的，即今云冈第 16—20
窟，学者称之为"昙曜五窟"。其中第十九窟的释迦坐像，高 16.8 米，是云
冈石窟中的第二大像。第一大像位于第五窟，高 17 米。均未达到文中所说的
27 米。

法的本来面貌，不无疑问。

清代考证学兴起后，最开始是将石刻作为史料加以调查研究，逐渐地才认识到石刻的美术价值。特别是龙门石窟内镌刻于质地致密的岩石上的铭文，具有极高的鉴赏价值。把这些铭文都拓下来制作成拓本的话，几乎可以按原样再现从北魏到唐代的书法真迹。于是，人们认识到北方与南方的书法迥然异趣，并概括为"北碑南帖论"——北方人的书法通过碑刻流传，南方人的书法借由法帖呈现。

继而在书法的评价上，历来以王羲之风格的南帖为最高标准的风气遭到排斥，转而认为北方碑刻的书法才是正道。因为北方的碑刻不像南帖通俗、纤细，而是充满质朴、刚健之气，延续着汉代雄大的风尚，今后自然应当以北碑为典范。就这样，出现了一百八十度的转弯，从取法南帖发展出宗仰北碑的书法新理论。

羽林之变

首都的贵族和军人之间的冲突掀开了动摇北魏政权的内乱的序幕。孝文帝强行推动汉化政策以来，将作为汉族社会产物的贵族制度导入北魏王朝，官吏的选拔任用重视家世门第。

这样一来，汉族旧贵族和鲜卑族权贵汉化后的新贵族享有在政府部门谋职的优先权，出身门第较低的人越来越难以跻身政界，尤其备受打击的是以鲜卑族为主体的军人集团的将校。

他们长年在军队服役，唯一的希望就是退役后在地方的话可以提拔为县的长官之类的官职，也算不枉此生了。但是，在新旧贵族的压制下，他们出人头地的门路不断窄化，因此郁积了无法抑制的不满情绪。

不过，对主管人事的尚书省来说，不录用军人也有相应的理由。

本来军人就并不适合从事军人以外的职业。即使授予中央政府的官职，他们也不能提高行政效率；如果任命为地方长官，他们大多贪婪成性，索贿无厌，只会让百姓怨声载道，政治乱象横生。

因此，张仲瑀上书孝明帝，建言进一步严格官吏任用制度，限制武人转任文官。军人们听到这一消息更加怒不可遏。多年郁积于心的不满，终于以此为契机爆发了出来。

天子的禁军羽林营的军人一千余人在都城洛阳的大道上集结，前往尚书省游行抗议，大声吼叫。慑于他们的气势，谁也不敢阻挡。他们蜂拥至张仲瑀的家中纵火。张仲瑀的父亲张彝被殴打，身负重伤，两日后死去。张仲瑀自己也负重伤，好不容易才保住性命。死去的张彝是现役将军、朝廷大臣。

暴动之后，胡太后处死了首谋者八人，由于从犯人数太多，只好颁布大赦令不予问罪。同时，为了取悦和笼络军人，采取措施让资历高、功劳大的将校依次转任文官。

这一事件在全国造成了巨大的轰动。人们深切地感受到，看起来那么强盛的北魏王朝也终于要走到尽头了。

在面对北方草原的前线基地之一怀朔镇，有一位豪杰之士叫高欢。他频繁往来都城，在中央朝廷建立人脉，竭力为自己将来出人头地铺平道路。碰巧他来到都城，目睹了这次骚动，观察到事件的全貌。于是，高欢完全改变了他的处世观念。回到家以后，他开始不惜重金雇用侍从，招兵买马。当被问及理由时，他答道：

"世道已坏——识时务者为俊杰。即使天子的禁军结伙烧毁大臣的家宅，朝廷不也是投鼠忌器不敢治罪吗？当今之世，就算拥有财富，又有谁会为我们守护呢？只能自己设法保护自己。"

事后来看，这是极具先见之明的做法。如果以日本昭和年间的历史比照，这一称为"羽林之变"的事件，恰似"五一五事件"[1]。自此以后，北魏陷入了只有武力能够发挥作用的黑暗时代。

六镇叛乱

正如日本昭和年间的"五一五事件"（1932 年）与 1931 年的"九一八事变"、1937 年的"七七事变"（卢沟桥事变）不无关系，北魏末年的"羽林之变"最终也扩大为六镇的叛乱。

国家承平日久，在创业时代曾经被誉为骄子的军人，变成可有可无的多余人，被政府和民间抛弃，沦为落伍于时代的存在。接近中央政府的天子禁军羽林营的军人实际上处境相对来说还算不错，因为他们毕竟有向政府投诉不满和要求改善待遇的机会。不过，被分配到前线基地的驻屯部队的地位则随着时代的推移不断下降，最终陷入与社会最底层无异的困窘状态。

当时在长城外草原地区游牧的柔然，久为北魏边患。因此，北魏强化了长城沿线的防御，部署六镇巩固边防。自西往东，怀朔、武川、抚冥、怀荒、柔玄、御夷六镇呈弧形状，拱卫北魏旧都平城。这些前线基地的将校，由鲜卑贵族或者汉人豪族担任，在创业时代领兵出征内外，获得建功立业的机会，是颇具名誉的地位，受到世人的艳羡。

然而迁都洛阳后，北方六镇成为留守乡下的驻扎部队，一直等不到前来接替轮换的部队，结果官兵不得不定居下来，职位世袭继承。

---

[1] 1932 年（昭和七年）5 月 15 日，日本海军青年军官、陆军士官学校学生等武装袭击首相官邸等处，枪杀了首相犬养毅，史称"五一五事件"。军部利用该事件，终止了政党内阁制，推进了军部的独裁政治。

但是，高级指挥官仍由中央政府任命。这些高级指挥官是所谓汉化后的新贵族，尽管原来是同族同辈，现在却摆出长官的架势，视定居下来的官兵为乡下人。他们私吞军费，残酷地驱使士兵从事苦役，肆无忌惮。

这种关系与日本战前的情况有共同之处。虽然同为陆军军官，出身日本陆军大学校的秀才组在日本国内的参谋本部和陆军省任职，晋升速度飞快，转眼间就超越同侪占据要津。另一方面，蠢材组则被派遣到中国的东北地区和华北地区，备尝艰辛而难有功成名就的机会。他们唯一的希望就是挑起战争建功立业，收获金鵄勋章[1]。于是，不惜违反中央方针的大大小小的突发事件层出不穷，所谓的"中国事变"无休无止，最后扩大为太平洋战争。中央多次试图制止事变的扩大化，但是文弱的秀才组无计可施，只能抱怨自己无能为力。

虽然日本的军阀是向外爆发，与北魏的军阀向内爆发不同，但是爆发这一力学作用则是相同的。

破六韩拔陵在北边掀起叛乱时，六镇最初并没有随之一起叛变，依旧忠实地为政府效劳，不过不久还是相率背叛了中央，加入到叛乱的行列。其中最得势的葛荣频繁攻破政府军，占领了河北一带。

在控制这场危机的同时，洛阳朝廷内部的权力斗争也没有停止。曾经相互合作的胡太后和妹夫元叉的关系破裂，最初是元叉幽禁了胡太后，接着是胡太后蒙蔽元叉将其杀害，重掌朝廷实权。然而，太后行为不检，就连亲生儿子孝明帝也极度厌恶她，母子矛盾尖锐，视如

---

[1] 金鵄勋章由明治天皇于 1890 年 2 月 11 日（日本初代天皇神武天皇的即位日）敕诏制定，是授予陆、海军军人及军属的唯一勋章，分为七个等级。在太平洋战争战败投降后，于 1947 年施行日本国宪法的同一日（5 月 3 日）正式废止。

仇雠。孝明帝在朝廷中受到太后党羽的压制，企图引入外部势力，帮助自己在权力斗争中取胜。

游牧民族的粗暴整治

在北魏境内，此时还残存着游牧民族的封建制度。领主称为"领民酋长"，由子孙世袭继承，部民也世世隶属于领主。孝明帝特别关注的是在这些酋长中最强势的尔朱荣。尔朱荣在山西北部拥有广阔的领土，畜牧的牛马多到要以放牧的山谷为单位计算。孝明帝密诏尔朱荣进兵洛阳勤王。

尔朱荣领军赴洛阳，担任先锋的正是目睹"羽林之变"后对北朝前途绝望的豪杰高欢。高欢自称出身于汉族的望族高氏的一支，当然这只是假托，实际上他是定居于怀朔镇的鲜卑族人。天子的母亲胡太后听说尔朱荣出兵的消息，惊慌不已。她一边劝孝明帝阻止尔朱荣南下，一边与亲信密谋毒杀了孝明帝，而后立当时年仅三岁的孝文帝之孙元钊为天子。胡太后是可以为了自己的野心，毫不顾念母子之情的凶残人物。

尔朱荣闻讯后怒发冲冠，马上向胡太后发出了公开信："接下来我要凭实力入朝，准备盘问天子的亲信，查明明帝的死因，追究禁军旁观不作为的责任。我将审判作恶之人，洗刷国家的耻辱，消除民众的郁愤，拥立贤能之士为新天子。"

尔朱荣言出必行，在晋阳举兵，纠集支持者，威风凛凛，直指洛阳。尔朱荣渡过黄河后，迎立逃出洛阳的孝文帝的侄子元子攸为天子，是为孝庄帝。胡太后调动军队防御尔朱荣的入侵，不料军队倒戈。进退维谷的胡太后只好削发为尼，不过尔朱荣仍把胡太后及其所立的幼帝元钊沉入黄河淹死。尔朱荣命令洛阳百官聚集一堂，百官战战兢兢，迎接新天子。尔朱荣数落百官袖手旁观孝明帝被毒杀，将丞相以下两千余人诛杀殆尽。

就国家官僚的责任而言，也许百官罪有应得，不过这确实是粗暴的整治。当时的北魏还延续着很强的封建习惯，每个人都必须忠诚于他所隶属的长官或者主人。同时，存在着相比道理更加崇拜权力的风习，默许强权者的专横粗暴也是出于保护自身的需要。

因此，虽然历史上经常发生暗杀天子这种有点不可思议的事件，但几乎没有发生过问责全体官僚的事情。现在，孝明帝的群臣一并承担责任被杀。当然，这只是一个冠冕堂皇的借口，实际上尔朱荣是借诛杀大臣立威，以便完全掌控朝廷权力。

如果其他人像尔朱荣这样屠戮朝廷百官，一定会因立即招来四面八方的声讨和围攻而倒台。但是，尔朱荣有这样做的充分自信，而由事实来证明他的自信的时机也来临了。

趁北魏内乱之机，征服了河北大部分地区的叛军将领葛荣派出号称百万的大军向河南进发，首先围攻了军事要塞邺城。前往救援的尔朱荣以豪杰侯景为先锋，率领精

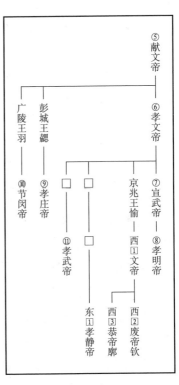

北魏末期帝系图

心挑选的骑兵精锐，深入敌阵，纵横突破，活捉了葛荣，送至洛阳处死。尔朱荣不费吹灰之力就击溃了曾经所向披靡的葛荣大军，大获全胜，举世为之震惊。

尔朱荣将女儿嫁给孝庄帝当皇后，但皇后粗鲁好强，经常与天子发生冲突。而且，因为朝政完全受尔朱荣摆布，照此情形，虽说是天子，也只是傀儡，没有存在的意义。于是，孝庄帝和亲信密谋，诱骗尔朱荣进宫，将其暗杀。虽然到此为止进展顺利，但接下来就完全行不通了。尔朱荣的武装势力并不属于他一个人，而是从北魏建国时开始，经过长年积累建立起来的封建势力。相反，孝文帝以来日趋孤立的贵族化的北魏朝廷，已经完全失去了能够依靠信赖的武装力量。

尔朱荣家族的尔朱兆、尔朱世隆等人从根据地山西出发引兵剑指洛阳，结果天子的禁军不堪一击，大败而走，孝庄帝惨遭捕杀。

孝庄帝的堂弟继立为天子，即为节闵帝。

高欢得势

出身六镇之一怀朔镇的豪杰高欢，其才能得到尔朱荣的赏识，被委以重任。但尔朱荣死后，高欢很快就对尔朱氏家族的前途失去信心。

身处变幻莫测的乱世，形势瞬息万变，相比既有的地盘势力，个人的能力更为重要。然而，尔朱荣死后，尔朱兆、尔朱世隆等人没有统率群雄、充分发挥集体力量的手腕才干。因此，昨日的新兴势力今天骤然沦为旧势力，但他们自己却丝毫没有意识到这一点。与其追随、利用这样徒有其表的旧势力，不如与旧势力为敌，彻底摧毁它，把它作为自己的营养加以吸收。

　　高欢以从北魏获得的小地方冀州为据点，邀集附近的军人将领们，发表了讨伐尔朱氏的宣言，占领了河南的要塞邺城。尔朱氏家族一致对外，图谋夺回邺城，发动大军攻打高欢，反以大败告终，自动暴露了他们是旧势力的事实。高欢高歌猛进直捣洛阳，废节闵帝，拥立孝文帝之孙为天子，是为北魏末代天子孝武帝（510—534）。

　　孝武帝性格怪异。当初高欢拥立他为天子，他并不情愿。但是，一旦荣登大宝，就不容他人染指皇位。孝武帝毫不手软地杀害了已经被废位的节闵帝，以及其他可能成为自己竞争者的宗室成员。

　　其次，孝武帝不满于作为天子的自己被高欢挟制不能自由行使统治权。他憎恶高欢的心腹武将，将其诛杀，进而集结了军队，准备讨伐驻扎在晋阳的高欢。

　　曾经效力于尔朱荣的将军中的佼佼者，如侯景、慕容绍宗等人都已成了高欢的部下，只有宇文泰一人是例外。宇文泰出身六镇之一武川镇，他平定了陕西方面的叛乱，培植势力，镇守长安，静观天下大势。对高欢来说，宇文泰就是势不两立的敌人。孝武帝既然决定讨伐高欢，首先就必须拉拢宇文泰。不过，高欢隐约觉察到孝武帝的阴谋，担忧洛阳作为首都不够安全，积极谋划迁都到距离宇文泰的根据地长安较远的邺城。

　　孝武帝眼看危险迫近，要求宇文泰勤王。在救兵还没到来之前，高欢从晋阳率军逼近洛阳。孝武帝不遑防御，出奔长安，投靠宇文泰。

　　高欢进入洛阳后，择立孝文帝的曾孙为天子，即为孝静帝。不久，高欢按原定计划，将孝静帝的政府迁都至邺城。

　　另一方面，出逃至长安投靠宇文泰的孝武帝的命运并没有变好。孝武帝在家庭生活方面也很反常，让宗室的堂姐妹进入后宫，有违人伦。宇文泰反感孝武帝的此类行径，处死了其中一位女性，并尝试向孝武帝进谏，于是两人的关系很快决裂。不到半年，孝武帝就被宇文泰毒杀，而其堂兄被拥立为天子，即为文帝。

此时的北魏，在邺城和长安同时存在两位皇帝：孝静帝称东魏，文帝称西魏。不可思议的是，北魏分裂为东魏、西魏之际，出现了到底哪一方继承了北魏正统的讨论。

从当时的实力来看，东魏拥有更广阔的领土、更多的人口，文化也更先进，以东魏为中心叙述历史，追踪形势，相对来说更为自然。作为正史的《魏书》，虽然也存在别的理由，正是以东魏为正统展开叙述的。但是，也有人承认孝武帝的地位，以西魏为正统，有《西魏书》行世。

野心家侯景

虽说北魏分裂为东魏和西魏，但这只是名义上的说法，实质是高欢和宇文泰两大势力的颉颃对峙。两大势力以洛阳西边的潼关为界，自负占有优势的高欢发兵，企图一举攻占长安，结果并没有成功。另一方面，宇文泰为了确保战略优势，举兵攻打洛阳，龙争虎斗般骇人的血战反复上演，与日本战国时代上杉谦信和武田信玄的川中岛会战 [1] 一样，无论哪一方都未能夺取决定性胜利。

---

[1] 日本战国时代末期，甲斐（山梨县）武田信玄和越后（新潟县）上杉谦信在信浓（长野县）川中岛（现长野市川中岛町），为了争夺北信浓的控制权而展开的数次对战的总称。从 1553 年到 1564 年，大的会战就发生过五次，最激烈最著名的是发生在 1561 年（永禄四年）的第四次对战，狭义上的"川中岛会战"也专指此次战争。

不久，东魏大丞相高欢去世，进入了高欢之子高澄的时代，高氏的势力终于稳固下来。看到这番景象，野心家豪杰侯景自然高兴不起来。侯景与高欢本来地位对等，都是尔朱荣的部下，他失去了自己开拓命运的机会，居于高欢之下，也是无可奈何之事，现在却要容忍乳臭未干的小儿高澄的颐指气使，实在是莫大的耻辱。

侯景利用在河南前线指挥军队的便利，背叛高氏，投降西魏，进而又投降南朝梁，请求支援。东魏高澄派遣名将慕容绍宗讨伐侯景。侯景大败，逃入梁的境内。梁武帝欣然接受了侯景的避难要求，这是梁失败的第一步。侯景于是率领部下骑兵的大部队蜂拥进入梁境内，占领了淮河南岸的寿春城。此地与梁的都城建康相距不远。

东魏高澄把侯景赶出自己的地盘后，又担心侯景倚仗梁的支援卷土重来。为了离间侯景与梁的关系，高澄提出了与梁通好的建议，梁不慎中计，派遣名士徐陵出使东魏，商讨缔结外交和交换俘虏等议题。梁轻易地被高澄的和平攻势摆布，这是第二次失策。无论何时，和平之名都是美好的，但如果陶醉于它，就要付出意想不到的代价。

对侯景来说，不正是因为和东魏的敌对关系，才以战败者的身份逃亡到梁吗？当得知在完全没有和自己商量的情况下，梁和东魏进行了和平谈判，侯景心里无比恐慌。正如穷鼠噬猫之喻，即使是死路一条，侯景也要发动一场疯狂的反击，但比较东魏和梁的实力后，痛感东魏是可怕的劲敌。虽然梁是未知数，但总觉得在繁荣的表象背后，潜藏着意外的软弱。因为在策划谋反的试探中，寻找内应、探寻门路都得到积极的回应。

梁武帝的弟弟之子萧正德获封临贺王。最初武帝收养正德为养子，打算让他继承皇位，但后来昭明太子等皇子一个接一个地出生，正德失去了继承帝位的希望，心生怨恨。因此，侯景诱惑萧正德，约定叛乱成功后拥立他为天子，这也正中萧正德的下怀。此时的侯景已经下定决心，率领心腹的鲜卑骑兵向南进军。

建康沦陷

在陆地上，梁朝基本上未能有效阻止侯景的精锐部队的攻势。但是，梁军可以依靠的是对北方人来说完全陌生的长江天险。

侯景军到达长江边时，等候接应的萧正德派遣部下指挥数十艘大船出迎，侯景军顺利渡江至南岸。北军稍事休息，马上开始了对建康的猛攻，紧逼建康城下。恰好萧正德从城中逃出来，与侯景会合，侯景拥立他为天子。

梁武帝和皇太子萧纲鼓舞禁军拼死抵御，向各地派遣使者要求勤王。荆州的萧绎、湘州的萧誉、襄阳的萧詧等宗室诸王顺长江而下齐集首都，在围攻都城的侯景军的外侧形成巨大的包围圈。一般来说，在这种情况下，梁军处于绝对有利的形势，侯景军毫无胜算。

然而，从地方赶来支援首都的梁军，谁都不愿意全力讨伐敌军。这当然是有理由的，他们都与皇太子不和。即使现在出力剿灭了侯景，受益的只是天子的继任者皇太子，而且功高震主，不免让人担心成为日后遭受疑忌的祸端。

他们的本心是，自己已经赶到这里牵制敌军，击破侯景军的任务就交给皇太子，自己在此领教皇太子的本领便好。虽然对于已经八十六岁高龄的武帝的处境，心里十分过意不去，但还是让最受宠爱的皇太子护他周全吧。总之，无论是谁，心里都极度冷漠。

诸王摆出这般冷酷无情的态度，皇太子自然也看透了他们的心思，断定无法借助他们的力量渡过难关。但被侯景围城一个冬天，粮食也消耗殆尽，照此下去，只能向敌人投降。不过，侯景一方也没有预料到战争要拖这么久，同样为粮食所困。因此，两方开始了议和谈判。

这一蹊跷的谈判共达成了以下三方面的协议：第一，侯景承认武帝及皇太子的地位，作为交换，任命侯景为大丞相，执掌朝政；第二，取消萧正德的帝号，给予适当的礼遇；第三，武帝下诏撤回前来勤王的地方援军。在这些条件中，皇太子最关心的自然是第二点。

以上三个原则大致达成了共识，但还没有议定实施细则之前，侯景就以武力占领了建康城及皇宫。此时，地方援军正零零散散撤回各自的地盘。侯景不仅遵照约定废除了萧正德的天子称号，而且，恐怕是以成为武帝的女婿作为交换条件，杀害了曾经的盟友萧正德。

但是，被侯景占领了皇宫的武帝，徒有天子之名，实质上与俘虏无异。况且日常饮食也得不到满足，武帝很快就衰老饿死。皇太子即位，即为简文帝。当然，他也不过是徒有虚名的傀儡天子。

梁武帝不幸活得太长了。当时的八十六岁，至少相当于现在的一百岁以上。他的肉体和精神都已经衰老，缺乏在众多工作中最需要精神的决断力。他逃避处罚的责任，一味施行伪善的政治。

本来主权拥有者的重大任务是保护无力的平民的生活免受掌权者的压迫。然而，武帝将政治都交给亲信操持，即使亲信和掌权者作恶也不加处罚，或者处罚后也马上予以宽恕，官复原职。他的精神力量已经无法胜任处罚这种令人不快而需要决断力的工作。这就催生了完全不负责任的政治。要是武帝在变得这样窝囊之前早些死去，该有多好。那样的话，他将在死后享有南朝第一明君的美誉，又能保住更多人的身家性命。

梁的中兴

从建康的战线撤回各自的根据地后不久，梁皇室的诸王之间就爆发了战争。与此前不同，这次攸关自己的切身利益，大家都全力以赴投入战争。

战事首先发生在湘州萧誉、襄阳萧詧两兄弟的联军与他们的叔父荆州萧绎之间。结果萧誉被杀，萧詧战败出逃西魏。接着，萧绎与其兄萧纶开战。萧纶不愿意骨肉相残，亡命北朝高氏。

这样一来，荆州萧绎的势力坐大。与此同时，侯景以建康为根据地，逐渐将统治范围延伸至长江上游。两大势力的冲突不可避免，但关键在于谁能取得主动权。

进入建康的侯景是个粗鲁的野蛮人，虽说南朝的士民慑于其淫威不得不对他俯首帖耳，但其实从心底厌恶他。因此，每当侯景为了战争离开都城时，必定会爆发反侯景的阴谋。而这样的阴谋，每次也都以拥戴梁皇室的名义实行。侯景终于杀害了简文帝及皇太子、皇族等主要成员二十多人，自称"汉帝"，并举行了即位仪式。

荆州萧绎逮到这个机会，迫不及待地追究侯景的罪行，宣布讨伐侯景。萧绎以此前在内战中崭露头角的王僧辩、陈霸先两位将军为先锋。梁军乘大船顺长江而下，在芜湖附近大破侯景的水军，以破竹之势涌至建康。而侯景军的主力骑兵，已经耗费了大半的战马，且不能及时补充，士气一落千丈。在对战一次失败后，侯景马上弃建康，往东逃跑。

侯景素来胡作非为，失势后便也众叛亲离，没有人愿意帮助他。他的扈从逐渐减少，好不容易挣扎到海岸时，只剩下几十人。侯景正要乘船往北逃亡，不幸被敌军追上，与妻子（武帝之女）及此间生下的孩子一起被杀。据说他们的遗体被运回建康后，曝尸闹市，市民争相分食其肉。

汉族士人王伟从一开始就支持侯景谋反，为之出谋划策，梁深受其害。随着侯景的没落，王伟也成了俘虏，但他在狱中向胜利者湘东王萧绎献诗。湘东王爱其文才，想要赦免他。有人告诉湘东王，王伟为侯景所撰的檄文更是名作。湘东王让人拿来，读到这样的句子："以前项羽有重瞳，现在湘东王只有一只眼睛。"单眼失明的湘东王勃然大怒，割了王伟的舌头，钉在柱子上，并将他的肉一块块割下来，虐杀致死。

赶走了侯景，建康光复，自然湘东王被诸将推尊，即天子之位，是为元帝。但是，他以建康因战乱荒废为由，不肯离开自己的根据地荆州，而以江陵为都城。

杀人天子

东魏掌握实权的高澄把麻烦制造者侯景赶入梁的境内，引发了意想不到的后果，给南朝的繁荣造成严重破坏，想必暗自窃喜，拍手称快。不过，人的命运难以捉摸，梁武帝饿死不久后，高澄也死于非命。

高澄趁梁内乱之机，向南方扩张领土，占领了淮河以南的地区。当时抓捕了一个叫兰京的人，充为家里的奴隶，负责掌厨。兰京的父亲得到赦免，从政为官，请求释放自己的儿子，但高澄没有答应。兰京对高澄恨之入骨，与其他六个奴隶一起乘隙成功刺杀高澄。

平时被哥哥高澄视为竞争对手的高洋，意识到自己被讨厌，为求自保，装疯卖傻，不仅蒙蔽了世人的眼睛，连他的妻子都信以为真。不过，当听到兄长横死的消息时，高洋马上恢复了本性。他指挥部下捉拿暗杀者，适时发出恰当的命令，全国的官吏就这样归入他的指挥之下，没有发生丝毫波澜，实在是绝妙的手腕。

次年，高洋废东魏天子孝静帝，自立为帝，改国号为齐。历史上称他为北齐的文宣帝，称"北齐"是为了与南朝的齐相区别。

东魏的敌国西魏的权臣宇文泰眼见高洋篡位，认为是可乘之机。于是，宇文泰亲自率军出征，在山西太原附近遭遇高洋的防御军。登上小山岗眺望北齐的军队后，宇文泰感到大事不妙，自己不曾放在眼里的乳臭未干的小儿高洋带领的部队军容整饬，完全没有可以乘虚而入的缝隙。

"实在太意外了！高洋与高欢一样强大！"

宇文泰咋舌，只得就此班师回朝。就这样，自洛阳以东的地区归于北齐的控制。

此时，在北方草原上的柔然走向衰落，而突厥开始崛起。"突厥"两字是チュルク（Türk）的音译，日本一直读成"トッケツ"（tokketsu），但读成"トックツ"（tokkutsu）的音才是正确的。突厥之前隶属于柔然，是从事铁工业劳动的部族，居住在色楞格河流域。据说"色楞格"的意思就是铁。

突厥的君主土门讨伐柔然，杀死了头兵可汗，自号伊利可汗。这是突厥历史上第一位"可汗"，可汗是北方民族君主的称号。战败的柔然向北齐求援，文宣帝亲征讨伐突厥，接受了突厥的投降，并应允和亲。

此时正值北齐的全盛期，但同时也孕育着衰退的征兆。原因之一是北齐的君主世代遗传变态的性格。在军事方面具有天赋的文宣帝高洋，不仅屡屡发生天子不应有的种种丑行，也对杀人有异常的嗜好，重现了小说中吸血鬼才有的变态。

他即位后先是诛杀了东魏废帝，随后就挨个地杀害东魏皇室成员。这是为了防范来之不易的皇位被旧皇室夺回。但是，觊觎帝位的并不限于前朝皇室，自己家族的一方更加危险。于是，文宣帝接着杀害自己的同族。尤其是把既有人望又有能力的两个弟弟关进了地牢，最后把他们烧死。

但是，文宣帝原来也不是这样反常的人。他在兄长意外去世后接任其位、取代东魏成为天子的初期，热心政治，殚精竭虑，国内外的士民纷纷欢呼明君的降临。但几年后，自大和猜疑让他的性情大变。也许是身为天子的重负，压迫了他敏感的神经，打破了原有的平衡。他忽然变得沉溺酒色、狂躁粗暴，醉酒之后如果不见流血就不罢休。据说大臣们不得已只好在宫中供养着死刑犯，作为天子耍酒疯时的牺牲品。如果这些死刑犯在三个月内没有派上用场就释放。

这种反常的天子到底也是产生于反常的环境，当时的北齐朝廷与百年前左右的北魏初期的状态颇为相似。文宣帝正是文明与野蛮失衡的变态社会的产物。

统一的曙光

北齐文宣帝凭借雄厚的国力，对内在首都邺城大兴土木，装饰宫室；对外则向北讨伐突厥，又趁梁乱南下吞并淮南，将势力范围扩张至长江流域。但是，他在梁建立傀儡政权的尝试归于失败。

西魏宇文泰也同样考虑趁梁内乱之机，将本国的利益向南方伸展。而且，宇文泰扎实地推进了该计划，取得了实际利益。

　　以江陵为都城的梁元帝与分封在益州的弟弟萧纪发生冲突。萧纪从蜀发兵攻打江陵时，元帝向西魏请求援军。一直等待时机的西魏宇文泰，像是早就做好了准备似的，马上向蜀发兵，攻下成都，占领了益州。萧纪战败，为元帝所杀。西魏得到物产资源丰富的蜀地，在以后的政策尤其是与东方北齐的竞争上，增添了难以形容的优势。

　　接着，西魏从正面发动了对江陵梁元帝的战争。在文学方面才华非凡的元帝，在与军事强敌的较量上，神经太过敏感。他缺乏向全国发布动员令进行决战的勇气，天真地认为只要固守江陵城，敌军粮草耗尽后自然会打道回府。

　　但那只是徒劳的一厢情愿，骁勇善战的西魏军进行猛攻后，江陵城的防御阵地不堪一击，城池陷落。元帝焚毁了辛苦收集的古今图书十四万卷，向西魏投降。他最后切身体会到，纵然读书万卷，也毫无助益。

　　西魏军杀死了元帝及其家人，把江陵城中男女数万人充为奴隶，押送长安，分配给将士。府库所藏珍宝，也全部缴获。此后，拥立已经归降西魏的梁皇室萧詧为梁帝，安置驻军看守，把梁统治下的领土全部纳为自己的属国。萧詧的政权延续了三代三十余年，史称"后梁"。但是，后梁支配的地域不过数州而已，不得不对西魏俯首称臣。

　　当此之时，梁将王僧辩和陈霸先在旧都建康附近，防备北齐的侵略，得知江陵的悲剧后，决定奉元帝的少子萧方智为天子（555年），是为敬帝，年仅十三岁。

　　北方文宣帝目睹此番形势，为了不总是让西魏得好处，虽然为时已晚，还是开始了对梁的干涉。北齐从前代开始就窝藏了逃亡而来的梁皇室萧渊明。萧渊明是武帝之兄的儿子。北齐立萧渊明为梁帝，派兵护送至建康。

梁内部正面临分崩离析的危机，此时与大国北齐为敌显然非常不利。因此，在关于对策的问题上，王僧辩和陈霸先的意见发生分歧，二者是软弱派和强硬派的对立。

不过，王僧辩并非从最开始就软弱。他一度在边境抵御护送萧渊明的北齐兵，但被北齐兵轻而易举地击溃，重新认识到敌人的强大，不得已只好采取妥协的对策。王僧辩派使者到萧渊明处，提议让他即皇帝位，而现在的天子萧方智降为他的皇太子。萧渊明答应了这个提议，于是王僧辩迎立萧渊明为帝，方智降为皇太子。

与王僧辩不同，陈霸先自始至终都反对这一软弱的策略。梁王朝由武帝缔造，武帝失败后，在众多子嗣中，只有元帝打败了侯景，一雪国耻。因此，元帝之子方智才是正统天子的候选人。现在没有任何理由屈服于夷狄王朝的压力，废黜正统天子，迎立武帝的侄子为天子，哪里有这样做的必要呢？这就是陈霸先的主张。道理确实如此，但是，这种主张能够坚持到什么时候，自然又是另一个问题。

狡猾的陈霸先表面上没有与王僧辩唱反调。正在此时，忽然传出北齐派出了新的大军来犯的消息。王僧辩把消息告诉陈霸先后，陈霸先以防御外敌入侵为名，派出大军驻防建康，他看准时机，偷袭杀害了王僧辩。新天子萧渊明退位，原来的敬帝萧方智从太子的位置上重回天子的宝座。其实北齐来犯只是谣言，并非事实。

面对这种情形，这次北齐真正发兵进行武力干涉。不愧是陈霸先，采取了正确的对策，显示出以武力抵制武力干涉的实力。相反，这时候北齐文宣帝个人的弱点终于反映到了政治上，他以国都的土木事业优先，没有全力投入对梁作战。如果是陈霸先早就洞察了这一点，才采取了强硬的态度，那么与王僧辩相比，他确实更加深谋远虑。

　　击溃北齐的进犯后，陈霸先的声望与日俱隆，已经是梁国内公认的实权人物。于是，依循故事，以禅让之名行王朝更迭之实。梁敬帝禅位于陈霸先后，也照例被杀。陈霸先登基称帝（557年），改国号为陈，是为陈开国君主武帝。

　　与前代相比，武帝即位时陈的领土少了很多。在长江上游，蜀被西魏占领，在中流有西魏培植的傀儡政权后梁，在下游，北齐的领土扩张至长江南岸。加之国内到处都是梁末混乱之际兴起的土豪割据政权，他们虽然表面上承认陈的主权，但基本上处于半独立状态。

　　总之，十六国以来分裂不断的中国，虽然一度被归结成南、北朝对立的两大势力，但是各自又都出现进一步的再分裂，陷入了无政府状态。

　　不过，天下大势，分久则合。这样的分裂割据发展到极端，就产生了新的统一的曙光。这次肩负重新统一中国的使命，精神抖擞登上历史舞台的是此前并不起眼的朴素的存在。他们诞生于偏居中国西北一隅的西魏政权内部，从北周到隋，再从隋到唐，断断续续地向前发展。

　　因此，我们有必要再一次回顾过往，从这股新势力的起源开始，追踪其发展的轨迹。

第八章 新军阀的勃兴

武川镇军阀

六镇叛乱给北魏王朝以致命打击，一方面高欢得势，扶植东魏，另一方面宇文泰坐大，拥立西魏。

宇文泰出身于六镇之一武川镇。武川镇相当于现在同名的武川县，位于阴山北麓，是防范游牧民族越过长城防线的前线基地。与其他镇一样，在这里以鲜卑族人为中心，配备了从汉人豪族中挑选出来的武人和柔然的降卒，将校的地位世袭继承。他们冒着凛冽的北风，整日与牛马为伴，防范随时可能出现的北方骑兵的袭击，此中艰苦自是非比寻常。

这样的艰苦增进了武川镇将士的团结。尤其是鲜卑人和汉人通婚，在血统上也出现了融合，形成了新的人群。事实上，因为由这些新的人群构成的军阀集团在各处涌现，一方面产生了高氏的北齐王朝，另一方面形成了西魏的宇文氏政权。从后者中又诞生了北周、隋、唐三个前后相继的王朝。

且说北魏迁都洛阳后，北方六镇被弃置一旁，地位逐渐下降，他们的不满爆发后，引起了大规模的叛乱。当时，武川镇官兵的领袖是名将贺拔岳，贺拔岳遭到暗杀后，宇文泰接任他的位置。他们转战陕西方面，成功将该地区纳入自己的势力范围，最终以汉代故都长安为据点稳定了下来。

孝武帝成功摆脱了高欢，从洛阳进入了长安，宇文泰虽然尝试奉孝武帝与高欢对抗，但孝武帝反常的性格与宇文泰的政治野心水火不容。宇文泰毒杀了孝武帝，拥立文帝，称西魏，与高欢的东魏分庭抗礼（535年）。

宇文泰虽然据守物资贫乏的陕西，但在与经济上占显著优势的东魏高欢的较量中势均力敌，不遑多让，完全是因为他所领导的武川镇军阀具有坚如磐石的团结力。而且，由于宇文泰长期居于领导地位，这种团结与日俱增，变得更加坚不可摧。

东魏高欢把持国政十五年后去世，在此期间忙于征战，无暇顾及内政的整治。在正要着手治理内政之际，高欢就撒手人寰。虽然西魏的情况也一样，但宇文泰比高欢多活了十年，这十年可以说是最有成效的黄金十年。

这是因为在此期间，东魏发生了诸如高欢之子高澄被暗杀，高澄之弟高洋继任其位，后来高洋又废东魏创建北齐王朝等一系列令人眼花缭乱、目不暇接的事件，而宇文泰始终不为所动，静观其变，默默定下富国强兵的良策。

征兵制度的确立

在宇文泰推行的政策中，府兵制的创立对后世产生了巨大影响。府兵制与北魏以来的均田制相为表里，目的是将政府根据均田法切实掌握的壮丁，全部当作军事力量加以利用。用现在的话来说就是征兵制度。

汉代以前以国民皆兵为原则，但从东汉开始，伴随着军队流行征用游牧民族，不知何时雇佣兵制成为常态，军人成为特殊的阶级，沦为贱民，最终被称为"兵户"。自十六国以来，虽然军人愈加被看作是游牧民族专属的职业，但随着内战的长期持续，历来被认为是文弱而不善战的汉人也逐渐修习武事，在战场上奋勇杀敌。有鉴于此，宇文泰让汉人和少数民族共同参加军事训练，担负守卫国防的重任。

按照均田法得到政府分配的土地的壮丁，除了有义务向政府缴纳谷物当租，缴纳布帛当调之外，还有服力役的义务。府兵制就是在这些壮丁中挑选精壮之士当兵，隶属于军府，农闲时投入军事训练，在军府轮班，而租、调、役全部免除。

这种征兵制度的优势在于，不仅在有必要的时候可以在短时间内征集到众多士兵，而且战争结束后，无论怎样庞大的军队都可以解散归农，而不致发生问题。如果是职业军人，仓促之间即使想组建大军也未必能如意，一旦组建了大军，解散就会造成失业问题，因此，必须一直供养已经没有存在意义的军人。加之，当这些军人衰老后无法再利用时，也不能进行清理，给国家财政带来持久的负担。

因此，在国家贫困、人民勇敢的地方，相比雇佣兵制度，征兵制的优势更加突出。西魏刚好是适合采用这一制度的国家。

当此之时，由于侯景之乱，南朝梁全国上下天翻地覆，一团乱麻。对宇文泰来说，这是试验府兵制成效的千载难逢的机会。最开始宇文泰攻下位于梁西边的孤立的蜀，纳入西魏的版图，并论功行赏，将成都城内的奴婢及财物分配给参战将士。接着，攻占了梁元帝定都的江陵，将江陵城中的人民全部充为奴隶赏赐给有功将士。可以想见获得丰厚赏赐的军人们是如何的斗志昂扬。就像在那之前几百年司马迁在《史记》里一语道破的那样，军人们舍生忘死只为黄金土地、晋爵封侯。

但是，宇文泰也深知府兵制的局限。此时在北方草原占有绝对优势的突厥木杆可汗，打败了主君柔然，柔然逃入西魏寻求庇护。但是，宇文泰答应了突厥的要求，毫不留情抓捕了柔然君主以下三千人，移交给突厥，对他们被残忍杀害袖手旁观。

自此以后，宇文泰对突厥卑躬屈膝，甚至西魏被当成是突厥的属国。与此形成鲜明对照的是，东方的北齐意气轩昂，显示出坚决击退突厥入侵的自信，同时也用事实再三证明了自己的实力。宇文氏在强敌北齐的实力面前，不得不继续卧薪尝胆，隐忍持重。

装傻充愣的天子

被宇文泰拥立的西魏文帝死后，太子继任天子之位，不久因图谋杀害宇文泰而被废，弟弟恭帝被立为天子。三年后，宇文泰去世，其子宇文觉（542—557）继承父亲的官爵，封周公。次年，宇文觉逼迫西魏恭帝禅位，创立了北周王朝（557年）。

不过，北周孝闵帝宇文觉当时年仅十六岁，这一禅让计划完全是由他的堂兄宇文护一手操纵。孝闵帝很反感宇文护的专横跋扈，密谋铲除宇文护，不料宇文护先发制人，闵帝反为其所杀。于是，孝闵帝之兄宇文毓被立为明帝。

由于明帝也非常聪明，宇文护害怕将来于己不利，派人毒死明帝，继而立明帝的弟弟为武帝。武帝更加贤明睿智，因此极为小心谨慎，表面上装傻充愣，朝政大权全部交给宇文护，自己从不过问。宇文护只管放肆地专擅独裁，任人唯亲，而他们个个腐败无能，天怒人怨。

就这样过了十二年后，武帝趁宇文护麻痹疏忽之机，秘密定下良策，以闪电般的麻利手法诛杀了宇文护及其党羽，实现亲政（572 年）。不过，即使臭名昭著的宇文护专权跋扈，有许多过失，但他绝不是暴戾之徒，也非变态，更没有取天子而代之的狂妄野心。

应该说宇文氏一族基本上都是勤勉正派之人，同时，亲信大臣和将军也大多出身武川镇，总是把国家大事当作自己的事情认真对待，维持了坚不可摧的精诚团结。北周的这一良好风俗，当时的南朝自然无法相比，即使是以强大自豪的北齐也望尘莫及。不妨说国事举步维艰，外界的形势不容乐观，反而是北周的大幸。

在宇文护专权的这十余年间，东邻的北齐像前代一样，继续上演着丑恶的历史。

北周武帝被立为天子的前一年，邻国北齐兼具天才和狂人于一身的天子文宣帝去世。文宣帝在位十年期间，圣意难测，臣下完全不知道何时会发生何事，每天战战兢兢、诚惶诚恐，当他驾崩之际，竟然没有一个人为他流泪。文宣帝在弥留之际，叫来自己的弟弟高演，托付身后之事，说了这样微妙的一番话："将要继位的太子（高殷）还

```
             宇
             文
             泰
      ┌──────┼──────┐
      ③      ①      ②
      武      孝      明
      帝      闵      帝
      │      帝      毓
      ④      觉
      宣
      帝
      │
      ⑤
      静
      帝
```

北周世系图

是孩子，如果你要擅行废立，我也没有办法阻止，但请千万别杀他。"
然而，太子即位成为新天子后不久，高演就废黜并杀害了他，自己即
帝位，是为孝昭帝。

北齐灭亡

作为北齐的君主，孝昭帝勤政爱民，但在位一年多就死了，立他
的弟弟为天子，是为武成帝。临终之际，孝昭帝曾向他的弟弟苦苦哀
求："虽然我有太子，但还是把帝位让给你。太子很招人疼爱，拜托你
一定不要杀他。"

但是，武成帝即位后不久就杀了太子。孝昭帝自己杀了文宣帝的
儿子，却请求别人不要杀自己的儿子，显然是荒
唐无理的要求。

前太子的妃子是名将斛律光的掌上明珠。天
子召太子觐见，太子将佩玉交给妃子作别，入都
后太子被杀。闻讯后，妃子悲痛不已，绝食月余
而死，但她死时手里紧紧握着佩玉没有松开。据
说父亲斛律光在女儿的枕边站着，把脸颊贴近她
蜡工艺品般白皙的脸，一边拉着她的手，一边哽
咽着说："是父亲啊，能听见吗？"女儿这才松开
攥着佩玉的手指。这是中世七百年中，与中世的
氛围最为吻合的凄美的插曲。在一个人的身上，
象征了几百亿中世人共同的悲哀。

这样登上大位的武成帝，不论是优点还是缺
点，都仿佛是兄长文宣帝的重生，继承了高氏的

神武帝高欢

④武成帝湛 — ⑤后主纬 — ⑥幼主恒
③孝昭帝演 — 太子百年
①文宣帝洋 — ②废帝殷
文襄帝澄

北齐世系图

遗传性素质。虽然即位后不久就胡作非为，但指挥军队的时候却判若两人，英勇善战。北周宇文护派出大军攻打洛阳，武成帝亲自为将，率领宗室的兰陵王高长恭和斛律光前来支援，击退了北周侵略军。兰陵王奋勇冲锋陷阵的模样，至今仍流传在舞乐《兰陵王》里。

武成帝还很年轻，却突然将帝位传给太子，自己当起了太上皇。之所以这样做，是因为他看到前二代的太子都遭遇厄运，想让自己的太子早点即位，熟悉天子的职务，以期保全帝位。这样的慈父之心固然令人感动，但终究无济于事。武成帝没过多久就去世了，被称为后主的新天子是不折不扣的昏君，没有父亲的武略，而只继承了父亲的缺点。北齐的政治局势急剧动荡，面临分崩离析的危险。

在洛阳大意失利的北周，现在企图在山西方向收复失地。北齐老将斛律光抱着必死的决心，指挥山西方面的军队。敌人是北周名将韦孝宽，正是旗鼓相当的对手。在北齐军的誓死反击下，韦孝宽也无可奈何，只得节节败退。

然而，不知何故，北齐后主听信谗言，处死了斛律光及其一族子孙。斛律光是高欢的部将斛律金之子，一门繁荣兴旺，也居于外戚的显贵地位，他们为何坐视北齐皇室内部的纷争和堕落，而不加干涉予以匡正呢？其实这正是中世社会和后世的差异所在。臣子及其一族全体是天子一族全体的臣子。如果是有意篡位的野心家，姑且另当别论，对于严守礼数的封建武将来说，宫中是神圣的禁地，在里面发生的内部纷争就是众神之争，处于俗世的臣僚没有置喙的理由。臣子只需恪尽臣子的本分，唯有遵从命令、效犬马之劳才是本愿。事实上，主张大臣对天子的家庭事务也应当承担责任，主要是宋代以后近世社会的思想。

听到北齐政治动荡尤其是名门斛律一家被诛的消息，邻居和宿敌北周武帝幸灾乐祸，认为这是歼灭北齐千载难逢的时机。如果北齐重新出现明君，政治得到整顿的话，就没有机会再次出手了。

武帝下定决心，出兵攻打北齐，不过起初的两次出征都以失败告终。但是，第三次在山西中心地区的平阳打败了北齐后主的军队，之后很顺利地马上就取得了决定性胜利。北齐的国都邺城沦陷，后主将皇位让给太子后企图逃跑，却不幸被生擒。在北周都城长安的凯旋庆功典礼上，后主被当作战利品亮相后杀害。国家面临灭亡危机时，只要失败一次，说亡也便亡了。

科举的起源

但是，说亡就亡的不只北齐，获胜的北周也轻易就灭亡了。北周武帝锐意进取，谋求富国强兵，为了改善国家财政，甚至粗暴地镇压非生产性的佛教、道教，让僧尼还俗从事生产。

武帝去世后，太子即位，是为宣帝。这是宇文氏一脉出现的第一个不成器的天子。宣帝在位不满一年，为了可以沉湎声色，逃避天子的责任，把皇位禅让给了太子静帝，自己当太上皇。朝廷的权力自然转移到太上皇后的父亲杨坚之手。

太上皇死后，留下八岁的静帝。在这种情况下，如果没有发生篡位夺权，岂非咄咄怪事。外祖父杨坚逐一打败国内的反对派后，废静帝，即皇位，是为隋文帝。隋王朝在中国传统史学上也算北朝之一。

与北周一样，隋皇室杨氏也是出身于武川镇的军阀将领。因此，从北周到隋的禅让本身，并没有动摇军人集团的地位，问题是禅让后隋皇室对北周旧皇室的残忍迫害。文帝生性多疑，害怕北周旧皇室复辟，搜捕宇文氏一族，赶尽杀绝。

然而，正如文帝自己也是宇文氏的外戚一样，武川镇军阀出身的将军，大多都直接或间接地与宇文氏有亲戚关系。因此，文帝的滥杀无辜也给这些家庭带来了大大小小的悲剧。随着越来越多的人声讨杨氏是破坏武川镇军阀团结的叛徒，隋皇室也逐渐被孤立。

文帝是在不顾周围反对的自信下施政的，由此提出了新的方针。其中最典型的事例是废除了实行已久的九品官人法，尝试通过科举选拔官吏。原本九品官人法的目的是品评个人的才能德行，给予不同的人才以适当的职位，但这一制度的实行逐渐贵族化，堕落成拥护贵族既得利益的腐朽制度。

文帝认识到九品官人法的不合理之处，废除了贵族们一直以来通过公认的家世门第可以担任中央、地方官职的特权，同时，废止了执行该人事安排的州郡的中正。取而代之的是中央政府举行的选拔考试，考试合格的人员分别授予秀才、明经、进士等头衔，获得成为高级官僚的资格（587 年）。这就是此后施行了一千三百多年的科举制度的起源。一般认为科举始于文帝的继任者炀帝的大业年间（605—618），但这种观点是错误的。

南北统一

在南朝，代梁而兴的陈从一开始就国势不振。开国之君武帝陈霸先在位不足两年离世，继位的是他的侄子文帝。文帝之子废帝即位的第三年，其叔父擅行废立，登上帝位，即为宣帝。文帝、宣帝两朝政局较为平稳，但宣帝死后，其子"后主"即位，国势日衰。

陈后主并非昏君，也不是历史上常见的那种变态的暴君。毋宁说他文才出众，喜欢沉浸于个人的兴趣爱好中，大兴土木，修饰宫殿，聚集文士和美人举行大型宴会，如此夜以继日，荒废政事。显然陈后主作为天子并不称职，与昏君、暴君也没有什么差别。只是他属于新型的不合格的天子而已。

隋文帝决心对南方用兵的时机终于来临。迄今以江陵为中心占有数州领土的属国后梁，正值第一代君主宣帝萧詧、第二代君主明帝萧岿后的第三代君主萧琮在位时期。文帝首先消灭了后梁，吞并了后梁的领地。隋王朝的侵略没有遭到后梁的任何抵抗，而这片土地恰恰是接下来攻打陈最理想的前沿阵地。

陈军研判北周军[1]如果入侵也只可能从长江上游乘战舰来攻，因而将水军集中到武汉一带进行防御。果然，隋将杨素领军从上游顺流东下，双方展开了多达数十次的激烈交战。最后，在隋军取胜稍事休息的工夫，出乎意料的是，在下游，晋王杨广指挥下的军队直取建康，不费吹灰之力就达成目的，俘虏了陈后主（589 年）。

东晋以来将近三百年的建康政权，毁于一旦，也是令人沮丧的说亡便亡。

分裂已久的南北中国重归一统，统一王朝隋帝的权势如日中天。此前，北朝分裂为东、西，在北方草原崛起的新兴势力突厥权衡东西实力，以和战相威胁，现在也不得不臣服于隋，甚至唯隋之鼻息是仰，卑躬屈膝。无论是国内还是国家关系，没有永远的朋友，只有永恒的利益。古今东西，概莫能外。

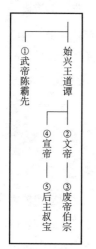

陈世系图

---

[1] 原文确作"北周军"。

隋炀帝远征高句丽

征讨南朝立下赫赫战功的晋王杨广是文帝的次子。杨广极力讨好嫉妒心强的母亲独孤皇后，长兄杨勇的太子之位被废后，自己当上了皇太子。父亲文帝在位二十四年后去世，杨广即位，是为炀帝。

历来流传着这样一种说法，认为炀帝是在探望文帝的病情时亲手杀死了自己的父亲，然后即位，但综合考虑炀帝即位前后的情势，这一说法并不一定是事实。不过，因为他是亡国之君，作为故事而言，这种说法比较能够吸引人，而作为劝善惩恶的反面教材，这种说法也更合乎逻辑。因此，公众普遍采用这种说法。

我们冷静地反复考虑炀帝当时的处境，其实并不乐观。首先，武川镇以来的军阀将官中，有人深信自己的门第家世在隋皇室之上，因此强烈嫉妒和反感杨氏从旁夺取了天子之位。而且，文帝征讨南朝时，由于对军队的赏赐非常吝啬，引起众人不满，产生了诸多负面评价。

毋宁说文帝的做法是正确的。说到底军人都是贪得无厌之徒，参加了战争的人总是抱怨得到的赏赐太少，没有参加战争的人则跃跃欲试要参加下一次战争。无论是当时的民间还是后世的史家评价极差的隋炀帝远征高句丽，正是在这种氛围中进行的。

如果对方是弱小的高句丽，在战胜它之后，不管施加怎样的暴行抑或如何疯狂掠夺，都是可以被允许的吧，同时，也可以把居民全部作为奴隶分配给有功将士吧。在这种认识下发动的高句丽战争，从一开始就没有正当性可言。

当时的高句丽拥有从辽河以东到朝鲜半岛中心地带的土地，其中包括以前在中原王朝管辖下的乐浪、带方二郡，都城则从东北地区迁移到了平壤。因此，高句丽也继承了此前乐浪郡的文化任务——将中国文化传播到朝鲜、日本。

中国文化传入日本时，往往并不是从中国直接流传到日本，而是先传播到高句丽和百济，经过它们的一番消化后，经由百济再传入日本。

另外，推古天皇（554—628）时代，日本第一次派遣小野妹子（565—625）作为遣隋使，千里迢迢来到洛阳，也是通过高句丽的斡旋才得以实现。

开凿大运河

文帝时就有过远征高句丽失败的经历，为了不再吃败仗，炀帝必须为再次大举出征准备丰富的军需品。从新近纳入领土范围的江南调取物资是便利的。文帝南下征讨陈时，修复了从黄河到长江的运河，以便运送兵员。现在相反，需要有把长江流域的物资运往东北方向的运河。

于是，炀帝开凿了自北向南纵贯中国本土的白河[1]、黄河、淮河、长江、钱塘江五大水系的大运河，修通了从北方的涿州即现在的北京附近，到南方的杭州的水路。这是异常巨大的系统工程，不是单纯开通水路，而是必须建造大船队、泊船设施、仓库、宿舍，甚至还有离宫等，因此相当消耗民力。

这条大运河的河道与现在稍有不同，其中央的部分并非纵贯山东的山地，而是一直引到西边洛阳附近的开封。大运河开通之初，并不

---

[1] 原文确作"白河"。海河之名始见于明末。

允许人民自由使用，而是专供政府的船只往来通过。直到唐代中叶以后，才广泛地开放给普通人使用。

炀帝开凿大运河，劳民伤财，又在北方修复万里长城。而且，炀帝邀请突厥君主启民可汗来访，大张宴席。同时，也遍邀西域诸国使节和商人来到洛阳，举办大型义卖会，让他们观赏杂技表演，提供免费饮食。这些费用没有其他来源，最终都成为人民的沉重负担。不过，对于高句丽，则要求其君主亲自前来朝觐，以示效忠隋王朝。他声称高句丽没有满足这个要求，于是就要兴师问罪。这显然毫无道理，无非是受了渴望发动战争的军阀鼓动的结果。

隋炀帝策划实施了三次高句丽战争，但三次都没有达成目的。第一次远征军受到诱导，深入高句丽腹地，被打得狼狈不堪，以失败告终。第二次是因为后方发生起义，不得不中止战争。第三次好歹高句丽提出了形式上的投降，隋军为了保持颜面，班师回朝。但是，这样一来，此前究竟为何出兵就变得完全不可理解。

隋的灭亡

远征高句丽失利的后遗症是内地蜂起的人民起义。相比于野心家以革命之名兴起的政治运动，人民走投无路自发的无目的的暴动更加可怕。因为在一个地方发生后，就会引起连锁反应，一直无休无止地扩散蔓延。

面临这样的危机，炀帝认为首都长安原有的禁军已经不足以应对新的局面。因此，炀帝招募了新军，并命名为骁果卫。地方上接二连三地兴起叛乱，天下纷乱如麻，首都和地方之间的交通受到威胁。历朝历代的首都长安已非安居之地。权衡了哪里最安全后，炀帝下定决心暂时前往临近大运河南端的扬州避难。扬州确实是好地方，气候温和，风景如画，物产丰富，风俗醇厚。

炀帝曾经数次行幸扬州，都是为了游兴。但是，这次并非游玩，而是为了保证自身的安全。考虑到万一遭遇不测时隋皇室的命运，炀帝为分散风险，命令嫡孙杨侑留守首都长安，让杨侑的次兄、越王杨侗驻留东都洛阳，自己带领长孙杨倓及族人来到扬州。

不过，内地的动乱逐渐扩大，好几个月都没有长安的消息。在此期间，传来长安城中突然爆发了大事件的风声。于是，骁果卫的士兵们开始焦躁起来，出现骚乱。因为亲属都在长安，他们热切盼望早日回到家人身边。

炀帝的亲信宇文化及乘机煽动士兵，于是军人们掀起暴动，把炀帝及其族人和大臣们悉数杀尽，开始大举向长安进发。炀帝在灭亡之际也没有进行过像样的抵抗，不堪一击。

宇文化及率领的骁果卫北上进入河北后，与自称夏王的窦建德交战，全军覆没，宇文化及与其族人也全部被杀。窦建德是在反抗炀帝恶政中崛起的群雄之一，麾下招揽了众多优秀人才，势头最为强盛。

此前各地蜂起的自发性起义的各股势力高举政治革命的旗帜，逐渐走向汇流、整合。但是，不可思议的是，进入

```
                ①高祖文帝杨坚 ══ 独孤皇后
                            │
        ┌──────┬──────┬──────┬──────┐
     乐平公主  废太子勇  ②炀帝广  蜀王秀  汉王谅
   （北周宣帝皇后）      │
                     太子昭
                        │
              ┌──────┬──────┐
           燕王倓  ③越王侗  代王侑
              （王世充谥恭帝）（唐谥恭帝）
```

隋世系图

这一阶段的同时，他们的势力也停止了增长。这是中国历史上常见的现象，无目的的农民运动正因为纯粹所以强大，一旦实现组织化，他们马上就蜕变成一种既成势力，在其内部形成统治和被统治的对立。这是中国社会不易推陈出新的主要原因。

然而，自北齐灭亡以来的短时期内，不论是北周，还是陈，抑或是现在的隋，这样一些大王朝，竟然接连不断上演不堪一击的覆灭。这难道不正是因为天下的形势分明已经厌弃旧世界，强烈盼望新世界的来临吗？

本来期待新世界并非始于此时。屡次出现王朝革命后，残忍地清算前朝皇室之际，君主们经常以"一扫旧世界，建立新世界"的说辞当借口。而且，实际上参加了革命的第一代天子，确实胸怀相应的新理想，励精图治，努力引导社会向前发展。不过，与其努力相比，社会并没有实现根本的革新。尤其是各王朝的第二代、第三代君主以昏君居多，好不容易取得的进步又出现倒退，而且倾向于复兴前代最恶劣的传统。

南北朝的历史委实黑暗。对统治者来说黑暗的话，对被统治者而言理应更为黑暗。这样的世道，已然不堪忍受。天下人对于迎接光明的渴望，不知不觉间推动了政治大势的走向。但是，天下也不可能马上变得光明。而平息隋灭引起的混乱的原动力，仍然产生于与隋相同的古老地盘——武川镇军阀。

第九章　大唐帝国

唐王朝的性质

对日本人来说，中国历代王朝中没有比唐更加亲切的王朝名称了，甚至视"唐"为与"中国"同等价值的词语。其实唐王朝不仅在中国历史上，在世界史上也占有重要地位。只是对其评价大不相同。

如果在迄今尝试的东西方中世史对比的基础上进行讨论的话，东亚的唐帝国（618—907）可以与在欧洲诞生了查理大帝的加洛林王朝的法兰克王国（751—911）相比拟。不过，与唐帝国完全恢复了汉帝国的疆域不同，加洛林王朝虽然称皇帝，却在全盛期也未能再次统一罗马帝国全境。但是，二者同是古代帝国灭亡后出现的最大的中世统一国家。

　　确实有理由认为唐帝国是汉王朝的重现。不管是唐帝国，还是汉王朝，都不只是单纯统一了中国，而且在其四面八方也大振国威，对东亚诸民族的政治、文化产生了重大影响。但是，二者的不同之处在于，汉王朝是由汉人建立的大国，而唐帝国的起源可以追溯到从北方迁入中原的游牧民族集团的延伸线上。这正与加洛林王朝的法兰克王国乃日耳曼民族大迁徙的产物如出一辙。

　　从社会组织方面来看，汉和唐也有很大不同。这也正相当于罗马帝国与法兰克王国的差异。汉代以前，中国社会的基层存在着古代都市国家的后身——乡、亭的农业都市。但是，到了唐代，中国社会与欧洲中世纪一样，呈现出不从事生产的消费都市和农业村落并立的格局。伴随着这种变化，普通人的地位也必然受到影响。

　　在汉代，人民大众之间并不存在大的悬殊，如果用中国风格的表达就是"流品"思想尚不发达。所谓"流品"，就是认为贵族和平民的不同在于与生俱来的体质差异，是让人可以直接痛切地感受到的歧视感。因此，在汉代，一介平民凭借自己的实力出人头地成为朝廷大臣，并不怎么令人感到意外。

　　然而，六朝以降，由于贵族主义盛行，平民成为官僚的阶层上升通道受阻，这种状况一直持续到唐代。这就是所谓封建性的身份歧视，与欧洲中世纪的世态有相通之处。

　　在尝试做以上比较时，读者总是会有很强的抵触，这也不足为怪。因为漫不经心地听到这样的比较，也并非不能理解成唐帝国与汉王朝不同，而与中世纪的欧洲相似。当然，事实并非如此，唐是以汉以来的中国传统为支柱，这样的中国与日本不同，与欧洲也不同。现在的问题是超越此类事项，按照时间顺序进行历史学考察，换言之，可以说是发达程度的比较研究。

进一步举简明易晓的例子的话，如果比较中国人的幼儿和青年，即使是同一人种，两者之间也存在巨大的差异。另一方面，比较中国的青年人和欧洲的青年人，从中可以找出青年时期特有的诸多共同点。现在，我们在唐帝国和法兰克王国之间，一面探求中世时期特有的共同点，一面指出它们与古代有着甚大的差异。

新的光明

立足于这样的观点，尝试进一步进行详细比较时，我们必须承认唐帝国和法兰克王国在发达程度上的差异。唐帝国处于中国中世的末期，已经陆续出现了新的机运，只待时机成熟，走向近世文明，实现蓬勃发展。反之，法兰克王国尚处在所谓"中世纪的中世纪"，令人瞩目的骑士精神才刚刚登场亮相。

中国中世初期的人们，毋宁说是理所当然地强烈感到仍生活在古代的延长线上，进入了不同时代的意识很淡薄。另一方面，不满足于当时现实的世态，不断抛弃陈旧之物，盼望新社会到来的念头异常强烈。在宗教界，发展出弥勒降世的信仰，由于太过期待新的救世主的降临，有时表现为现世的叛乱。但是，让社会焕然一新的愿望看起来无法轻易实现。

然而，从入唐前后开始，社会逐渐发生变化，前方闪烁着微弱的新的光芒。不管怎么说，最大的原因都是经济的发展。

由于庄园的普及，中国的资源得到进一步开发，随之而来的是通商圈的再扩大。这是与战国、秦、汉时代相比庞大得多的规模。简单地说，在中国和日本的关系上，在汉代，汉朝廷总算认识到日本的存在，而到了隋唐，两国定期举行正式的外交，也开启了民间的贸易往来，由此造成黄金从中国的周边流入中国。就这样，中国再次迎来经济景气的时代。趁着经济景气的发展，中国的近世化蓄势待发。

在中世纪末期的欧洲也发生过相似的现象。中世式的通货不足陷入最坏的境地后，开始了银矿的勘探，德国周边的银产量急剧增长。这成为刺激经济的诱因，欧洲与东方国家的贸易日趋活跃，首先在迎来经济景气的意大利沿岸城市点亮了近世文化之光。

随着经济的发展，社会制度上也同时出现了新事物，来吸收并利用经济界带来的良好结果。

中国的特殊现象是在复古的名义下催生新事物。"革命"一词理应意味着新事物的诞生，但是，实际上屡次发生的易姓革命丝毫也没有推动社会的革新。真正的新事物反而源于西魏宇文泰开始的一系列复古运动。

宇文泰的府兵制度及继承了其系谱的隋文帝的科举等新法，都以回归到黄金时代的周代为理想相标榜。代隋而兴的唐帝国，政权的实际基础与北周、隋一样是武川镇军阀。同时，唐帝国肩负着推进由北周、隋开启的新倾向的职责。

太原起兵

武川镇军阀羽翼丰满后组建的第一个独立国家北周王朝，有被称为八柱国、十二大将军的开国元勋。柱国是军人的最高头衔，相当于元帅。其中八柱国之一的李虎，有子名李昺，李昺之子名李渊，也即后来的唐高祖。

而隋王朝的杨氏是十二大将军之一，比李氏低一等级。因此，有隋一代，不只是李氏，凡是比杨氏门第更高的人，都遭到猜疑，被敬而远之。门第高反而觉得脸上无光，感到压抑和不自在。

北周的八柱国中还有另一个李氏——李弼，子李曜、孙李宽、曾孙李密。李密曾经效力于隋炀帝，但最终对炀帝的未来失去信心，在第二次对高句丽战争期间，他协助大野心家杨玄感掀起叛乱，使得高句丽战争受挫。不过最后叛乱失败，李密只好隐匿民间，相时而动。

不久，四面八方的叛乱呈星火燎原之势，李密再次英姿飒爽地登场，占领了坐落在东都洛阳附近、黄河与洛水交界处的洛口仓。这里是暂存从南方通过大运河运来的谷物粮食的仓库。李密获取了这笔财货后势力急剧壮大，成为众所公认的割据政权。因为内乱和天灾，当时普通人濒临饥荒。正如日本在太平洋战争末期的状态，只要有谷物粮食，不管是多么危险的工作，都能动员人去做。

李密进而企图占领洛阳，以作为自己的根据地，但毕竟洛阳是隋的东都，高城深池，防卫牢固。在此驻扎着拥戴炀帝之孙杨侗的隋朝一流的官僚和军队，他们誓死守卫，李密一方久攻不下。而且，在此背后，河北南部的割据政权窦建德的势力快速扩张。对李密而言，这也是不容轻视的劲敌。

奠定大唐帝国基石的李渊、李世民父子，正是洞悉了这样的形势，才在面对北方草原民族的前线基地太原起兵举事。但是，他们决非稀里糊涂看到别人叛乱才下定决心自己也造反。他们从很久以前就预料到会有今天的局面，并做好了万全准备。其中最重要的就是建设强大的军队。

古来就有"千军易得，一将难求"的说法，实际上并非如此。在这种情况下首先需要的正是经过充分训练可以应对任何状况的骨干军队。因此，有可能是根据次子李世民的建议，李渊使用突厥等游牧民族的骑兵战术训练麾下的军队。普通人绝对想不出这种绝妙的主意。

事实上，在当时的天下群雄中，谁也没有如此深谋远虑。于是，他们在与唐军的作战中，全都吃败仗。

唐帝国的诞生

李渊在李世民的劝说下决心举兵，首先决定了占领长安的方略。但是，中途必须经过李密的势力范围。因此，李渊低声下气向李密提议结盟。或许曾经尊李密为君主，行过臣子之礼。就这样，没有受到李密的妨碍和干扰，当李渊从山西南下，进入陕西，出现在长安前方时，隋的百官劝炀帝嫡孙代王杨侑投降。

李渊进入长安城后，拥立杨侑为帝，遥尊当时在扬州的炀帝为太上皇。当然，朝廷的实权全然掌握在李渊一人之手。

李渊和平占领长安，具有重大的现实意义。从西魏到北周、隋三代相继的首都长安，有许多有形无形的珍贵财产。在府库中储存着财货、粮食谷物和武器，在朝廷中配备有基本完整的官僚队伍和战斗部队，这些人员和物资都可以马上动员和利用。

更为重要的是，通过地方的户籍、地方志等可以一瞥全国的概况。此外，因为官僚的家人都生活在这里，易于与各地取得联系，方便收集情报，甚至也有可能在敌对阵营中找到内应。炀帝主动放弃这样有利的地点，可以说是巨大的失败，但其实也许有潜在的不得不放弃的现实因素。

长期以来，长安就是武川镇军阀的大本营。他们不满意隋的政治，也采取了反抗措施。当以八柱国门第为荣的李渊率领强大的军事集团进入长安后，他们无不表示欢迎。于是，长安再度成为天下中心的希望，就寄托于李氏的未来。不久，炀帝在扬州遇弑，李渊看清隋已经完全失去长安的人心，两个月后，逼迫隋帝杨侑禅位，登基称帝，改国号为唐（618年）。李渊即为唐王朝的第一代天子高祖，长子李建成被册立为皇太子。隋的废帝后来被杀，谥恭帝。

天才将军李世民

当时对长安构成直接威胁的是西邻的秦国。秦国是军人薛举以甘肃的军事要塞金城郡为中心建立的割据政权。金城是防御西方藏族入侵的前线基地，配备了众多精兵强将。因为这些将士都归附到薛举麾下，所以薛氏的战斗力变得极为强悍。薛举派遣其子薛仁杲进攻唐，曾一度攻打到长安附近，李世民奋勇迎击，大破薛军。如果唐想要经略中原，首先就必须讨平秦国，以免后顾之忧。

碰巧薛举去世，薛仁杲继位，因此唐派遣李世民攻略秦国新根据地泾州城。李世民在逼近敌城之地构筑军事要塞，摆出一副要进行持久战的架势。这时候唐在军需物资储备上占据绝对优势。敌方新近转移到该根据地，物资储备不足，在六十天左右的对峙期间里，城中逐渐出现抱怨粮草匮乏的声音。

在战争中大概没有比粮草不足更挫败士气的了。恐怕经历过这次太平洋战争的日本人，马上就能够理解。秦国方面人心出现动摇后，李世民一方就乘隙走门路开展瓦解秦国的工作。随着形势的逐渐恶化，部分秦国的官僚和将军开始向唐投诚。

对薛仁杲而言，战争拖延得越久，物资的短缺越严峻，形势愈加不利。唯一的生存之道，就是与唐军决一死战，期待侥幸可以取胜。其实将敌人逼入这种绝境，正中李世民下怀。李世民的过人之处，就在于这种高超的手腕。

李世民瞅准了时机，命令先锋将军梁实出征，结阵于浅水原的平地上。秦国大将宗罗睺大喜过望，倾巢进攻。数日之间，唐军守住阵地，坚壁不出，已经让敌军疲惫不堪。随后，李世民指挥全军包围敌军。李世民和他的近卫军突袭敌阵，大破秦军。宗罗睺败走，逃回到薛仁杲处，李世民军穷追猛打，步步紧逼，包围了泾州城。无计可施的薛仁杲及其部下精兵万余人出城投降。薛仁杲被送至长安处死，唐军平定了从陕西至甘肃的秦国全境领土，消除了西顾之忧，自此可以专心向东经略中原。

李世民在平定秦国的过程中所使用的政治策略和作战战术，出于他非凡的创造力，没有人可以效法。他的战争如冠军级的将棋，最开始充分布置好阵形，先于不战之中压制敌人，将敌人逼入明知不利也不能逃避决战的绝境。在此之前发动局部的小规模战争，避免消耗战力。

接着，在占有充分优势的情况下开始决战，此时完全不在意棋子的得失，而是以风驰电掣之势颠覆敌人的大本营，一举进入收官的终盘战。最后，再慢悠悠地捕获大子（飞车和角行），在下一次战争中加以利用。李世民娴熟地运用孙子"静如处子，动如脱兔"的战术，已臻用兵之极致。

李世民不只是在平定秦国的战争中使用该战术，此后也曾屡屡用完全相同的战术指挥作战。不可思议的是，敌方总是不知不觉就战败。不管怎么留心，无论是谁，都会被李世民的拿手好戏算计，也许这就是战术的最高境界，不存在有效的应对手段。总之，像李世民这样总是用同样的战术以同样的方式克敌制胜的大将，千古之下，一人而已。

天下一统

炀帝在扬州被弑前，曾经调派一部分禁军，命令王世充指挥驰援洛阳。王世充出身西域，风评他诡计多端，全靠贿赂和逢迎讨好炀帝才骤然出人头地。

王世充赶到洛阳时，正当拥戴炀帝之孙杨侗的隋军和叛军的指挥官李密浴血奋战。隋军得到生力军的支援，恢复了士气，与李密交战。

不久，炀帝被弑的消息传来，洛阳的百官拥戴杨侗即天子之位。随后，被窦建德打败的宇文化及部下的败兵逃入洛阳，王世充收容了他们，逐渐掌握实权，左右朝政。王世充趁李密大意之际，率领精兵彻夜行军，于第二天早上讨伐李密军。这一战术奏效，李密数年来苦心经营的势力，经历这一次的大败后便彻底崩溃。李密无计可施，只好向西逃跑，归附于唐，率领部下进入长安，其中包括后来的名臣魏征，紧接着徐世勣（李勣）也随之降唐。

李密在长安谒见唐高祖李渊，但并没有感到特别吃惊，一副"原来就只是这样的人吗？"的表情。后来，李密从半道迎接平定秦国凯旋的李世民时，却像触电了一般大为震惊，不知不觉大声喊出"此非凡人！"

当时李密三十七岁，对普通人来说正是年富力强的年龄。但他过早露出反骨，参与叛乱，失败后步履维艰，后来虽然一时成功缔造了大的王国，又马上

李勣（徐世勣）
（明版《集古像赞》）

傲慢自满，修饰宫室，蓄积姬妾，表现出与实际年龄不符的苍老，已经不复往昔的容貌。而李世民当时二十二岁，体力魄力都格外出色，威风凛凛，斗志昂扬，洋溢着接下来要崭露头角的气魄。恐怕没有比这两个人的会面更能清楚显示新旧势力交替的日子终于到来的光景。此后，由于李密不满自己在唐的待遇，谋求自立，叛唐逃亡，被唐捕杀。

李世民接着要与刘武周开战。刘武周本来是隋北方前线部队的将军，目睹隋的没落而独立，依附于北方草原的突厥，被封为定杨可汗，对汉人则称皇帝。刘武周趁唐经略西方的间隙，开始从山西北部南侵，攻陷了并州、晋州，逼近山西南端、黄河岸边。

高祖的第四子[1]李元吉不仅在防卫战中失利，还不顾一切抛弃部下，带着自己的家人抢先逃回来。因此，此次任命李世民为大将，目标是收复山西的失地。

李世民渡过黄河，与刘武周的先锋宋金刚对阵。当地民众知道李世民来了，争先恐后要为李世民奔走效力。李世民构筑军事要塞，命令士兵驻守，派出骑兵与当地民众一起搅乱敌人的后方，威胁他们相互之间的联系。当敌人发现冒进过深时，已经来不及了。即使敌方挑起决战，李世民也坚守不出。不久，宋金刚粮食供应不继，无可奈何，不得不开始撤退，陷入了战术上最为不利的地位。

时机到了，李世民命令全军进攻敌方，攻破敌军的殿军后，一刻不停地急行军追击了一昼夜，在此之间，得胜数十次。因为深知追的人辛苦，被追的人肯定更加辛苦。次日，李世民成功追上了宋金刚，一天大战八次，悉数获胜，杀死、俘虏数万敌军。

---

[1] 日文原文作"三男"，不确，今改。

　　宋金刚好不容易回到根据地附近，重整阵容，组织防卫战，但也只是徒劳。李世民的先锋李世勣先向敌军挑衅，佯装失败后逃跑，敌方中计，队伍阵脚大乱，追赶而来。李世民伺机亲率精锐骑兵加入战斗，出现在敌人背后，从后方开始击破。一眨眼的工夫，敌人大败，骁将尉迟敬德等相率来降。

　　只有宋金刚逃了出来，收拾残兵，准备再一次进行决战，但是部下吃了苦头，谁也不愿意随他再战。宋金刚无奈，和刘武周一起亡命突厥。不久，两人都因为企图谋反而被杀。曾经失守的山西的领土就这样重新回归唐的版图。

　　在对宋金刚的战役中充当先锋的李世勣，原本是李密部下的将领徐世勣。因为受赐唐室之姓，所以叫李世勣。但后来为了避李世民的名讳，故称李勣。李勣是与李靖并称的唐初一流的名将。自宋金刚处投诚的尉迟敬德，后来成为李世民的近卫队队长，骁勇善战，屡立奇功。直至今日，在普通居民家的门上都能看到贴着画有尉迟敬德与秦叔宝肖像的门神。

新旧势力的交替

　　当时在洛阳，王世充打败李密后，意气风发，不久废隋帝杨侗，自践天子之位，国号郑。没过多久，废帝被杀，此前炀帝为了分散风险的深谋远虑也无济于事，三个孙子都已被杀。但是，不管洛阳的官僚多么懦弱，对于新来的外人的篡位，心中也感到非常不安。他们很快就对王世充的政权绝望，开始有人与唐暗通款曲。

　　李世民北征归来，席不暇暖，马上进军河南洛阳。王世充吃败仗后，一边死守洛阳，一边向河北的窦建德求救。自称夏王的窦建德此前与王世充是敌对关系，但担忧唐的势力不断壮大会威胁自身的安全，集结了国内所有兵力前往救援。

窦建德原本是通过隋的征兵进入行伍的下级军官，自发动叛乱以来，并不像其他的群盗一样滥杀无辜，而是礼贤下士，察纳雅言，在群雄中可谓鹤立鸡群。但是，与李密的情况一样，开始被寄予希望的新人在养成出众的势力后不知不觉间忘却初衷，只管汲汲于维持现状。窦建德出兵加入唐和王世充之间的战争，是企图得渔翁之利，希望能够将洛阳据为己有，当作自己坚固的根据地。

然而，李世民更加深谋远虑。窦建德从河北千里迢迢驰援洛阳，对李世民而言简直是求之不得。李世民认为一举平定河南和河北的千载难逢的时机终于到来。李世民向着洛阳城构筑堡垒，以防备敌人的突破，自己率领主力部队出现在窦建德的正面，严阵以待。

与以前一样，虽然敌人屡次挑衅，李世民都坚决避免决战，而是耐心地持续对阵，消耗对手的实力。如此持续好几个月的对峙，敌人逐渐陷入粮草匮乏的窘境。这样一来，除了孤注一掷决战，别无他法。窦建德派出全军直逼李世民的阵营，而李世民却制止了奋勇的诸将，不许出兵迎战。从早上到中午一直挑衅的窦建德果然上当，以为唐军毫无战斗意志，于是整齐军队指挥撤退。

这正是李世民的战术想要达到的效果。李世民命令全军倾巢出动。唐军得到充分休整，斗志高昂，而敌军从早上开始疲于奔命，士气低落。像从前一样，李世民率领骑兵冲破敌阵，出现在敌人后方，前后夹击，结果窦建德军大败。窦建德自己也从战马上摔下来被生擒。这一战实在是痛快淋漓的大胜仗！敌方投降的五万士兵，全部就地释放归农。

李世民绑缚窦建德，带到洛阳城下，向王世充示威。洛阳方面完全被震慑，噤若寒蝉。王世充心灰意冷，打开城门投降。正如李世民的算计，唐军一举平定了河南、河北，将其纳入唐的地盘。窦建德和王世充被押送至长安，先后被处死。

唐已经占领陕西、山西、河南、河北，相当于统一了华北中原地区。就当时的形势而言，统一了华北，平定长江流域也就轻而易举。同时，因为也先后平定了四川、岭南，中国全境再次回归到统一政权的统治之下。

不管怎么说，在唐统一天下的过程中，功劳最大的都是高祖次子李世民。不过，李世民的哥哥李建成已经被册立为太子，他感到自己的地位受到威胁，与四弟李元吉联手对抗李世民，甚至到了爆发武装冲突的边缘。对此，父亲高祖优柔寡断，未能果断裁决。因为从名分上来说，始终应该守护皇太子的地位，但李世民多次领兵出征，战功赫赫，与军队建立了深厚的关系，且人物手腕与兄弟都有天壤之别。

终于，该来的还是来了。高祖即位的第九年，李世民先发制人，派尉迟敬德等人在皇宫的玄武门埋伏，偷袭并杀害了进宫觐见的长兄太子建成、四弟元吉。高祖不得已，只得默认此事，不久让位给李世民，自为太上皇。

李世民（598—649）即太宗，被誉为旷代明君，但必须说他杀害自己的兄弟是无法掩饰的污点。次年改元贞观，该年号使用了二十三年，直到他死去。在此期间，相对来说天下无事，国泰民安，史称"贞观之治"。

天子和宰相

太宗不仅武功卓著，同时也致力于文治。在开国创业的初期，最倚赖的是武功，接着进入守成的时代后，最需要的是文德，武功反而会成为政治的障碍。即使古来称为明君之人，兼备文武之德，随时灵活应对，也是至难之事，太宗也许是其中少数的合格者之一。

在内治方面，太宗采取的方针是通过完全透明公开的方式推进政治的运行。在政府部门设置了代表舆论向天子进言的官职——谏官，并尊重其地位。其中，魏征是太宗朝最为敢言直谏的谏官，垂范后世。魏征死后，太宗感叹魏征不啻为自己的一面镜子，亲自撰写碑文立碑予以表彰。

后来因为有人进谗言，太宗推倒了给魏征立的墓碑，随后外征大败。传说太宗感叹如果魏征还活着，断然不至于出现这种失误，于是再次树立原碑。

本来，在南北朝时期没有任何限制天子意志的制度。在南朝，天子和亲信的中书商量决定政策，决定后马上付诸实施。因此，发动战争也好，诛杀大臣也好，都是瞬间决定，立即执行。北朝则更为简单，大多数情况下甚至没有需要商量的中书。对天子来说，这样不费事的政策推行看似方便，而从全局来看反而贻害无穷。因为虽说是天子，如果反复出现大的失败，也难以保住帝位，最后的下场就是自己和家人都要遭受灭顶之灾。

在南朝，中书负责决定政策，尚书负责该政策的实施制度的逐步确立。与此同时，门下也得到发展。门下设置侍中、散骑常侍等职位，担任天子的顾问，必要时向天子进谏，实际上只是天子的亲信。这样清贵的职位，经常是由上流贵族充任。

唐制，中央政府置三省，其长官为宰相。中书省的长官是中书令，和天子共同负责制定政策。负责政策实施的部门是尚书省，其长官是尚书令，但一般不任命尚书令，而是由左右仆射统领六部，他们是行政的负责人。不过，颇具特色的是在中书省和尚书省之间置有门下省，其长官是侍中，中书决定的政策需要先经过门下的审议。

侍中之下置有谏议大夫，即为谏官，后来还增置了拾遗、补阙等官职。门下省另置给事中，即使中书拟定了天子的诏敕，给事中也有权驳回，即为"封驳"。

一言以蔽之，门下省是代表天下舆论的机构。当然，当时的舆论只不过是贵族社会小群体的舆论，但是，言论的依据正是儒家的精神。因此，并不只是代表贵族社会利益的利己主义立场，而是能够发挥具有普世价值的中国式正义的机能。

就这样，政府的政策制定不再由天子恣意决定，而是由中书决定，经过门下的审议后才正式生效，然后交付尚书省负责在全国贯彻实施。从政策的制定到实施需要耗费一定的时间，在此期间要接受舆论的审查。换言之，即使是天子，也必须经过一定的程序才能行使主权，同时，天子也与官僚共同分担责任。也就是说，天子的自由受到限制，同时也可以减少过失。唐王朝延续了在当时来看罕见的长期统治，这也是原因之一。

仅就这一点，也让人强烈感受到唐王朝新鲜的气息。但是，政治并非形式，而是实践运用。如果单从形式来看，类似唐的三省的政治机构在南北朝末期基本上已经成形，只不过未曾有效贯彻实施。

同样地，对太宗以后的唐王朝，也可以这样说。不管有多么好的制度，如果不付诸实践，也无济于事。在太宗死后，唐的政治开始出现倒退。正如暖春绝非瞬间来临，新的时代并不会突然出现，而是要经历一进一退的曲折反复后才会降临。

国威大振

　　唐在实现国内统一后，接下来要直面的问题是对外关系，尤其是应该如何调整与北方强敌突厥的外交。

　　北魏末期，突厥打败了曾经统治北方草原地区的柔然，继起称霸。趁中原分裂内乱之际，坐收渔翁之利，支援割据政权，强行索要财物。北魏分裂为东魏和西魏，进而又形成北齐和北周的对立后，两国都低声下气，竭尽所能地讨好突厥，无异于突厥的属国。不过，隋统一天下后，突厥的势力相形见绌，只得向隋称臣，前往朝觐。

　　隋时，突厥大致以阿尔泰山为界分裂为东、西两部，东突厥击败东北地区的契丹、室韦诸族，西突厥兼并中亚诸国，打败波斯萨珊王朝，令其朝贡。隋末大乱之际，东突厥的威力再次壮大，华北地区的割据群雄都尊突厥为君主，无不向突厥寻求武力援助。即使是唐王朝也不例外。唐从太原起兵举事，长驱直入，进入长安，也得到过突厥骑兵的支援。

　　因此，从高祖到太宗朝初期，东突厥的颉利可汗极其傲慢，视唐为属国。当进贡的要求得不到充分满足时，就屡屡出兵进逼长安。讽刺的是，突厥在中原志得意满，攫取大量的财物后，反过来助长了骄奢淫逸之风，传统的朴实风尚消亡，破坏了民族团结，酿成内讧。这可以说是上天的巧妙安排，掠夺和不劳而获绝不可能让人幸福。

　　突厥的北方有铁勒诸部，包括薛延陀、回纥等，苦于突厥屡次征调兵役和牧畜，愤而反抗，兴起叛乱。

　　太宗乘机派李靖、李世勣等将军攻打东突厥，俘虏颉利可汗而归，将他部下投降的人安排到长城沿线守卫国防（630 年）。

在西方，从十六国时代开始吐谷浑崛起于青海地区，逐渐强盛，太宗派遣李靖等讨伐吐谷浑，使其臣属于唐。

在吐谷浑的西南，则有西藏的祖先吐蕃。到了唐初，吐蕃一跃成为强国，因为入侵四川，唐派兵打败吐蕃。吐蕃畏惧，向唐请和，唐宗室之女文成公主下嫁吐蕃国王，立誓和亲。

吐蕃二字是 Tibet（"西藏"）的音译，国王号赞普。

当此之时，唐王朝国威大振，四邻诸国相继前来朝贡，也有很多君主亲自入朝谒见。他们奉太宗为"天可汗"，意思是居于可汗之上的天下共主。

对日本的影响

太宗死后，子高宗继位。高宗在位的三十五年间，丑恶的内乱连绵不断，充满耻辱，但对外方面，发扬国威，志得意满，是一个不可思议的时代。

在北方，东突厥被唐击败瓦解后，西突厥依然极其强盛，兼并了中亚的国家嚈哒，领土与印度接壤，威服波斯，开辟了与东罗马帝国的交通路线。西突厥不久也兴起内乱，沙钵罗可汗自立后，没有得到国人的支持。高宗派出将军苏定方等人，俘虏了沙钵罗可汗，押解长安。自此，突厥在西方的势力也走向衰亡，而突骑施族蒸蒸日上，继而葛逻禄族崛起，绵延至后世。这些都是突厥系统的民族。

高宗又出兵东北、朝鲜半岛。在高句丽、百济、新罗的所谓"三韩"之中，新罗所处位置交通最为不便，也最迟兴起。新罗不满西邻的百济阻碍自己与外界的交通，始终伺机西侵。唐高宗朝，新罗武烈王（654—661 年在位）向唐请求援军，与唐将苏定方一起攻灭百济。

当时，日本正值天智天皇时期（661—668 年摄政，668—671 年在位），送回了滞留在朝廷的百济王子扶余丰，谋求复兴百济，但日本的援军在战争中失利，复兴百济的计划以失败告终（663 年）。

高句丽位于新罗、百济的北边，领土范围涵盖东北地区东部至现在的朝鲜半岛北部，在三韩之中最为强大。唐在太宗朝曾经趁高句丽内乱出兵，遭遇顽强的抵抗，不得不无功而返。高宗时，高句丽再次出现内讧，唐派遣将军李勣围攻都城平壤，高句丽国王投降。至此高句丽灭亡，唐在平壤置安东都护府。

然而，新罗文武王（661—681 年在位）支持高句丽遗民叛乱，并平定了平壤以南的地区，因此，唐将都护府迁往辽东。不过，新罗依然向唐称臣，朝贡也未间断，并接受唐赐官爵，送子弟驻留唐都充当人质。

日本支援百济的计划失败后，担心唐的进犯，在西国构筑要塞，以防万一。幸运的是并没有发生过冲突。日本派出遣唐使，与唐缔结国交，引进唐的先进文化。日本从奈良朝到平安朝初期的古代文化深受唐文化的影响。

唐代的文化依然是中世贵族文化，其特长是品质的优秀。古代文化的弱点是偏向于追求数量的庞大，而疏于锤炼品质，东西方世界莫不如此。中世是分裂割据的时代，因此文化往往并不是集中于一地，而是分散于各处。于是，文化的担当者贵族们无论是在住宅还是衣食方面，都以追求品质的优秀为第一着眼点。结果反而因为安于形态上的小规模，贵族文化易于传播，日本也因此受益无穷。

与中国中世的唐代处在同一时期的日本，在日本史上则属于古代。但由于引进了唐代的先进文化，日本的贵族文化繁荣兴盛。日本与唐在地理上相距甚远，从唐来看，也许日本不过是偏远的乡下，但奈良朝的文化绝非土里土气的乡下文化。奈良朝的文化即使在规模上稍逊一筹，但在品质上肯定不会明显逊色于当时的长安文化。之所以说"肯定"，是因为中国本土的长安文化多已消亡，没有留存多少相关文物遗迹，难以还原长安文化的原貌。因此，无法通过比较长安文化与日本留存的实物，来讨论奈良朝文化的品质，只能推测如此。但是，贵族文化的特质是品质的卓越，若将奈良的法隆寺移建到长安城中心，将正仓院收藏的皇家宝物摆到唐王朝的宫殿，相信绝不会有丝毫逊色之处。这样想来，以千百年前的古物的原样留存下来的日本寺院和宝物，实在弥足珍贵，令人动容。在日本国内也存在同样的关系，比如平泉文化[1]和京都文化相比并不逊色。所谓的贵族文化正是具有此种性质之物。

则天武后

唐皇室自称出身于中国古代贵族陇西李氏，又追认春秋时代的老子李聃为祖先，其实都不是事实。可以确认的祖先是驻守在北魏前线基地武川镇的军人。在那里居住着为数众多的鲜卑、柔然等北方民族，即使本来是纯粹的汉人，也不知何时就已经鲜卑化。在这一点上，隋皇室的杨氏也一样，他们的行动不像汉人，而与北方民族毫无二致。

太宗死后，后宫中的美人武氏循例削发为尼，但被高宗看中，纳

---

[1] 平泉文化是指从 11 世纪末至 12 世纪末（平安时代后期），奥州藤原氏三代（清衡、基衡、秀衡）以平泉町为中心发展起来的佛教文化。平泉町位于日本东北六县之一岩手县南部，北上川流经全境。

则天武后
（庆长版《历代君臣图像》）

入后宫。这在汉人看来是伤风败俗的乱伦行为，却是北方民族中普遍存在的风俗。就算这样做没问题，但高宗甚至还打算废王皇后，另立武氏为皇后。毕竟废立之事非同小可，高宗担心引起非议，于是找宰相李勣商量。李勣痛感事情棘手，唯恐避之不及，便敷衍道："此乃陛下家事，不合问外人。"

在不想干涉他人家庭事务，或者不想被他人干涉家庭事务时，经常使用"家事"一词，并且总能达到预期效果。这个使用起来十分方便的词其实包含深厚的封建思想。

一般认为，封建制度是上层阶级和下层阶级矛盾对立的等级社会，但实际上仅此不足以成其为封建。在此基础上，它总是与尊重势力范围的精神并存。家庭是家庭，一族是一族，庄园是庄园，地方是地方，阶级是阶级，彼此形成排他性的势力范围，封建制度才得以确立。如果从大局着眼，采取整体优先的措施，封建制度就要崩溃瓦解。

中国中世时期，由于统一天子的存在，没有形成封建政治，但是封建思想却大行其道。此时的情况也一样，天子对于自己一家的地盘获得承认，相当满足。但是，与此同时，也带来了可怕的后果。

高宗生来就不聪明，而且体弱多病，患有头痛症，有时候甚至不能披览、裁决政务文件。于是，武后代高宗裁决政事，久而久之，皇后俨然形同天子。

就这样，皇后在一度尝到权力的滋味后，逐渐成为权力的俘虏，开始肆无忌惮地专政弄权。最初是曾经庇护过武后的前皇后王氏和竞争对手萧淑妃相继被杀。接着是前朝以来的大臣惨遭血腥清洗。著名的书法家、文人褚遂良和开国功臣、高宗母亲的兄长长孙无忌等被罢免流放，尤其是长孙无忌在流放地遇害。

继而武后的族人也遭受迫害。武后的两个哥哥被流放，并死于流放地，两个堂兄也被杀。受到高宗宠爱的侄女也被毒杀。至于皇室李氏一族，则遭到更为残忍

褚遂良
（明版《集古像赞》）

的镇压。这是因为其中有人洞察到武后有颠覆唐王朝的野心，多次策划政变，企图打倒武后。为此，除了武后的亲生儿子外，高祖、太宗的子孙基本上被诛杀殆尽。

不仅如此，武后甚至加害自己的亲生儿子。高宗的第一个皇太子李忠因为并非武后所生，被废后流放到边地，并在流放地被赐死。接着武后的亲生儿子李弘被册立为太子。李弘年纪渐长，批判母亲武后的所作所为，遭到武后的忌恨，风传他猝死是遭毒杀。随后被册立为太子的是李贤，也就是曾为《后汉书》作注的著名的"章怀太子"。李贤虽然被称为武后之子，但其实是武后姐姐的儿子。李贤知道真相后，不再顺从武后，因此也被废遇害。

最后被册立为太子的是武后之子李哲（又名李显）。高宗因病去世后，李哲即帝位，是为中宗。中宗的皇后韦氏似乎不如武后之意，中宗即位仅两个月就被废。武后继而改立中宗之弟李旦为天子，是为睿宗。

此时僧人怀义深受武后宠信，佛教大受尊信，后来僧人法明伪

造《大云经》进献武后。其中含有武后是救世主弥勒佛降生，应该取代唐成为天下之主的表述，为武后篡位称帝提供理论依据。武后以此为口实，废睿宗，登基称帝，新造"曌"字为自己的名字，改国号为周。在中国历史上，女性皇帝仅武则天一人，空前绝后。

堂堂大唐帝国竟被一介女流篡权夺位，从常识来看简直不可理喻。为什么会出现这种怪异的现象呢？根据宋代以后的近世思想根本无法理解，同时，以孔子、孟子的古代思想也难以说明。因为这毕竟是中世特有的历史现象。

权力的力学

中世是权力至上的时代。几乎所有人都是权力的崇拜者。不过，权力的掌握并不是一朝一夕之事。权力是要靠一步一个脚印逐步积累的。武后最开始也不过是后宫中的一个才人。她与王皇后斗争，并成功打倒王氏。

既然已经进入了不择手段进行权力斗争的世界，她除了用权力压制一切对手之外，别无他法。只要后退一步，马上就会身死人手。中世社会无所谓对话，也不存在妥协，只有你死我活、弱肉强食的残酷斗争而已。因此，无论是自己的兄弟，还是堂兄弟，哪怕只是稍微与自己存在对立和竞争的关系，就必须毫不留情地予以打击。

至于元老长孙无忌，出身于北周以来的名门望族，担任朝廷大臣达三十年之久，卓然国之柱石。如果武后在与长孙无忌的斗争中失败，且不说皇后的位置，就连性命也将不保。因此，武后动员手下所有的势力对付长孙无忌，最终漂亮地消灭了长孙无忌。而且，幸运的是，每一次权力斗争的胜利都会强化自己权力的宝座。

　　如果此事发生在后世舆论力量强大的时代，不择手段的权谋家会遭到来自四面八方的集体排斥，结果是自取灭亡，但中世是由完全不同的力学在起作用。武后自己恐怕最初也并没有预料到斗争会推进到极限，必须登上皇帝的宝座才能收手。

　　后世史家批判武后在私生活上的不检点和对对手的残酷迫害，也是情理中之事。但是，武后的政治本身并不能说特别糟糕。因为武后展开的权力斗争，发生在武后及其身边的特权阶级之间，与普通民众基本无关。而且，从大局来看，武后大开杀戒，对唐皇室和外戚数百人、大臣数百家的血腥清洗，也起到了整肃政界的积极效果。

　　本来一个王朝建立之际，有功之家族或功臣进入下一个时代后，会变成政治的麻烦制造者。他们成为最高的特权阶级，掌握权力，无视国法纲纪，榨取民脂民膏，扰乱政治秩序。因此，历史悠久的王朝往往在初期开展乍看起来残忍的血腥肃清，可以说是基于权力力学上的必然性。

　　在唐王朝，这样的血腥肃清就是经武后之手实施的。虽然并非是武后主观上为唐王朝的命运着想，深谋远虑，进行了肃清活动，但从结果来看，无法否定它有利于唐王朝的长远发展。

　　但是，斗争的最后赢家、掌握了至高无上权力的人也终究无法摆脱肉体的自然衰老。虽然可以通过张易之、张昌宗等俊美青年，寻求返老还童，但毕竟也有限度。武后听从亲自任命的宰相狄仁杰的意见，把中宗从边远的流放之地召回首都，指定为自己的继承人。

　　不过，开始的时候武后也以"家事"为由拒绝了狄仁杰的建议。狄仁杰则非常强硬地坚持："天子以四海为家，天下之事无非天子之家事。臣既为宰相，职在辅佐天子，未知天下何事不可置喙。"最后终于说服了武后。狄仁杰的这番话在当时来说是例外，却是与后世宋代以后普通的宰相地位相称的名言。

武后八十一岁时，张柬之任宰相。张柬之也已经八十岁，垂垂老矣。他寻思在老死之前要有一番大作为，于是孤注一掷，发动神龙政变。政变需要武装力量。因此，张柬之拉拢禁军羽林营的将军，首先到东宫迎接中宗到自己的阵营，后陪同中宗冲进皇宫。在走廊斩杀张昌宗、张易之两兄弟，逼迫武后传位于中宗。武后被幽禁在别宫，于当年岁暮去世。中国没有女性天子的前例，所以历史上不称她为皇帝，而习惯称"则天武后"。

府中派对宫中派

中宗复位，实现了唐王朝的光复，但是经过此前武后长达二十年的统治，唐王朝的性质也发生了巨大变化。在武后声势浩大的肃清运动下，旧势力遭到沉重打击，这意味着自北周以来的武川镇军阀宣告解体。随着旧势力的退潮，武后集结了新的官僚势力。

据说武后登基称帝时，百官和民众上奏劝进的达六万人以上，想来他们中的大多数人都是新兴阶级，有望取代旧势力跻身政界。不过，武后时代的新官僚分为两派：一派是以政府为中心的府中派，从狄仁杰到张柬之，再到唐休璟、宋璟，一脉相承；另一派是武后的亲信，应该可以称之为宫中派，以武后的侄子武三思及其子武崇训等人为核心。

中宗复位的神龙政变，当然是由府中派发起。按照常理，在幽禁武后的同时，也应将宫中派一网打尽。无奈武后是中宗的亲生母亲，武三思和中宗是表兄弟的关系，张柬之等人的政变只得草草收场。这也再次导致了重大后果。

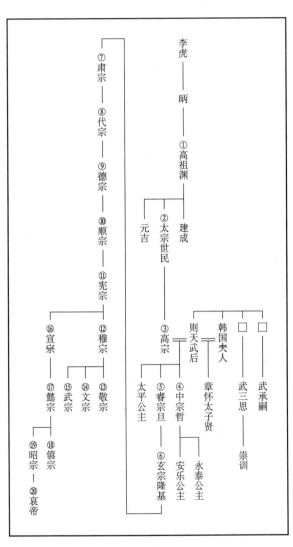

唐王朝世系图

　　复位的中宗是极其缺乏智慧的君主，经常受皇后韦氏的意见左右，恰如高宗与武后的关系。果然，韦皇后效仿武后的先例，逐步扩张权势，此时最有效的方法就是利用宫中派。于是，韦皇后与武氏一族实现了结盟。

　　当初在武后死后，张柬之轻视武后一族的存在，没有做好防备武三思的措施。府中派的官僚终于意识到事情的严重性，掀起抵制武三思的运动，但为时已晚。在武三思的谋划下，以张柬之为首的府中派领袖先是被贬谪到偏远的州做属官，继而被褫夺官职，最后被处以死刑。

　　皇太子李重俊目睹这一形势，忧心忡忡，于是发动景龙政变。他偷袭武三思的宅邸，杀死武三思，进而企图冲进皇宫，但被韦后一方的禁军打败，最后被杀。从此天子中宗对韦皇后产生戒心，韦后遂先发制人毒死丈夫中宗，让十六岁的皇子继位，自己临朝摄政。

　　天子禁军羽林营也渗透了韦氏的势力，但同时也有反对派。动员反对派的是李隆基，他是曾经一度登上帝位的睿宗的儿子。李隆基等人先是冲入羽林营斩杀韦氏派的军官，再率领全军闯入皇宫，将韦皇后及其党羽斩尽杀绝。睿宗复天子之位，册立李隆基为皇太子。三年后，皇太子李隆基即天子位，是为玄宗。

脱胎换骨的皇室

　　玄宗在位四十五年，前三十年年号"开元"，[1] 国内几乎无事可记。

---

[1] 712—713年（12月），李隆基用年号"先天"。713年12月，李隆基改元"开元"，该年号一直用到741年（开元二十九年）。

之所以这么说，是因为天下太平，政
通人和。原因之一便是良好的环境。
经过武后的大清洗运动，基本上消灭
了妨碍统治的旧势力，其中包括以武
川镇以来的军阀——以皇室李氏一族
为首的开国功臣、门阀大族等。

唐玄宗
（庆长版《历代君臣图像》）

　　加之，现在又彻底铲除了以宫中
为大本营的武后、韦后一族及其同党。
唐王朝脱胎换骨，焕然一新。同时，
曾经的腐败之风也得到有效遏制。如此便于施政的良好条件，可谓绝
无仅有。

　　因此，相对于太宗的"贞观之治"，玄宗的治世被称为"开元
之治"。

　　开元时代的繁荣也与对外关系的好转不无关系。从太宗征服四夷
开始，在唐的前线重地设置六都护府统治游牧民族，前述安东都护府
即为其一。从高宗末期开始，都护府的威势转弱，因此，玄宗进而设
置了强有力的节度使，统揽数州兵马财政大权，数目达到十个之多，
再次扬国威于四方。

　　当时，高句丽的遗民在东北的东部新建立了渤海国，并经由日本
海与日本进行频繁的交往。在其西边的辽水以西，蒙古系统的契丹终
于日渐强大，但还未能称霸；在蒙古大漠，东突厥的势力一时复兴，
经过毗伽可汗、阙特勤等的统治走向强盛，但回纥等的抵抗也相当顽
强，没有能够重现昔日繁荣的局面。

　　散处在天山南路的绿洲国家大都归顺于唐，成为唐的朝贡国。在
其西方，曾经兴盛一时的波斯萨珊王朝，在唐初高宗之时，被从阿拉

伯半岛崛起的新兴国家萨拉森帝国消灭。此后，萨拉森的势力沿着丝绸之路向东延伸。历史上称萨拉森为"大食"，在伊斯兰教最初四位正统哈里发执政结束后开启了世袭制的倭马亚王朝（661—750）被称为"白衣大食"，代之而起的阿拔斯王朝（750—1258）被称为"黑衣大食"。

萨拉森帝国由穆罕默德创立，信奉伊斯兰教，强迫被征服地区的人们改变宗教信仰。因此，波斯萨珊王朝的贵族、富豪们沿着丝绸之路向东逃亡，最后到达中国，定居下来。历史上称他们为波斯。

其实波斯人及波斯系统的中亚人移居中国并非始于此时，而是从北魏、隋的时代就已经在一定程度上出现了移居的动向。他们大多是知识阶层的商人，很快就被中国人同化，以商业资本家的身份活跃于中国的舞台上。中国经济界因此受到强烈的刺激，尤其是动产资本的勃兴十分显著。

进入唐代后，中国的工艺和技术都有进步，已经不亚于西亚。比如，陶器的釉药和玻璃的技术原本引自西亚，而到了唐代，唐三彩反过来对西亚的制陶工艺产生影响。因此，唐代在东西贸易方面并不总是处于贸易逆差，贸易的兴盛刺激了长期处于停滞状态的国内产业，经济出现复苏的迹象。

最能够代表经济界实际情形的是货币。汉代的五铢钱经三国南北朝到隋代，依然保持着标准货币的地位，但南北朝实际使用的五铢钱经过了多次改铸后又薄又小，甚至被嘲讽扔进水中也只能浮于水面不会下沉，实在惨不忍睹。这是由于社会经济不景气，资金短缺，人民擅自实行了一种平价贬值。

本来政府为了确立货币制度，也铸造过优质的铜钱，北魏发行了永安五铢钱，隋代发行了小五铢钱，但是质量都不如汉代的五铢钱，而且似乎都被质量更差的劣币驱逐。

然而，唐初发行的"开通元宝"钱在后世很长一段时间都被作为标准货币的范本。不过，开通元宝钱也是要等到玄宗时代大量发行后，才得以确立其地位。另外，该钱文在后世读作"开元通宝"，认为是取自玄宗的年号"开元"，其实并非如此，只是偶然的巧合而已。虽然在唐代还铸造了其他钱文的铜钱，但在有唐一代，开通元宝是法定的本位货币，继而发展出五代的周通元宝、宋初的宋通元宝。现在日本也保存着大量的开通元宝钱，古董交易的价格低廉到让人不觉得这是一千年以前的古物。

在南北朝时期，因为货币丧失了权威，金、银、布帛成为交换的媒介。如果是铜的话，不说几钱，而是以重量（铜一斤）为单位。这种做法在唐代还有残留的痕迹，比如，唐律的条文中可以看到赎罪时需要"铜几斤"，赃物则用"绢几匹"估值。到了玄宗朝，法定的本位货币恢复了权威，表明经济界的安定和商业贸易的繁荣。

律令制度

唐的根本法典是继承自南北朝的律令，律相当于刑法，令相当于行政法，因而称唐为律令国家。奈良、平安朝日本引进唐的律令，并根据日本的实际国情做出相应调整，也称为律令国家。如果仅仅只是这样，并无任何异议。但是，以"律令国家"的名义而将两者置于同一发展阶段的话，不得不说是巨大的误判。

奈良、平安朝时代的日本是古代帝国，为了确立古代帝国引进了中国的制度。不过，当时的中国是中世，而且是中世的没落期。尤其是玄宗朝是律令最为完备的时期，但完备实际上也就意味着没落的开始。正因为如此，在中、日两国之间存在历史发展阶段上的时间差。说实话，当时的文化交流完全是先进的中国文化单向输出到日本，而基本上没有出现过日本文化传播到中国的情况。因此，伴随着中国的律令制度的引进，中国的贵族制度对日本产生过何种影响，值得研究。但是，由于当时的日本是古代社会，进而推测同时期的中国也是古代社会，这种观点毫无意义。

唐代是中世时期的证据，在土地制度和租税制度上体现得最为明显。首先，从税制上，当时的人民分为税户和课户。税户是指只需要缴纳户税和地税的家庭，其中户税根据财产多少分为九等缴纳，地税根据所有的田亩数量缴纳。户税纳钱，地税纳谷物。税户包括高官厚禄者的家庭、没有得到政府分配的土地的家庭，以及虽然得到政府分配的土地但没有成年男丁的家庭等。

课户是得到政府分配土地并拥有成年男丁的家庭，每一男丁的受田标准是永业田 20 亩、口分田 80 亩。即使分配到的实际土地没有达到这个标准，每年也向每个男丁课征 2 石（约 100 升）粟的租、20 天力役的庸和 2 丈（约 6 米）绢的调。该义务称"课役"，但贯穿这三种义务的根本是力役，租和调各自都可以换算成 15 天的力役。全部换算成课力役的话，就是共计 50 天的力役。

不过，力役是高强度的劳动，除此之外还要课征轻度劳动的杂徭。轻度劳动的两日相当于高强度劳动的一日。杂徭的课征方法极其特殊，在地方政府需要的时候，可以无偿役使成年男子最多 39 天，但如果超过 40 天就必须给予某种形式的补偿。

欧洲中世纪的特色是农奴制，农奴制其实就是徭役制。唐朝的均田制从根本上来说是具有代表性的徭役制。然而，其中一半以上都已经变成租和调，改为缴纳实物。剩下的 20 天力役，当时的实际情况是基本上也以绢代纳。也就是说，徭役制是原则，但事实上已经完全变形，成为实物缴纳制。

就这样，政府可以向课户征收谷物和绢，但随着货币经济的盛行，现在最想要的是铜钱。因此，需要想出新的办法。

租、庸都换算成力役，再加上原本的 20 天力役，共计课以 50 天力役，50 天力役换算成杂徭是 100 天，再加上原来可以无偿征调的杂徭日数的上限 39 天，总数是 139 天——政府可以这样役使成年男丁。另有和杂徭同等价值的义务劳动番役，这是在政府部门轮班跑腿的劳役，而杂徭向番役转换。因为番役以一个月为单位，杂徭 139 天舍去零头转变成番役整四个月。但是，人民对于每三个月服一个月番役感到苦恼，因此交钱免除番役，叫作"资课"。

不过，资课的计算再次回到根本原则——成年男丁本来的义务 50 天的力役，一天工资以 50 文钱计算，一年征收 2500 文钱。虽然是很绕弯子的计算方法，但与轻度劳动的番役 120 天相比，还是这一方法更为理想。于是，政府官吏就以这种方式巧取豪夺民众手中的铜钱。

但是，政府需要驻扎军队，而且在交通不便的地方，粮食最为重要。在此情况下，不管如何实行均田法，都无法征收到更多的粮食。因此，政府设计出替换均田法的新田法，也就是屯田法。

吐鲁番文书之谜

进入 20 世纪以来，英、法、德、日等国的探险家获取了新疆和敦煌保存的以唐代为中心的大量古文书，其中也夹杂着户籍，尤其以玄宗朝的户籍居多。

我们根据这些古文书，也可以了解当时均田法实施的具体情形。

在此假定有一个成年男丁的家庭，分配到永业田 15 亩，口分田 60
亩，其户籍上大致写着：

> 应受田一〇〇亩，永业一五亩、（口分）六〇亩已受，其二五亩
> 未受。

"应受"是应当得到的权利，"已受"是实际已经得到的部分，
"未受"意味着还未分配，一目了然。

然而，在与敦煌相隔稍远的吐鲁番地区发现的文书却与此大异其
趣。首先，没有"永业"的字样。如果全部都是永业田，那就可以传
给子孙后代，没有必要再进行重新分配，显然这里的是政府频繁拿来
再分配的口分田。在表示不足额时，没有使用常用的"未受"一词，
而用另一词"欠田"。同时，分配的额度也极少。但是，不管分配的
额度实际究竟多少，本来都可以在上述的格式中记载写明，但这里
却采用了完全不同的形式。

这不仅是实际的分配额度少的问题，分配额度的标准也与均田法全
然不同。至于说是什么标准，其实就是每人分配 10 亩田。不过，其中
的 5 亩叫"常田"，是每年可以耕作的田，剩下的 5 亩叫"部田"——
每两年可以耕种一次的田称二易，二易 10 亩相当于常田 5 亩；每三年
可以耕种一次的称三易，三易 15 亩相当于常田 5 亩。如下表所示：

条目	常田	部田	合计	备注
每丁分配额（1）	5 亩	二易田 10 亩	15 亩	二易田和三
每丁分配额（2）	5 亩	三易田 15 亩	20 亩	田可自由组合
常田换算	5 亩	相当于常田 5 亩	10 亩	

成年男丁一人分配常田 10 亩，这是均田法无论如何也无法计算出来的分配额度。某学者根据唐令规定地狭人稠的狭乡只分配规定额的一半的土地，认为这里是分配永业田 20 亩的一半，所以是 10 亩。但是，唐令的条文"半额"应该理解为永业田与口分田之和的半额，哪里都没有只分配永业田的半额的记载。而且，因为这是作为再分配对象的口分田，如果按照均田法的规定，必须是 80 亩的一半 40 亩。虽然也有人认为，不同的地方，法规也会变样，但那简直就是无视法律。

显然，这一土地法并非均田法。形式不同，实质不同，用语不同。《论语》有云"觚不觚，觚哉"，三角帽如果没有尖顶，还能叫作三角帽吗？

那么，这到底是什么土地法呢？答案是屯田法。为了给军队提供粮食，玄宗朝实行了屯田法。一人授田 10 亩正是屯田法。

屯田的做法有很大的灵活性，从军人耕种到由人民佃耕官田，形态多种多样。在此情况下，人民有义务以谷物缴纳相当于均田法的租庸调的地租，称为"地子"，似乎是与受田面积成比例征收。当然，相比均田法，这种方法有望征收到更多谷物。可以说，屯田法是均田法崩溃、两税法出现之前产生的一个过渡性的土地法。

中世最后的余晖

玄宗在位的四十五年，除了晚年的一两年外，是中国历史上稀有的和平时代，呈现了中世最后的繁荣。与北方民族的战祸也基本没有延及内地，任何时代都常有的内乱，也罕见地没有发生。

唐与在西亚崛起的萨拉森帝国之间的贸易繁荣兴盛，从西亚经陆路到长安、洛阳的交通路线，通过大运河可以抵达扬州，从扬州出海，经泉州、广州，抵南海，从印度洋再到西亚的波斯湾，形成了世界性的循环交通路线。

进入唐代以后，隋代开通的大运河在国内进一步发挥了重要作用，将长江流域丰富的农产品输送至北方，满足了都市居民和军队的生活需要。

因此，废除了让农民困苦的府兵制，改行佣兵制，农民可以安心在乡里从事生产。而且，由于连年丰收，到玄宗晚年，米一石、绢一匹的售价便宜到 200 文钱。

当时的米一升相当于现在的半升，但只值二文钱，实在是太廉价了。都市居民倒无所谓，农民必定感到十分苦恼。也许他们在农村交不起税，所以逃税聚集到都市。

因此，人口也出现显著增长。下表统计了从玄宗即位的第十五年开始到退位的前两年为止的人口数据。

年份	户数	人口
726 年	7069565	41419712
740 年	8412871	48143609
754 年	9619254	52880488

其实这一统计似乎还有大的遗漏。因为最后的人口数字还不及汉代的水平。但是，通过每十四年进行一次的国情调查，可以看出人口增长的趋势。不过，另一方面，毫无疑问，它同时引发了棘手的社会问题。

但是，物价低廉，商品丰富，且劳动力过剩，足以让都市走向繁荣。尤其是俸禄的一部分以金钱发放的官僚，生活无比幸福。一品官每月 24 贯文自不待言，即使最下级的九品官每月也有 1900 文，与前述米价一升二文钱相比，应该非常耐用。处于官僚阶层之上的皇室，更不必为生计发愁。

玄宗在即位初期，把奢侈品堆积到宫殿前烧毁，为人民树立了节俭的典范，但是，在位日久，财富日益增加，不知不觉间变得游手好闲，沦为比隋炀炀帝更加骄奢淫逸的庸主。

玄宗开始宠爱后宫武氏，武氏死后，没有人能够讨玄宗的欢心。最后将自己儿子的妻子纳入后宫，此人就是以能歌善舞闻名的杨贵妃。自此，杨贵妃得到无上的宠爱，她的同族也鸡犬升天，尽享高官厚禄，尤其是族兄杨国忠掌管财政，以榨取民脂民膏为能事，并进贡给天子，天子乐得沉溺于享乐。

杨贵妃被誉为绝代佳人，浑身焕发着迷人的肉体之美，玄宗经常携她一起行幸东郊骊山的温泉宫。对此，白居易在《长恨歌》中歌咏道："温泉水滑洗凝脂。"诗在中国艺术中的比重大致相当于绘画在西方艺术中的比重，而礼赞美人的西方画家安格尔（1780—1867）挥洒妙笔是在晚于白居易一千余年后的 19 世纪。

太平梦碎

玄宗在位晚年的十五年间，年号"天宝"。唐王朝表面上依然洋溢着太平盛世的气氛，但在社会的深层，莫名的不安正不断蔓延。与此同时，非汉族的行动日渐活跃。在北方大漠，回纥打败了突厥，吞并了突厥的全部领土（745 年）。在西藏，吐蕃走向强盛。在云南，南诏蔚为大国。

在西亚，萨拉森人的倭马亚王朝倒台（750 年），阿拔斯王朝继起。阿拔斯王朝的前线直接对新疆境内唐的属国施压。出身高句丽的唐朝将军高仙芝率领七万五千人的大军前往作战，大败逃归，部下几乎全部沦为敌军的俘虏（751 年）。中国的造纸术就是通过这些俘虏传播到西亚。此事象征着中国的工艺技术的水准取得了长足的进步，与西亚相比毫不逊色。

四年后，以现在的北京为根据地的大军阀安禄山起兵造反。他出身"胡人"，无疑是外族人，也有人认为他的名字安禄山是"亚历山大"（Aleksandr）的音译。总之，他只是靠一味地阿谀奉承讨好玄宗和贿赂天子的亲信，开辟了出人头地之路，最后兼任三镇节度使，手握强大的兵马大权。

赏罚不明、由贿赂决定人事的腐败的唐朝政治，让安禄山产生了轻蔑唐的想法，认为唐容易对付。他作为武人，已经位极人臣，没有再进一步的余地，因此转而起兵叛乱，调动精锐骑兵企图一举攻占洛阳、长安（755 年）。

安禄山的部下是蕃将、蕃兵，大多出身于西方波斯系统和北方游牧民族，对普通人毫不留情。四十年太平梦碎，中原一带化为罗刹般的军队疯狂杀人的修罗场。受害尤其严重的是繁荣的大都市。洛阳顷刻之间陷落，贼军继而逼近长安，玄宗仓皇狼狈地向西边的蜀地逃跑，都城失守。途中扈从的军士问责杨国忠、杨贵妃的误国之罪，逼迫玄宗斩杀杨国忠，缢死杨贵妃。

驻扎在甘肃灵州的朔方军节度使郭子仪是一代名将。他迎立玄宗的太子即位，是为肃宗，同时玄宗成了太上皇，权力被架空。因为在赏罚颠倒的玄宗统治下，没有哪个将士会全力以赴投入战事。郭子仪与契丹出身的将军李光弼同心协力，借助回纥的援兵，打败安禄山的叛军，逐渐收复失地。

　　安禄山的忘恩负义很快就由他的儿子报复到他自己头上。长子安庆绪担心妾母所生的弟弟会抢夺继承权，于是杀父自立。但是，这种内斗直接导致了战败。肃宗的先锋部队大破贼军，夺回长安，进而也光复了洛阳。

　　安庆绪部下的将领史思明在与官军作战中取得胜利，乘势杀害安庆绪，并收编他的军队。然而，史思明也被他的长子史朝义所杀。理由也是史思明溺爱幼子，让作为长子的史朝义感到了威胁。令人不可思议的是，对外强悍的叛乱领袖，内部也存在这样致命的弱点，但只要仔细琢磨，也许两者是同一事物的正反两面。因为唐和叛军都有各自的问题。

　　在肃宗的朝廷，张皇后和宦官李辅国得势，相互角力。太上皇玄宗驾崩时，肃宗也病重在身。张皇后欲召皇太子杀害李辅国，但李辅国抢先一步幽禁皇后，待肃宗死后杀死皇后，立皇太子为天子，是为代宗（762年）。武、韦之乱以降，一时绝迹的宫中势力再度沉渣泛起，此时的中心力量不再是外戚，而变为宦官。

　　如果官军和贼军双方都有相似弱点的话，站在正义一边的官军更加强大。唐军与回纥一起讨伐史朝义，大破贼军。贼军李怀仙叛变，杀死史朝义后投诚。至此，终于平定了长达九年的安史之乱（763年）。

　　虽然平定了战乱，但天下荒废已久，令人触目惊心。第二年的户口统计显示：

　　　　　　户数　　2933125
　　　　　　人口　　16920388

　　这组数字还不到十年前的三分之一。但是，也不是真的死了那么多人。这是因为都市受到严重破坏，人民逃往了农村，而当时没有对农村户口进行充分调查。

　　此外，还因为史朝义虽然被杀，但其旧部的贼将大都归顺朝廷，担任地方军职，而且依然保持半独立的态势，没有上报管辖区内的户口调查情况。地方藩镇，即节度使中独立倾向最明显的是卢龙李怀仙、魏博田承嗣、成德李宝臣；因为他们都盘踞在河北，故称"河北三镇"。

走向财政国家

经历了安史之乱的大动荡，如果是一般的王朝，过不了多久就会
灭亡。不过，虽然唐王朝遭受巨大的打击，陷入了半身不遂的状态，
但同时也延续着命脉，此后还维持了一百五十年的统治。究其原因，
就在于唐王朝已经蜕变转型为财政国家。

此前的王朝基本上都是武力国家，通过武力维持政权统治。与此
相反，所谓财政国家，是指把财政放在首位的国家。财政国家利用一
切手段首先确保财源，充实财政收入。需要武力的时候，通过金钱购
买即可。这是与当时只要拥有金钱就能做成任何事情的世道相应出现
的新式国家。

也许我们可以从西亚的国家找到它的模型。萨拉森帝国等已经采取了财政国家的形态。而且，随着国家的蜕变转型，全国的都市也发生变化，极具近世特点的工商业都市开始兴起。

唐转型成这样的财政国家，第五琦、刘晏、杨炎等财政官僚的贡献最大。此前安禄山叛乱之际，被贼军攻陷都城的肃宗，虽然依靠回纥的援军挽回颓势，光复长安和洛阳，但必须向回纥支付巨额的报酬。因此，第五琦迫不得已想出的办法是实施盐的专卖，课征高额的消费税。原价10钱的盐，课征100钱的税，以110钱的价格出售，而到唐末则超过300钱。这就是直到民国初年为止，持续困扰中国人民的盐专卖制度的起源。继任的财政负责人刘晏改革完善了盐的专卖法——榷盐法。他最开始接手食盐专卖制度时，年收入只有40万贯，到代宗（762—779年在位）末年，已经达到600万贯。据说该收入占政府全部收入的一半。

进入代宗之子德宗时代，财政专家杨炎废除租庸调法，改行两税法（780年）。本来均田法产生于广袤而生产力低下的北方大地，具有奖励耕种富余土地的意义。因此，当出现人口增长、土地不足的情况时，对政府而言，均田法就成了不方便的土地法。

杨炎的两税法承认现时农民耕作的土地所有权，根据土地的面积和生产力分夏秋两次以金钱征税。要上税，首先政府就要制定年度预算，并按照预算公平征税。这是极具划时代意义的新法。

但是，一旦实施后，因为当时通货的绝对量不足，无法全额都用货币纳税，不得不用谷物和布帛等实物折纳。同时，当时的财政并没有达到每年制定预算的发达程度，一次确定税额后就固定下来，回到了政府按照收入安排支出的传统做法。于是，预算不足的时候，政府就违背原来的宗旨，加征附加税，或者创设新的税种。新的税种有房屋税、酒税、茶税等，财政官僚竭尽全力挖掘所有财源。

　　但是，也正因为如此，衰落的唐王朝才得以用金钱解决屡次遭遇的困境。需要武力的时候，总是靠回纥的支援，有时甚至利用吐蕃的势力。而为了讨好他们的欢心，天子的女儿以和蕃公主的身份下嫁给番邦的君主。所谓"和蕃公主"，是带着巨额陪嫁金安抚番人之心的公主。

　　唐王朝可以采用这种新政策，是因为旧武川镇军阀的势力一扫而尽，可以自由录用新的人才。战后日本的状况也与此相似。战败投降后，吉田茂首相在艰难时局中起用财政官僚，创建了财政国家，而非文化国家。国防任人摆布，文化由文化界自食其力。幸运的是，只要有食物，无论如何都会有愿意劳动的人民。即便如此，如果明治以来的军阀和贵族势力残存下来并横加干涉的话，经济根本无法复兴到如今的地步。

盐和人民

　　唐代创始的诸种专卖法在以后的历朝历代时有变更，但始终一贯、未曾变化的只有盐法。这是让人民花高价钱买盐吃的政治。本来人们认为间接税是恶税。因为不分富人、穷人，都一样平等负担税金。但是，另一方面，必须考虑实际的状况，户口的调查并不确切，而且越是大地主越会利用地主的威势图谋逃税，这一部分税自然会转嫁给小农和诚实的人。在这种情况下，无论如何，只就无论贫富同样课税这一点而言，盐税是公平的。加之，还有容易征收、不遗漏的优点。

　　不过，任何事情有优点就会有缺点。盐法的最大缺点是容易诱发走私。实际上，人民难以承受以原价 30 倍的高价被迫购买政府出售的官盐。盐是生活的必需品，而且也没有替代品。走私商贩抓住这一点，躲过政府的监管，从产盐地运出盐，即使以原价的 20 倍出售，对买方而言，也比购买官盐便宜了 10 倍的价钱。走私的盐——"私盐"在各处都受到人们的欢迎。

如果放任走私行为，政府的官盐就会滞销，无法获得预期收入。因此，盐专卖最重要的是强化取缔走私行为所需的警察的力量。讽刺的是，这是非常耗费金钱的事务，为此必须提高盐价才合算。然而，盐价越高，走私便越有利可图，结果等于鼓励走私。就这样，盐的专卖陷入了转圈子的无解的循环中。

政府对走私商贩处以严厉的刑罚。其实，涉足生活必需品的盐的走私交易罪，在道义上并不是什么大不了的事情，但是，为了维护专卖法这一政府的利益，在法外制定了重刑。因此，曾经的刑法——律已经不适应时代的发展。本来律是儒家精神的体现，是将经书内容法制化的产物。走私交易只是对应于"不应为"——不可以做的事情——的条目而已。

不过，制定监管盐的法律，也因此变成与创造一部法典一般复杂。因为走私商人为了自卫，秘密结社，对抗政府警察的镇压，所以必须考虑到各种可能的情况，制定烦琐的处罚方法。因此，中国传统的道义国家的理想消亡，沦落为警察国家。

这同时表明，中国社会已发展成为一个非常复杂的结构。中国已经不再是简单的农业国家。中国以大运河、长江为大动脉，实现了物资和人员的频繁流动，就连地方的基层都卷入到交换经济的大潮之中。现在的政治必须以这些流动的物资和人员为对象。这就要求政治本身必须拥有复杂的机构来实行动态的应对和管理。研究出这种新型政治组织的就是刘晏。

在这种流动的政治的对象中，滋生了反政府的势力——秘密结社。这本来是走私商人害怕政府的追究，为了强化同伙之间的团结而建立的组织。因为彼此是以利益为纽带的结合，这种团结迅速扩大到全国。一旦有机可乘，就会演变成造反、暴动等非常事态，甚至后来屡次发展为改朝换代的运动。

中国社会农业人口占压倒性多数，因此可以称为农业社会。这与人一样，人的身体大部分由肌肉组成，"肉体"一词很好地传达了这一点。同时，根据肌肉的状态，甚至可以了解到一个人的健康状态，所以肌肉的重要性毋庸置疑。但是，在生病的阶段，情况就不同。肌肉是最不容易产生病变的部分，即使产生也只是局部性的病变。因此，几乎没有听说由于肌肉的病变而死亡的病例。因此，并不存在肌肉科的医生。专门治疗肌肉的是按摩，但按摩师不能称作医生。

在中国历史上，农村坚实的时代大致可以说整体的社会状态也足够坚实。但是，基本上没有出现过农村问题直接关系到王朝的生死存亡的事例。农民运动、农民起义总是发生并终结于局部地区。当他们与全国性的秘密结社联合的时候，才形成巨大的势力，但其时已不再是农民运动，病根已经转移到循环系统。然而，在日本学界，只要有造反就说是农民运动，只要王朝灭亡就归因于农民起义，喜欢什么问题都勉强与农村联系。肌肉科的医学泛滥成灾。

受到萨拉森帝国的影响，在欧洲中世纪盐的专卖也普遍流行。在法国，直到大革命才废止令人民苦不堪言的盐专卖制度。据说法语盐税 *Gabelle* 一词来源于阿拉伯语。

党争时代

德宗之后，顺宗、宪宗、穆宗、敬宗四朝父子相继，敬宗死后由弟弟文宗，其次是弟弟武宗兄弟相继。德宗之子顺宗在位不足一年，但接下来自宪宗至其孙武宗的三世五帝的四十年间，朝廷官员之间发生激烈的党派之争，他们罔顾国家大政，始终只为一党一派的利益和战略服务。

宪宗朝，李吉甫担任宰相，而在制科这一非常规考试中，进士牛僧孺和李宗闵在答卷中抨击时政，贬低宰相的作为，以优秀的成绩顺利通过了考试。李吉甫大怒，贬谪负责的考官，该考官也是科举出身的进士。虽然从唐初就开始沿隋制实行科举考试，但在初期并未受到重视。因为唐初依然盛行贵族主义，达官显贵的子弟通过任子制度，由父亲保举推荐获得任用，在政界反而更为得势。不过，安史之乱后，社会发生剧变，贵族主义衰落，通过科举考试凭借自身实力登上政坛的进士，受到世人的尊敬。

因为科举和制科是学力考试，所以考官也由科举出身之人担任。因此，通过科举考试，考官和考试合格的考生之间结成师徒党羽，他们以自己的教养学识自负，卖弄精英意识。而任子出身的官员，以父亲的权势为荣，同样炫耀精英意识，与进士出身的官员对抗。因为是精英与精英的冲突，所以丝毫没有妥协的余地。而且，因为双方都有相应的自卑感，所以更加无法收拾。

牛僧孺和李宗闵好不容易通过了隆重的制科考试，虽然短暂地被撵到地方遭到冷遇，不过逐渐崭露头角，东山再起，回到中央。概而言之，科举出身的进士大多具备出色的个人才能，因而随

唐宪宗
（庆长版《历代君臣图像》）

着时代的推移，进士派的势力不断发展壮大。牛、李二人也被推举为进士派的领袖。

另一方面，李吉甫的儿子李德裕按照当时老派贵族的惯例，在家里学习，掌握了丰富的知识和深厚的教养，故意不应科举，而是通过任子跻身政界。穆宗朝，李德裕在天子倚重的翰林院供职，趁着李宗闵卷入科场舞弊案，将李宗闵逐出中央政府，为父亲报了一箭之仇。结果李宗闵对李德裕怀恨在心。其时进士出身的李逢吉拜相，把李德裕打发到地方，引荐牛僧孺为宰相，结为朋党。此后长期在地方沉沦下僚的李德裕对李逢吉、牛僧孺恨之入骨。

李逢吉和牛僧孺在敬宗朝相继被罢，在接下来的文宗朝，李德裕通过活动，得到了老宰相裴度的支持，眼看就要拜相，没想到反对派的李宗闵捷足先登，抢先拜相。李宗闵引荐同党牛僧孺为宰相，相互合作，进一步打压李德裕一派。不过，牛僧孺由于在外交上的失败去职后，李德裕又被召入朝拜相，李宗闵则被贬到地方。然后，李德裕因为得罪天子被罢相，而李宗闵卷土重来。

这样的党争并不只是领袖数人之间反目成仇，他们的党羽也紧随其后，相互排挤。文宗叹息道：地方军阀的反抗不难对付，中央的党争却实在束手无策。于是，为了平息党争，文宗罢免了李宗闵，起用了党派色彩较淡的官员。

然而，文宗的弟弟武宗继位后，再次召李德裕入朝为相。武宗一代，李德裕把控朝政，李宗闵、牛僧孺被免官削爵，流放到边地。

唐武宗
（明版《集古像赞》）

　　不过，武宗的叔父宣宗继位后，形势又发生了变化。李德裕突然被罢相，贬谪到边地为官。被流放边地的李宗闵、牛僧孺重回内地，但未能再次重掌枢机。

　　就这样，持续了四十年之久的党争总算得以平息。从全局来看，任子和进士之间的党争以进士一方的胜利告终。进士受到世人的重视，在政坛占有一席之地后，达官显贵的子弟们也争相应举，因为已经进入了只靠祖先的权势无法出人头地的时代。

傀儡天子

　　在朝廷党争的背后，宫中宦官的势力日益壮大。宦官本质上是寄生于皇室的奴隶。然而，正因为是奴隶，反而对天子拥有强大的发言权。

　　在唐代，宫中所发生的事情乃天子一家之家事，通常宰相都尽量不加干涉。然而，因为奴隶的存在是为了帮助料理家事，所以即使以向天子尽忠为借口进言，大臣也不能阻止。本来奴隶几乎没有人格，同时也毫无责任心。如果天子采纳了奴隶的进言，全部责任都要由天子承担，而天子总是想听身边宦官的进言。

　　武、韦之乱后，在浴火重生的唐王朝，从玄宗一代开始，宦官就已经在宫中建立起牢固的势力，高力士等宦官也开始对政治产生影响。代宗、德宗朝实行新的财政政策，以赏赐为诱饵操纵军队，派遣宦官作为监军深入军队调查战功，由此逐渐产生了宦官干涉战术、战略的弊端。而且，天子的禁军神策军也处于宦官的监督下，宦官的发言权愈加强大。

　　代宗即位也得到了宦官的大力支持。代宗的曾孙宪宗希冀长生不老，过量服用丹药，经常精神错乱，发怒不止，亲手杀死近臣。在位第十五年的宪宗暴毙，传闻都认为他是遭宦官毒杀而亡。但是，如果宦官合谋隐瞒的话，宫中的事情就只是天子一家的家事，朝廷大臣无法查明事实真相。从这时开始，朝廷大臣之间的党争激化。两派相互指责对方与宦官勾结，但其实双方都干着相同的勾当。

宪宗的继任者穆宗也因过量服用不死丹药而早死。接下来的敬宗为宦官所杀，但处死暗杀者，并拥立敬宗的弟弟文宗即位的也是宦官。然而，文宗非常憎恶宦官的专横跋扈，与大臣商议诛杀宦官中的当权派，不过事情败露后，同谋的大臣们反而全部惨遭杀害。这一事件导致宦官的势力更加强大。文宗快快不乐，临终之际立兄敬宗之子为太子，打算让他继承帝位。宦官却趁天子病重，招来文宗的弟弟，让他在文宗死后继位，是为武宗。原来的太子及其母亲都遭杀害。

武宗以灭佛而闻名，但灭佛的背后总是暗藏着道教派的怂恿和策动。道士取悦天子的手段，通常是进献长生不老的丹药。但是，这种丹药是极其危险的物品，历来不知有多少帝王因此而陷入精神错乱，或者早早离开人世。

武宗也是这些愚蠢的牺牲者之一，服用药物后感到身体不适，但道士们却欺骗他说："陛下的骨已经变成仙人之骨，此乃万寿无疆之征兆。"然而，现实不会骗人，没过多久武宗病亡。于是，宦官们推举武宗的叔父即天子位，是为宣宗。

宣宗是唐末罕见的英主，诛杀了讨好武宗的道士，并复兴佛教。日本

唐宣宗
（庆长版《历代君臣图像》）

僧人圆仁（794—864）来到大唐也是在此前后，他目睹了武宗灭佛的实况，留下了珍贵的书面记录——《入唐求法巡礼行记》。

被誉为明君的宣宗结果也没有汲取前车之鉴，服用丹药后中毒，背部长出了肿块，最后死去。宦官们违背宣宗的遗志，拥立昏庸的长子，是为懿宗。懿宗在位的十四年间，毫无建树。懿宗死后，宦官们在其子嗣中拥立了十二岁的僖宗（873—888 年在位），因为他年龄小，最易控制。

在唐王朝的后半期，皇位的更迭总免不了宦官势力的介入。最初宦官与大臣商量一起运作，后来索性将大臣排除在外，不许大臣干预天子的家事，拥立新天子的权力不在天子而在宦官。既然天子是借助宦官之力即位，即位后也受到宦官的各种干涉和掣肘，不得自由。

文宗曾愤慨地感叹："以前的昏君被大臣左右政治，但现在自己却被家奴牵制，不能有所作为。"可见事情已经到了无可奈何的地步。相反，宦官一方则意气轩昂地夸口："天子只是我们操控的傀儡。"当时流行这样的民谚：宦官是"定策国老"——册立天子的国老，皇帝是"门生天子"——天子是通过考试的考生，而宦官是考官，天子是宦官的门生。

掌权者的弱点

从北魏到唐，不知有多少天子渴望长生不老，误服丹药，反而早死。"长生不老"一词，诚然抓住了人类的终极弱点。但是，如果真能长生不老的话，在漫长的历史长河中应该总归有几个人活到当今之世。相比相信实验，这些愚蠢的帝王更信仰理论，结果他们都为道教所误。

道教是在中国古时民间信仰的基础上，吸收佛教思想，并掺入老庄思想而形成的。因为道教受到佛教教理的影响，不免被佛教徒鄙视为浅薄的模仿者。对此，道教徒的反击则强调道教是中国的本土宗教而非外来宗教，以及相对于佛教的诉诸来世，道教约定的是现世的利益。而在现世的利益之中，再也没有比长生不老更动人的诱饵了。

那么，为什么不死是可能的呢？因为引入了"无限大"的概念。世间确实存在可以增进健康的药物。其中，既有不太见效的药物，也有效果非常显著的药物。这样的话，药效应该可以逐渐增长，如果药效达到极限，就有可能使人永生。

另一方面，人类确实有保健法。这种保健法具有防止衰老的功能也是事实。因此，只要每天的衰老都停留在无限小的程度，这个人也就应该可以永生不老。一部分道士深信必定存在着这样的药物和保健法，因此苦心钻研，孜孜以求。

总体来说，中世社会是尊重质量的社会。正如人有贵族和奴隶之别，同时马有骏马和驽马之分一样，物质也有至纯之物和驳杂之物的区别，而至纯之物必定就是长生不老之药。有时它是生长于高山之巅的灵芝，有时又是隐藏在地底的石精——在这一范围倒也罢了，但稍有差池，就会陷入危险之中，如以童男童女的肝脏作为长生不老之药。

普通人没有能力追求这样的纯而又纯之物，但是拥有了帝王的特权，未必不可能实现的自负蛊惑着君主。到头来无钱无势的普通人绝不会堕入的诱惑，看起来不可一世的君主因为拥有了权力，反而一不留神就会深陷其中，不可自拔。如果稍微试吃后，药物起了作用的话，就会想要大量服用，期望药物发挥更强的效果。正如过量服用毒品、激素制剂等药品，结果亲手断送了自己的性命。

无限大思维的世界

虽然老子《道德经》中的"极"一词与"无限大"的概念相近，但道教的"无限大"思想毕竟还是来源于佛教的教理。印度自古就是数学发达的国度，全世界都认为零的概念源自印度。同样地，无限大的概念也普遍存在于佛教教说之中。阿弥陀佛的无量寿（寿命无限之意）等就是显例。

十六国时期，西域僧人鸠摩罗什来到长安，在后秦姚兴的领导下从事佛经翻译工作。三论宗就属于鸠摩罗什的直系，其宗旨是"破邪显正"，即改正错误，真理自明。例如，对于不应该给"真理"下定义，设置了如下的譬喻："真理大否？曰：非大。然则小否。曰：非小。然则大而小否？曰：非大而小。然则非大而小否？曰：非非大而小。然则非非大而小否？曰：非非非大而小。"

这样讨论下去的话就完全没有尽头。而且，如果只是一直否定下去，议论就无法成立。因此，设想无限大的极限，在那里寻求肯定。如果是数学的话，在平行线相交的位置上思考真理会怎么样呢？三论宗真正想要表达的，就是从那里开始。

唐初，玄奘（596—664）[1] 经中亚进入印度，从印度请回大量的佛教经典，继而从事佛典的翻译工作。玄奘的行记《大唐西域记》是记录当时东西交通、印度实况的珍贵史料。玄奘的翻译事业也具有划时代的意义，在语法上极其精确，开辟了全新的时代，故而人们将此前的翻译称为"旧译"，玄奘以后的翻译称为"新译"。

---

[1]　玄奘生年有 596、600、602 等几种说法。

玄奘的直系是法相宗，其特征是以唯识论说法。心的作用首先分为相分、见分、自证分三个阶段。相分是指见到和听到的对象，比如镜子中映照的影像。其次，能够映照影像的镜子的作用就是见分。再次，映照了的话，引起映照的意识的就是自证分。

但是，心的作用并不止于此，进一步还有意识到自证分意识到的事情的作用，称为证自证分。在此之上，还存在意识到证自证分的作用，称为证证自证分。

照此逻辑推论，也是永恒无限的累积，无有止境。于是，省略无限大的距离，只考虑极限之处的就是第八识阿赖耶识。这是一种既认识到过去的认识作用，又是无法被他者认识的处于极限的意识。这是认为宇宙间的万事万物无不是第八识的心的作用的唯心论。

这样的推理方法在先秦时代的庄子中已经萌芽，但在思想界掀起巨大潮流，得到广泛运用，进行深入探讨，则是中国中世的特色。中世是宗教的时代，欧洲如此，中国也不例外。而且，佛教的无限大的逻辑为接下来的宋代的太极理论奠定了基础。

黑市商人的造反

唐王朝在中期以后，蜕变成财政国家，看起来是极为明智的做法，但事实上不得不为此付出巨大的牺牲。而且，付出牺牲的不只是唐王朝，普通民众更是深受其苦。

对日常生活所必需的食盐课征几十倍的消费税，从一开始就是蛮不讲理的政策。因为这样的做法，必然会引发黑市交易。当然政府会严格取缔黑市交易。但是，这里存在着极大的危险。因为黑市交易总是被奇妙的法则支配。首先，官方法定价格越高，黑市交易就越兴盛。而取缔越是严厉，黑市交易的利益也越大。也就是说，在严厉的取缔之下售卖高价的盐，黑市交易就会繁荣，黑市商人也随之增多。

取缔黑市交易有两种对策：增加警察的数量和强化制裁的力度。然而，在这里也存在奇妙的法则。警察的数量越多，费用支出也越多，因此如果不提高盐的法定价格就不合算。法律制裁越是严厉，黑市商人也会采取对抗措施，或者秘密结社，或者与消费者建立紧密的联系，让揭发黑市交易变得更加困难。同时，也增加了警察被收买的机会。

总之，像盐专卖这样的政策，本来只应该用于应付紧急情况，如果一直持续实施，就会引发秘密结社，造成社会不稳定等可怕后果。不过，通常情况下，越是这样的恶税，一旦实施后就越无法废止。

在实施盐专卖百余年后的僖宗即位的初期，消极作用就已经显现，唐王朝为此付出了惨重的代价。在今天山东省西部，在《水浒传》中登场的著名的梁山泊——大野泽（钜野泽）所在的地方，水路纵横，是盗贼最理想的藏身之处。在这附近出生的王仙芝和黄巢，因为走私贩盐而相识，气味相投。趁着旱灾人民流离失所之际，王仙芝集结徒党数千人举兵。次年，黄巢起兵响应，与王仙芝合流，转眼之间队伍达数万之众（875 年）。

日本、中国的"肌肉派"史学也将王、黄的举兵视为农民暴动，但真相却并非如此。当然，农民在穷困无助的时候起义造反也很自然，但从他们的活动状况来看，绝对不是没见过世面的农民的盲目行动。其核心成员是与王仙芝、黄巢一样走遍天下的黑市商人的团体。而协助他们的则是被强制迁徙到当时河南南部荒野居住的游牧民族，特别是回纥部族中的穷困潦倒之人。

"流贼"皇帝黄巢

回纥的势力在蒙古地区盛极一时，他们蔑视唐的存在，将唐视为自己的属国。但在文宗末年（840年），回纥被更北方的黠戛斯攻灭，部族四散，或者流落到天山南路，或者逃亡到蒙古以西的撒马尔罕方向定居，但其中有一部分人降唐，移居到中国内地。

本来游牧民族不喜欢农业，毋宁说乐于转行成为商人，因此贩卖私盐的黑市商人中可能有为数不少的回纥人。众所周知，二战后日本的黑市里也充斥着第三国之人[1]，而一战后犹太人横行于德国的黑市，让德国人深恶痛绝。

总之，熟悉地理的黑市商人与尚未褪去游牧习性的游牧民族的结合，行动起来简直如虎添翼。王仙芝战死后，黄巢率领部众转战四方，横行天下，所向披靡。从河南到长江流域，沿海岸南下，攻陷广东，烧杀劫掠，肆意妄为，进而北上逼近长安。天子僖宗惊惶失措，逃出都城，循玄宗先例，安全逃至蜀地。

此时，唐也发挥了财政国家的特长。唐向沙陀部族请求武力援助。沙陀原本是突厥的一支，附属于吐蕃，但当时已经独立，移居于东方，散布在鄂尔多斯一带。沙陀酋长受赐唐的国姓，名叫李国昌，任节度使，而其子李克用英勇绝伦，威名远播。唐向企图在山西北部建立割据政权的李克用请求救援。

另一方面，黄巢曾应进士科，屡试不第，在当时属于知识阶层。毫无疑问，这一点有助于他成为庞大叛乱集团的领袖。然而，黄巢并

---

[1] 这里似主要指在日朝鲜（韩国）人。

无意于长期扎根一地，确保统治领域，重新改编民众。

他们就是所谓的"流贼"，兵力集中，不加分散，占领富裕的都市，消费完当地的财物后，再转移到其他地方，恰如游牧民族的生活方式。他们起兵后，在中国内地由北向南一路劫掠，第六年占领了首都长安。此时，黄巢即帝位，国号齐，取代唐成为全国的统治者。不过，黄巢集团从来都只把人民当作掠夺的对象，并没有真正为了人民进行统治的经验。大齐皇帝的统治马上遭到四方顽强的人民的抵抗。

就在这时，李克用的沙陀部队突然对黄巢军团发动进攻。当身着黑色服装的沙陀骑兵部队在战场上出现时，黄巢军团被他们飞鸟般敏捷的行动震慑，惊恐地称他们为"鸦儿军"。黄巢节节败退，撤离长安，向东逃亡，在途中被部下杀害（884 年）。

此前，黄巢麾下的将领朱温降唐，被赐名全忠，与李克用的沙陀部队一起打败叛乱军，立下战功，授汴州节度使。汴州就是后来的开封，位于大运河与黄河交汇的交通要冲，四方的物资辐辏于此。黄巢被杀，黄巢军团分崩瓦解后，很多士兵向朱全忠投降。朱全忠利用汴州的地利之便，收罗军士，短时间内势力迅速壮大，显现出压倒四邻的气魄。

当初朱全忠与沙陀李克用合力讨伐叛军，但因故彼此憎恨，以致兵戎相见。沙陀部族与曾经的突厥和回纥不同，不过只是散处在长城附近的游牧民族，与以中国中部的资源为背景、经历过百战磨炼的黄巢旧部的精锐作战，结果不堪一击，被逼隐遁于山西北部，徐图后策。

众叛亲离的朝廷

表面上已经平定了黄巢叛乱，也光复了长安，于是僖宗重新回到都城，但天下已经不再是唐的天下。在此之前，天下也已出现瓦解的征兆。尤其是河北三镇割据一方，不惮于展现独立姿态。其他边远的节度使也处于半独立的状态，不管朝廷陷入怎样的财政困难也视若无睹，无意于输送金帛支援朝廷。

但是，根据以往的经验，唐认为依靠武力讨伐这些独立、半独立的势力，不免劳多而功少。因此，唐只好考虑重点控制最具经济实力的地区。那就是大运河沿岸地区——从长安到杭州的带状区域。从这片区域可以获取盐、谷物、绢，大抵必要的物资都可以入手并有富余，甚至可能依靠富余资源换取和平。

然而，当时大运河和黄河交汇处的汴州落入了朱全忠之手。朱全忠军团是由黄巢集团脱胎换骨而来，明显与以往的所有武力集团都不同，是从根本上具有反唐意识的异质性存在。而唯一能够作为朱全忠的对手加以利用的李克用的沙陀部队，时运不济，被迫蛰伏北方。

不过，对唐王朝而言，值得庆幸的是朱全忠的羽翼尚未丰满。黄巢集团瓦解时，其部队成员各奔东西，到处掀起风波。当时在各地伺机独立的野心家将军们，收容了这些黄巢旧部的残兵败将，用来扩张自己的势力。

其中，占据扬州的杨行密势力最大，在其南方，隔着长江的杭州钱镠日渐强大。此外，湖北高季昌、蜀王建正在巩固自己的地盘。因此，即使掌握了汴州，朱全忠也只不过是占领了大运河流域的一部分，生存空间被四方群雄挤压，正处于为了生存而忙于内部整理的状态。因此，如果唐能够加强内部的团结，静观天下形势，待时而动，虽说是朱全忠，也不至于冒着巨大的危险篡夺帝位。

可是，当王朝的命运走到尽头之时，确实有其相应的理由，就像是自寻死路一般，自然而然就走向了灭亡。僖宗死后，宦官拥立了其弟昭宗（888—904 年在位）。昭宗个人是出色的天子，既有文化教养，又不乏霸气。如果天下太平，足以成为一代英主。但是，恰逢衰败混乱的王朝末世，英明的素质反而加速了王朝的灭亡。在这一点上，昭宗和明末的崇祯帝有相似之处，从一开始就背负着牺牲者的悲剧角色登上历史舞台。

帝国的终结

长安西边的凤翔节度使李茂贞（856—924）非凡庸之辈，利用邻近都城的地利之便，深怀挟天子以令诸侯的狂妄野心。李茂贞在朝廷内部也有自己的内应，屡次进犯长安，让天子备感苦恼。宰相崔胤以朱全忠为靠山稳固了相位，憎恶宦官勾结李茂贞、专横跋扈，谋求削弱宦官的权力。

发觉情况不妙的宦官刘季述等人先发制人，发动兵变，幽禁昭宗，让皇太子即位，并大肆屠杀昭宗的亲信。不过，崔胤有朱全忠作为后盾，刘季述不免投鼠忌器，在还没对崔胤出手之前，崔胤联合禁军将领杀死了刘季述等人，迎昭宗复位。此后，昭宗更加憎恨宦官的粗暴专横，与崔胤合谋试图将宦官一网打尽，以绝后患。听到风声的宦官胁迫昭宗西走凤翔，依附李茂贞。

崔胤得以逃脱，要求朱全忠驰援，朱全忠动员全军进入长安，继而围攻李茂贞的根据地凤翔。李茂贞守城打防御战，屡战屡败，无奈只好杀死宦官首谋者七十余人，释放昭宗，向朱全忠请和。朱全忠迎接昭宗返回长安，但与宰相崔胤合谋，尽诛残余的宦官数百人，只留下年纪尚小的几十人供差遣。

此时的崔胤以朱全忠为外援，左右朝政，在人事上独断专行，但是不久两人因为利害关系发生了冲突。由于此前在宦官监督之下的禁军于此次事变中溃散，崔胤组建了新的部队，并亲自兼任队长。朱全忠为了以防万一，嘱咐心腹军士应征禁军，成功潜入禁军队伍。果然，昭宗和崔胤与亲信商议，阴谋联合四方的割据势力，削弱朱全忠的力量。

对于假装被崔胤利用，而实际是在利用崔胤的朱全忠来说，崔胤已经没有利用价值。朱全忠逼迫昭宗罢免崔胤的同时，派遣军队包围崔胤的宅邸，杀害崔胤及其身边人。都城长安距离朱全忠的根据地汴州较远，容易受到李茂贞等小军阀的侵扰，因而朱全忠逼迫天子、百官、士民迁都到洛阳。士民一边数落谩骂崔胤为了自己的野心引狼入室，把朱全忠的势力带进朝廷，一边痛哭流涕移居洛阳。

事到如今，天子昭宗也沦落为一介流人。他吟唱当时的民谣"纥干山头冻杀雀，何不飞去生处乐"，叹息自己连飞往的去处都没有，饮泣不已。万乘之君沦落到羡慕寒雀自由的地步。这里也有中世的悲哀。

朱全忠的毒手一步步逼近昭宗的身边，先是杀害残存的全部宦官，撵走天子的亲信，最终杀死昭宗，让昭宗之子十三岁的哀宗即位。朱全忠进而大肆屠戮唐政府官员，逼迫即位四年的哀宗禅位。朱全忠即天子之位，是为后梁太祖（907 年）。从此，中国进入了短命王朝你方唱罢我登场的五代分裂时代。

第十一章 中国中世的落幕

诸国林立

虽说是早已预料到的事情，但毕竟唐王朝持续了近三百年，当它真正崩溃后，必然给四方造成巨大冲击。已经稳固了半独立态势的地方群雄，以此为契机，通过否定梁的革命，朝着正当化自己的独立的方向迈进。

起初，群雄大多不承认梁的主权，依然奉唐为正统，沿用唐的年号，不久转而追认唐朝灭亡的事实，宣称既然正统的天子已经不复存在，自己也有建立独立王国的权利，于是定国号、年号，自称皇帝。

当时先后称帝的有淮南杨氏的吴国、福建王氏的闽国、广东刘氏的南汉国、四川王氏的蜀国等，称王的有浙江钱氏的吴越国、湖南马氏的楚国、湖北高氏的荆南国等。这种分裂状态一直持续到宋初，长达六十年，是中国历史上最后且最大的分裂割据时代。如果像此前一样与欧洲历史作对比的话，大致与德意志皇帝大空位时代（1254—1273）前后的混乱相仿佛。

说到混乱，确实混乱不堪。但是，在混乱之中也孕育了即将来临的文艺复兴的先兆。而且，不可思议的是，在混乱至极的欧洲，一旦迎来了文艺复兴的黎明，其光芒就远比其他任何地方都更加耀眼夺目。

历来天下分裂之际，多是在华北中原地带群雄割据，但在五代时期，长江流域以南一时诞生了众多独立国家，这些国家的国境基本上与现在的省界一致。南方的分裂是中国历史上的一大转折点，南方的人口实现增长，资源得到进一步开发。

这些南方国家与所谓的财政国家相似，致力于培育境内的特色产品，通过输出这些物产谋求富国强兵。特别是制茶业在这一时代获得飞跃发展，进入下一个时代后，茶叶作为重要的外销产品在国际贸易界华丽登场。

后梁灭亡

但是，对后梁太祖朱全忠而言，南方各国的本质是财政国家，不是什么大不了的威胁。最可怕的敌人是盘踞在山西北部的沙陀族李克用，他所领导的晋国是武力国家中的翘楚。而且，晋国拥有丰富的铁矿和煤炭资源，自唐代起就以优质的铁器产业闻名于世。再次，受益于从北方补充良马、战士的便捷，综合了这些优越条件的战斗力自然不可小觑。果然，李克用死后，其子李存勖继位，在对梁的奋勇反击中，这些优势得到有效发挥，大破梁军，形势骤然逆转。

梁太祖朱全忠在家庭内斗中牺牲，在即位的第六年被自己的儿子朱友珪杀害。如果早知有今日，就完全没有必要杀戮无辜，谋朝篡位。他的死与安禄山、史思明极为相似，有着某种游牧民族的共同特征。这同时也印证了黄巢集团的主体不是汉地农民，而是流落到中原的北方民族失业者的乌合之众这一假设的正确性。

朱友珪马上遭到弟弟均王朱友贞的讨伐和诛杀，继而友贞即位。当时晋王李存勖打败了保持独立态势的河北三镇，并以之为先锋对梁展开持续进攻，梁的领土逐年缩小，对战十一年后，首都开封终于沦陷，梁国灭亡。在首都陷落前，均王怀疑有兄弟会谋反，遂悉数杀光，在确认他们死亡后，命令部下杀死自己（923 年）。

后梁留给后世的遗产是首都开封府。"开封"之名早在春秋时代就广为人知，自从隋朝沟通大运河与黄河水路后，由于开封处于二者的交汇地带，获得飞速发展，进入后梁，成为国家的首都。以军事上的山河险固作为首都条件的时代已经一去不复返。日本也一样，这种时代结束于镰仓幕府时代（1185—1333），到江户幕府时代（1603—1868）已经不再需要。

唐的继承者

晋国李存勖灭亡后梁，登基称帝，[1] 实现了父亲以来的夙愿。他主张，既然李姓为大唐所赐，同时也就意味着具有作为大唐继承者的权利，因此以唐为国号，宣示政权的正统性。李存勖就是后唐的庄宗。但是，在南方割据诸国中，承认后唐主权、奉其正朔的仅有闽国等弱小国家。

不过，后唐在华北拥有远比前朝后梁更加广袤的领土，没有对手

---

[1] 李存勖先称帝，后灭后梁，统一了北方。

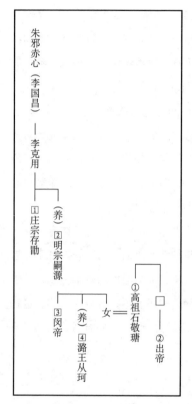

后唐、后晋世系图

可以从正面与之为敌。这一状况也导致了庄宗李存勖耽于安逸的恶果。而且，他过分强调唐的继承者的角色，放弃开封，迁都到唐的东都洛阳，也成为失败的一大要因。

对庄宗的态度怀有不满的军队哗变，挟持庄宗之兄李嗣源占领开封后，洛阳的庄宗政府的粮道被阻断，丧失抵抗的意志。不久，禁军也发生暴动，庄宗在位不满三年就被杀。这样窝囊的死法，令人难以想象就是十几年来不断与强敌后梁进行殊死搏斗，并最终获得胜利荣耀的英雄的结局。

李嗣源得到军队的拥戴，登上帝位，是为明宗。他也同样出身少数民族，是李克用的养子，辅佐庄宗消灭后梁，屡立战功，在军中享有威望。明宗即位时已过六十岁，遍尝人生甘苦，全心全意致力于稳定民生，因此他在位的八年，被称为乱世中的小康时代。

明宗去世，子闵帝继位后，闵帝之兄、李嗣源养子潞王李从珂起兵反叛，攻陷开封，杀死闵帝，即皇帝位。而明宗的女婿石敬瑭在明宗时代，就以其才力与李从珂争功，互为对手。因此，登上天子之位的李从珂视石敬瑭为眼中钉，为削弱石敬瑭的势力不断施压。而石敬瑭没有稳固的根据地，穷极无奈，只能向雄视北方的契丹族求助，发动革命。

北方的强国

契丹是兴起于东北和内蒙古的交界——现在的辽宁省内的鲜卑系统的民族，从唐代开始频繁活动，其酋长耶律阿保机招揽汉人建立都市，谋求富国强兵，发展成蒙古地区的一大势力。后梁时代，耶律阿保机即皇帝位，建立年号，是为辽太祖。

辽在东方消灭了兴盛于东北的渤海国，在北方、西方征服了北方草原诸部族，取代唐代的回纥确立了霸权。历来在北方草原称霸的政权多是兴起于阿尔泰山的西方，逐渐向东方渗透，耀武扬威，但契丹的出现打破了以往的惯例，它兴起于东方，势力向西方扩张。继起的蒙古族、女真族、满族莫不如此。

草原地区的游牧民族势力的消长，正反映了在其南方的定居民族的文化兴衰。从前西方游牧民族占据优势地位，反映了西亚文化的优越。而五代以降，东方游牧民族的优势正是以在其南方的中原文化的飞跃发展为背景。尤其应当注意的是中原制铁业的发展，吸收了中原制铁业的东方游牧民族超越了西方。

石敬瑭请求契丹太祖之子太宗的支援，太宗顺势利用这一良机进军中原。太宗派出五万骑兵，帮助石敬瑭打败了后唐的军队，册立石敬瑭为晋的皇帝，是为后晋高祖。高祖进逼洛阳时，后唐皇帝李从珂自杀，后唐灭亡。高祖重新定都开封。

后晋高祖既然是契丹册立的天子，因此向契丹称臣，而作为对契丹援军的回报，割让包括今天北京、大同等地区在内的所谓"燕云十六州"，还需要每年纳绢 30 万匹作为岁币。这虽然被认为是极其屈辱的条约，但实际上正是两国实力的生动反映。

最短命的王朝

高祖死后，侄子（养子）石重贵即位，是为出帝，但朝臣已经不能再忍受向契丹称臣纳贡的屈辱。先帝时期归先帝时期，现在从新君即位始，即宣称是中国的皇帝，断绝了臣属于契丹的关系。契丹太宗大怒，挥师南下。后晋迎击契丹的进犯，并取得了两次胜利，但却因此自满大意，导致形势恶化。第三次契丹军攻入开封，生擒出帝，押送北方。太宗则驻留在开封，志在成为中原的统治者，为此特地将国号改为中原王朝式的"辽"。

但是，进入语言不通的中原，推行军政，统治人民，本来就是行不通的。与其说契丹军是在统治中原人民，不如说是在忙着掠夺，就连温和的中原人民也难以忍受，奋起反抗，展开了以血洗血的凄惨的战争。

后唐以来的文官栋梁冯道此时虽然在地方任闲职，却毅然决定谒见契丹太宗，恳求道："此时佛出救不得，唯皇帝救得。请保住这些无辜生灵的性命。"这起到多大效果不得而知，但当时的人们都赞赏冯道的勇气。苏联军队进攻中国东北和南库页岛时，日本的官僚、军队之中有一个类似冯道的人物吗？

契丹太宗深感统治中原之棘手，自己也有病在身，因此率军北归，却在途中病倒（947年）。于是太宗之兄的儿子世宗即位。

在各地抗辽的起义队伍中，最得地利之便的是晋阳军阀刘知远。刘知远是沙陀族出身的将军，佐助后晋高祖成就霸业有功。刘知远以游击战抵抗契丹的侵略，在晋阳即帝位，国号汉。之所以定国号为汉，只是因为他姓刘而已。契丹撤出中原后，刘知远进入开封，以开封为首都。刘知远即为后汉高祖。

高祖在位不满一年，他病死后，其子隐帝即位。隐帝当时才十八岁，血气未定，正是年轻气盛之时。父亲任命的大臣和将军有很大的发言权，隐帝对于不能按照自己的意志行事深感不满，陆续诛杀大臣，最后决定处死将军郭威。郭威发动兵变，进军首都，禁军争相倒戈投降，天子也死于乱兵之中，后汉灭亡。后汉的统治仅仅维持了四年，在短命王朝轮番登场的五代，也是寿命最短的王朝。

新的气息

郭威进入开封后，废黜了谋求自立的隐帝之子，登基称帝，国号周。郭威就是五代最后的王朝后周太祖。他起用当时已经七十岁的冯道出任宰相。此前，冯道经历了多次王朝的革命和交替，但没有一次陷入权力争斗的漩涡，革命之后总是能够在新王朝再次出任宰相。因此，后世众多史家攻击冯道没有气节，但我们必须考虑当时的世态。

五代是军人之间争夺霸权的战场，无论胜负，都是由手握武器的军人负全部责任。文官是非战斗人员，只要不介入战争，无论站在哪一边都不会被问责。尤其是后唐、后晋、后汉三个朝代，虽说是天子，但都是游牧民族出身。他们也意识到自己是游牧民族，恰如赌徒争地盘不会向外行出手一样，他们也把文官视为有别于武人的特殊人群。

因此，文官非但没有与天子结合，反而是与人民一体，在战乱当中站在人民的一方，尽量减少人民受到的损害。作为官吏，毋宁说这才是正确的做法，而这种风气也延续到宋代。

众所周知，冯道是中国最早主持刊印经书的出版人。这也给后世

后周世宗（明版《集古像赞》）

带来了巨大的影响，特别是对造就文官官员贡献巨大。与武官不同，文官可以使用的战力是文化知识，因此书籍可以说是他们的武器。在各种意义上，冯道都可以说是为开创宋代文官的全盛时代做好基本准备的功臣。

虽说与前三代不同，太祖郭威是汉人出身，后周却也没有因此变成更好的王朝。但是，他在位三年去世后，养子柴荣即位，进入世宗时代，社会发生剧变，能够感受到新的气息。这一方面与世宗个人的性格也不无关系，而另一方面也由于社会自然而然地发生改变，地方军阀的势力被削弱，出现了建立中央集权政府的可能性。

薄雾渐散

五代的王朝都很短命，这一事实同时表明他们的有效统治疆域极其狭小。且不论南方割据诸国，在北方自己的领土内，各地也盘踞着强有力的节度使，划定各自的势力范围，掌握兵马财政大权，采取半独立的态度。但是，这些节度使也有他们自己的烦恼。

节度使们对中央政府的财政困难视而不见，辖区内的租税全部据为己有，并不上交中央朝廷，致力于扩张自己的势力，但这种好事也不能长久继续下去。他们部下的小军阀有样学样，圈定自己的地盘，采取独立态势，拒绝向节度使进贡。换言之，大军阀瓦解而小军阀群生。

　　然而，军阀只有在一定程度上团结起来才会强大，甚至可以与中央政府分庭抗礼，而当其不断细分后，就比中央弱势。有的军阀甚至请求中央政府的庇护，以维持自身的地位。正是天下大势，穷极则通，分久则合。五代初期从分裂走向分裂、不断细分化的军阀势力，转而出现逐渐统一于中央的倾向。

　　后周世宗即位时三十四岁，正是军人干劲十足、年富力强的年纪。以他为中心，周围聚集了能干有为的军人。军人们幸逢这位青年天子，一心想辅佐他，让他成为唐太宗一样的明君。

　　世宗即位初期，摧毁了前朝后汉皇室的同族刘崇以晋阳为中心建立的独立国家北汉的入侵，先向国内外展现了非凡的手腕。其次，向南征讨雄视长江南北的大国南唐（吴），吞并了其江北的领土。这成为后来宋太祖、太宗平定江南诸国时不可或缺的基础工作。

　　再次，世宗挑起与北方劲敌契丹族的辽之间的战争。但是，只是取得首战的胜利，恢复了北方的一部分领土，世宗就因病倒下，燕云十六州基本都还在辽的控制之中，留下了贯穿宋代的棘手问题。他的死实在可惜，令人痛心疾首。

　　世宗不仅是卓越的武将，在内政方面也取得了令人瞩目的成就。他认识到佛教空耗物资财产的弊端，采取了限制佛寺，淘汰僧尼的措施。这是中国历史上最后的排斥佛教运动，与北魏太武帝、北周武帝、唐武宗合称"三武一宗法难"。但是，世宗并不敌视佛教本身，而只是对佛教教团进行管制，在这一点上与三武之厄不同。

　　世宗为了提高通货的权威，从取代了新罗的高丽进口铜，铸造周通元宝钱，流通全国。他的理想是财政国家和武力国家协调互补，整理财政，扩充军费，并组建强大的禁军，但不只是增加士兵的数量，而且进行严格的训练，建设精锐的常备军。这一政策为下一朝代宋的太祖、太宗所继承。于是，在宋王朝，中国从中世末期的薄雾中看到近世的曙光。

走向近世的基石

中世时代，无问东西，绝不是适合居住的世界。诚然，那里有诗也有梦。但那诗与梦并不甜美，而是充满悲怆凄凉的意味。

中世的人们无论地位高低，总是被不安裹挟，始终生活在对不祥命运的恐惧中。那种感觉正如被不间断的地震吓得浑身颤抖一般。

中世社会处处都存在掌权者，他们划定自己的势力范围，无秩序地交织在一起。并且，只能在上下、左右、前后的压力平均的狭小间隙中保持着平衡稳定，哪怕是一丁点儿的失衡，都会相应地发生或大或小的"地震"。那时候，无论社会上层还是下层，强者还是弱者，都会遭受相同的灾害。那是完全无法预知的命运，也是毫无理由的灾祸。因此，某种意义上，也可以说是比战争更加可怕的残酷的结果。即使想要防范也无从防范的不幸，不断地悄然靠近自己的身旁。

势力均衡被打破的原因，是掌权者贪得无厌扩张地盘的欲望。中世是崇拜权力的时代，掌权者面对强者则软弱，面对弱者则强势。权力决定一切，唯有权力关系才能维持社会秩序。在此之外，不存在对话、交涉的余地。因此，在强势的时候总是暴虐，一旦失去权力，就会遭到报应。而且，每次都会有几十倍、几千倍的人受到牵连成为牺牲者。这就是中世社会的运行机制。

在这样的世界，宗教最容易得到人们的崇信。中世被称为宗教的时代确实有其理由。同时，这一时代的宗教也有相应的气魄。无数的僧侣横穿炎热的沙漠，翻越酷寒的高山，渡过万里的波涛，长途跋涉远赴印度取经。他们并不只是为了求法。为了弘扬佛法，也誓死奔赴冒险的征途。鉴真和尚经历千难万险才成功到达日本，就是显例。同时，他们也有反抗俗界的压迫，与之作斗争的气概。对他们来说，信仰是赌上性命的工作。

中世的人们充满苦难的生活，终于成为迎接近世的宝贵的基石。混沌中孕育了新秩序的萌芽，尤其是在经济界忽好忽坏的同时，逐渐培养出走向繁荣的条件。中国赚取外汇的垄断商品，原来仅限于丝绸，不久加上茶，进而出现第三名——瓷器。据说，世界上最早完成的瓷器——中国的青瓷，是在吴越国王和周世宗的提倡下完成的，御窑的技术不久普及全国。这样一来，通过出口新的特色产品，中国很快就可以吸收世界各地大量的银，转型为经济景气时代。

随着经济界的复苏，文化方面也有新的要素萌芽。儒教方面，唐末赵匡、啖助等人发起了抛弃传统解释，从自由的立场理解经典思想的运动。

文学方面，韩愈、柳宗元等主张古文复兴。绘画方面，诗人王维开启了南宗画，进入五代后，荆浩、关仝等人相继形成了巨大的潮流。在中世的地盘逐渐消解的同时，这些新的要素得到整合，就形成了宋代以降的近世。

巨大的低谷时代

在历史学上，中世史研究具有最重要的意义。因为只要理解了中世史的意义，也就能理解整个历史。毋庸赘言，中世夹在古代和近世之间，以中世为中心，从古代到中世的变化，从中世到近世的发展，这不正是整个历史的问题吗？

中世这一时代，长久以来都被看作是黑暗的时代。对近世初期的人们来说，中世是应当予以否定的可憎的时代。然而，直到最近，随着历史必须是进步的命题的出现，特别是唯物史观派认为中世是古代向近世发展的中间一环，因而强调中世进步性的一面。换言之，中世是比古代更先进的位于近世之前的跳板，是如字面意思所示的中间的存在。

然而，随着我接触中世的史料，深入到当时的世态，痛感传统的解释更加合理。最重要的是，我同情近世初期的人们脱离中世后的自觉及其欢喜。中世果然不是跳板，而是凹陷的低谷。

我赞同某位美国经济学家的观点，所有的现象经过整理后，都可以将其投射到升降曲线图上。即使说到人类的进步，也并不是单纯的直线上升，而是在一上一下、一进一退的曲折反复中前进。中世无疑就是这条曲线中出现的巨大的低谷。我的中世史叙述的出发点，是以中世是不景气的衰退期，即处于下降线的时代为前提，那么，中世前后的时代又是由怎样的曲线连接起来的呢？

当然，我并没有获取以中国为中心的亚洲历史上的贸易统计数据。虽说如此，也并非完全没有证据。我相信，以若干资料为依据，尝试在极其粗略的曲线上表现古今通行的货币的流动所产生的景气状况，并不是毫无价值的工作。

首先，从遥远的太古开始到汉代为止的古代，可以用一条上升的线条表示。当然，实际上本来应该是有较大振幅的复杂的曲线，但是难以了解具体的实际情况，因此只是在平均值的意义上，使用简单的一条线表示。从全局来看，可以说景气不断上升是古代史的特征。

接下来进入中世后，景气变动线呈急剧下降的趋势。而从某一点开始，再次逐渐上升。其中的最低点大概出现在南北朝的中期——南朝的齐、北朝的北魏末。这个大 V 字形的部分就是中国的中世。

古代和中世的差异，不只是线型的差异，速度的差异也极为显著。从我的立场来说，因为古代的长度是无法明确的，所以它等于是无限大。因此，如果假定以某种程度上可以信赖的周室东迁的公元前770 年为起点的话，到汉的灭亡为止，前后共有九百九十年。也就是说，990+α 的长时段历史只由单独一条上升线表示。

然而，从三国至五代末的七百四十年间，可以画出从下降到上升的起伏的两条线。换言之，景气循环的周期由无限大变成有限。毋宁说，从此开始周期才得以正式确立。

那么，接下来的近世的景气是如何曲折的呢？毫无疑问，循环的周期越来越短。我现在的想法是，大致一个王朝就是一个周期。也就是说，一个王朝的兴盛期与景气上升线一致，衰亡期与景气下降线一致。就这样，可以绘制出到清末为止的景气曲线图。

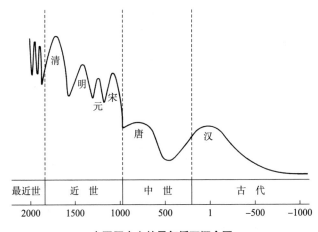

中国历史上的景气循环概念图

但是，到了清末，中国经济又骤然卷入世界经济大潮中。而在世界性的景气波动影响下，体制不同的中国社会完全没有与国际社会同步。中国虽然具有自己的动向，但我认为其周期将与世界性的周期一样加速。

所有的科学都有数量化的倾向，归根到底，这是合理化思考的一种手段。只有去掉所有不必要的程序，我们才能逼近事物的本质。现在我在这里恐怕是世界上最早提倡数量史观的，就是因为期待它将不仅有助于理解这一时代，而且对理解其他时代也能有所助益。不管到底是否有效，暂且如此进行分析。

年份	事件
184 年	黄巾起义。
190 年	袁绍等讨伐董卓，揭开了群雄割据的序幕。
196 年	曹操挟持献帝迁都许昌。
201 年	曹操统治河北一带。
207 年	诸葛亮出仕刘备。
208 年	赤壁之战。
212 年	孙权迁都建业。[1]
213 年	曹操受封魏公。
214 年	刘备领益州牧。

[1] 211 年，孙权将治所从京口迁往秣陵（今南京）。212 年，改秣陵为建业。

续表

年份	事件
220 年	东汉亡，进入三国时代。魏建国。
221 年	刘备称蜀汉皇帝。
222 年	吴建国。
223 年	刘备死。
228 年	诸葛亮伐魏。
230 年	魏军入侵蜀汉。
231 年	诸葛亮战司马懿。
234 年	诸葛亮病逝于五丈原。
241 年	吴攻魏，败走。
251 年	司马懿死。
260 年左右	竹林七贤登场。
263 年	蜀汉亡。
265 年	魏亡，晋建国。
280 年	吴亡，晋统一天下。
289 年	鲜卑向晋请降。
300 年	八王之乱。
316 年	西晋亡，进入十六国时代。
317 年	东晋建国。
346 年	百济建国。
351 年	前秦建国。
356 年	新罗建国。

续表

年份	事件
364 年	东晋制定户籍法。
372 年	佛教传入高句丽。
376 年	前秦统一华北。
383 年	淝水之战。
386 年	北魏建国。
391 年	高句丽好太王即位。
399 年	东晋高僧法显启程赴印度。
402 年	游牧民族柔然活跃。
420 年	晋亡宋兴。
436 年	北魏灭北燕。
439 年	进入南北朝时期。
460 年左右	云冈开凿石窟寺院。
479 年	南朝宋亡，齐建国。
485 年	北魏行均田法。
487 年	高车建国。
493 年	北魏迁都洛阳。始凿龙门石窟寺院。
502 年	齐亡梁兴。
534 年	北魏分裂为东魏、西魏。
550 年	东魏亡，北齐建国。
552 年	柔然亡。
557 年	西魏亡，北周建国。陈建国。

续表

年份	事件
562 年	新罗灭任那日本府。
570 年左右	穆罕默德诞生。
577 年	北朝北齐亡。
581 年	隋兴。
589 年	隋灭陈，统一天下。
604 年	隋炀帝即位。
605 年	隋炀帝始凿大运河。
618 年	唐兴。
621 年	铸造开通元宝。
624 年	行均田制，定租庸调制。
626 年	唐太宗即位，开启贞观之治。
629 年	玄奘启程赴印度。
630 年	日本始派遣唐使。突厥颉利可汗降唐。
637 年	制定律令。
645 年	日本推行大化改新。
649 年	高宗即位。
651 年	萨拉森帝国来朝。
655 年	高宗讨伐高句丽。
657 年	东突厥亡。
663 年	百济亡。
668 年	高句丽亡，于平壤置安东都护府。

续表

年份	事件
678 年	则天武后擅权宫中。
690 年	则天武后篡位。
696 年	唐击败吐蕃。[1]
705 年	武后死。
712 年	玄宗即位。
713 年	开启开元之治。
735 年	新罗统一朝鲜半岛。
742 年	安禄山出任平卢节度使。
744 年	回纥建国。
745 年	玄宗纳子妃为贵妃。
748 年	起用杨贵妃一族。
751 年	怛罗斯之战。
755 年	安禄山之乱。
756 年	安禄山称大燕皇帝，攻陷洛阳、长安。
757 年	安禄山被杀。
762 年	玄宗死。
764 年	唐行青苗钱。
780 年	废均田法、租庸调制，行两税法。
781 年	河北三镇、河南二镇起兵叛乱。
813 年	唐伐回纥、吐蕃。

[1] 696 年，唐惨败于吐蕃（素罗汗山）。

续表

年份	事件
839 年	回纥瓦解。
845 年	会昌法难，唐武宗镇压佛教。
875 年	黄巢起义。
880 年	黄巢叛军攻入长安。
894 年	日本终止派遣遣唐使。
907 年	唐亡，进入五代十国时代。
916 年	契丹建国。
918 年	高丽建国。
923 年	后梁亡。
936 年	高丽征服后百济，统一朝鲜半岛。
947 年	契丹太宗死。
951 年	郭威建立后周。
955 年	后周世宗镇压佛教。
960 年	宋建国。

本《全集》第八卷（《宫崎市定全集8：唐》，东京：岩波书店，1993）以1968年为河出书房出版的《世界历史》系列丛书新写的概说书《大唐帝国》为中心。这次《大唐帝国》的底本采用的是添加了副标题"中国的中世"的《中公文库》本，不过在四年前本书原版收入《河出文库》出版缩印本之际，我写了如下的"文库本后记"：

本书初版于1968年，正好是二十一年前。此间，学界的进展日新月异，出现了各种各样的崭新研究，同时，新史料、考古遗物等的新发现也层出不穷。但是，笔者对中国史整体的根本认识并没有发生什么大的变化，因此，在初版面世多年后将本书出版文库本时，也几乎未作修订，以原样再度问世。

本书虽然题为"大唐帝国"，但叙述的范围前后跨越七百四十年，相当于内藤湖南博士以来京都学派所称的中国中世时期。其实笔者也曾一度考虑将本书命名为"中国中世史"，但是，因为在日本也有将宋代以后称为中世的说法，我担心会产生莫大的误解，所以将中世史中最为脍炙人口、引人注目的唐王朝单独拈出，以之作为中世史的代表。

然而，"大唐帝国"这一书名又不可避免地产生新的误解。中国的唐代，在日本是属于古代的奈良、平安朝时期。因此，学界中出现了彼时的日本既然是古代，中国的唐代也同样是古代的类推，进而在与汉王朝的比较上，必然出现因为汉和唐都是古代，所以唐是汉的再生的看法。但是，就我们的立场而言，汉和唐是性质截然不同的王朝，毋宁说阐明这两个王朝的差异，是理解中国历史的锁钥。本书正是基于这样的史观展开叙述的。

从汉末到唐初之间横亘了约四百年的岁月。日本学界的一部分人，不寻求理解这一时代自身的价值，单纯将之作为一个过渡性时代来处理，认为从古代的汉走向古代的唐的中间不存在多大的意义。我们的理解与此不同，认为这是古代的汉灭亡后，蕴藏着迎接新时代活力的一个时代，理应予以积极评价。

本来汉王朝的灭亡就不单纯是一个王朝的灭亡，而是古代社会走向崩溃的必然命运。也就是说，以作为古代都市国家遗制的乡亭制为基础的汉帝国从根本上崩溃，在原来乡亭各地区的中心出现了大的政治都市，在基层则产生了无数的庄园村落，中国社会迎来了前所未有的新局面。以农村为立足点的地方都市联合起来维持地区秩序，这样的地区联盟动辄脱离中央政府，企图建立独立的割据政权。汉代以前，中国一味以实现全国的政治统一为理想而不懈努力，而与汉王朝灭亡的同时，社会上分裂的要素发挥了作用，中央的控制能力弱化，已经不能有效管控地方，分裂割据反而成为常态，成为中世的时代特色。

最初的分裂是汉代灭亡后紧接着的魏、蜀、吴三国鼎立，西晋代兴，统一了天下，但只维持了十几年的太平，就发生了永嘉之乱，以后历经十六国的大分裂，产生了南北朝的对抗，由隋实现了统一，但其兴盛也仅保持了二十来年，代隋而兴的唐王朝名副其实的统一也只不过是安史之乱前的一百四十余年。接下来的五代十国是中国历史上最后的大分裂，地方军阀割据的趋势达到极点。纵观从汉亡到宋统一的七百四十年，其间统一的时期仅仅三朝一百七十余年，占比不到四分之一。因此，中国的中世与世界各地区相同，分裂割据是常态，统一的状态尤其是唐王朝的大统一毋宁说应当视为特例。然则，这一大统一是如何出现的呢？历来的史家往往就唐论唐，但其实这样无法找到答案。我以唐王朝确立以前的魏晋南北朝来说明唐的本质的写法，导致对作为目标的唐王朝本身的叙述极为疏略。但是，为了说明大唐帝国之所以为大唐帝国，这样的写法或许也不失为一种选择。（1989 年 5 月）

关于本书，总觉得我和丛书编辑之间从一开始就存在若干分歧。结果，既没有落实编辑的意见复原"大唐帝国"，也未能按照笔者自己事先的设想，写活中国中世七百四十年间活生生的朴素的人们的生活。无论哪方面都不免半途而废，对此，笔者要向读者朋友致歉。

听到唐，日本人马上就会联想到繁华的大唐、后宫佳丽三千人、春风得意马蹄疾等华丽气派的场面，接着，马上又以此作为复原奈良、平安朝日本文化的样板。然而，相对于这样的大唐帝国，我更希望通过探讨从唐前的三国时代开始到唐后的五代为止的历来没有多少人关注的时代，以强调中国也有过这样的中世。这其实也是想向世人介绍，依据内藤湖南博士的历史分期说迄今为止未曾被宣传过的中世中国。如果缺乏这一介绍，好不容易完成中国历史分期的内藤博士的真意就晦而不彰了，而日本人秉持的歪曲的中国观也可能得不到应有的反省矫正机会。

要说中世，无论在哪个地方，都是暴力者的时代，在欧洲是日耳曼蛮族，在日本是源氏、平氏横行霸道的粗鲁武士，但是，他们的行动也绝非无所忌惮、毫无规律，他们之间有他们自己的规则，维持着某种意义上的秩序。但是，那与现在我们的规则、秩序不可能完全相同。

活跃于中世的朴素民族值得称道之处是，他们意志的顽强，信念的坚定，牺牲的觉悟，战胜困难的斗志，以及最后陷入绝境时的处身之道，也就是奋不顾身的决断，不执着于生的果敢。无论哪种情况，都是文明社会在很久以前就已经忘却了的，或者正因为快要忘却了，所以才会更加强烈地留恋这一切。

比如，赤穗义士。当时已经完全走出了中世，由德川幕府确立的新秩序也进入了完成阶段。当此之时，赤穗义士的实际行动，果真是在万人一边倒地赞成，甚至无一人反对的完美同意下进行的吗？同时，事后的评论，果真是无一人持异议，千万人一致赞同赞美吗？我对此深表怀疑，但也无意于重新检讨当时的各种历史记录，别生异论。在此背后，还有一种恐惧，我们一直被训练成认为，如果世间缺少美谈，就应努力谋求维持这些美谈，故意诽谤中伤美谈是荒谬的卑鄙行为。但是，至少在我的一生中，恐怕断然不会利用作为模范行为代表的赤穗义士。认为同样的事情将来绝不会再发生的无言的谅解，在二者之间得以成立的话，就会产生无论说什么都不成问题的安全感，在这种时候，通常弱势的主张就会在强势的主张面前一点点地退缩。话说回来，勉强赞成的美谈，世间不是还有很多吗？

《赤穗义士传》流行的背后，无疑有赞美中世的意向在起作用，但是，此一中世完全处于过去的世界，其现实已经不复存在。于是，在毫无证据、毫无关联之下，五花八门的中世全然以漂浮的形式呈现出来。为了表现中世的忠，尽管说是净琉璃本，像《菅原传授手习鉴》就是例证。

根据《菅原传授手习鉴》，丞相菅原道真（845—903）的谋反计划暴露后被追责，贬谪到九州，其时将爱子菅秀才托付给门人武部源藏。源藏的儿子长松也师从菅原丞相，与菅秀才是同门关系。然而，谋反问题日益严重，问罪不止于道真一人，下达了严惩菅秀才的诏书。这到底不是武部源藏一介读书人能够抵抗的，无可奈何，必须遵诏将菅秀才的尸首献给朝廷，才能证明自己与此事无有瓜葛。但是，源藏不只是肩负丞相的托付，此前与丞相也有深厚紧密的交谊，而且菅秀才和儿子长松是同门关系，那终究不是自己能够做出的行为。苦恼之下，最后得出的结论居然是即使牺牲长子长松，也要保住丞相儿子的性命的悲壮念头。反正总有一天朝廷会降下敕命，命令献出菅秀才的尸首，其时只能毫不犹豫地把菅秀才的头砍下来交给宣敕使，到时候，源藏就用自己的儿子长松的尸首冒充菅秀才的尸首。不过，这时他察觉了一个大问题。菅秀才自幼生长在深院中，面部白皙，而自由放任惯了的长松在野地里跑来跑去，被太阳晒得黑不溜秋。这一差别任谁都能马上察觉，当然无法骗过宣敕使。源藏夫妇对此颇为在意，此后的生活也完全变了样。源藏夫妇让自己的儿子和菅秀才换名字，大声叫菅秀才为长松，叫长松为菅秀才，并要求他们应声回答。

在我小时候，流行过叫"全黑的毛"的粗鄙民谣。其中有一句是"叫着长松、长松，出来的却是黑黝黝的小孩"。我当时全然不知文字背后的意思，边走边唱。我的家庭本来就奉行自由主义，不管唱什么民谣，家里人都不会干涉。我成长于这样极其自由的环境，不过当这一句民谣流行起来的时候，父亲第一次问我是否明白其中的意思。当我说完全不知道时，万万没想到父亲居然热心地为我讲解。除了这一条，父亲没有给我讲解过其他民谣。到了现在这个年龄，我对父亲这样的状态，才深有感触。

虽然说是净琉璃本，《菅原传授手习鉴》"寺子屋之段"也太过荒唐无稽，对实际的中世无所认识。其实他们对中世既毫无兴趣，也没有相关知识，更未曾加以关注，只是借用中世之名创造只有自己能懂的舞台。另一方面，出场人物的表演举止，哪怕是多一丁点也要额外赚取观众的眼泪，这种露骨的商业主义只会令人徒增反感。中世既与现实疏离如此，已经不再可能成为被考察的对象。我们还是重新回到现实的中世故事中来吧。

自古以来，陕西地区就有直达蜀地的通道。在稍微偏离这条路、可以绕行的地方，有被称为女国的小王国。在唐代稍早前，该国的首领是女性。根据《隋书》卷八十三《西域列传》等的记载：女国位于葱岭之南，其国代代以女性为王，女王的丈夫称"金聚"，不参与政治，其俗重女轻男，无有嫉妒，曾有老女王因为长寿，迎自己的曾孙为丈夫。

在汉代，统治北方世界的匈奴及与其相类的民族，当族长死后，习惯上族长的妻子就嫁给他的弟弟或者儿子。在此习俗的背后存在着将族长死亡引起的族内动荡降到最低限度的现实要求。同时，也表明这个世界的经济面临极其困难的境地。女王国的历史，也应当在该延长线上进行观察。在历来的体制上，无论发生多么微弱的动荡，都会无法维持生计，危险总是如影随形。女国的实际状况证明，她们比一般的匈奴等游牧民族面临更为严峻的经济困难。在走出古代的中世，这是世界性的共同问题。

走出古代的各国，现实中最为困扰的是秩序的维持。诚然，他们明白恢复古代的秩序已经不可能，必须发现、创造出新秩序。这样努力的结果就是中世的秩序。这一秩序当初让人备感新鲜。

政府经过摸索，为确立新秩序采取的政策之一是镇的创设。镇是在边境地带设立的特区，置于中央政府的直接监督之下，不属于其他任何政府机关，也不受干涉。让汉人和塞外诸国民脱离原有的国籍迁居于此，允许他们在全新的秩序、习俗下生活。

不管怎么说，镇确实称得上是中国中世的最高杰作。其中，有必要调查镇兵的实际生活。北魏政府在辽东到黄河北曲之间，除了设置御夷、柔玄、怀荒、抚冥、怀朔五镇之外，还创设了像武川镇这样强大的镇，镇守国防前线。值得注意的是，镇中的居民——镇民都是从外地迁移而来的汉人及北方人，他们的本籍都已失效，成为镇里的新居民，且垦且守，正是曹魏以来屯田的目的。镇民从过去的信仰和习俗中解放出来，可以随心所欲地行动。如果向这样的镇民提问："你是汉人吗？"他会回答："不，我不是汉人。"那么，请问："是胡人（塞外人）吗？"同样地，恐怕对方会回答："不，我不是胡人。"对汉人来说，"胡"适用于所有外族人，但是，与中国接触的外族人尽管信仰、习俗多种多样，如果追根溯源的话，据说都受到了古代波斯的影响。如果重视这一点，汉与胡即为二分天下之文明，意味着非汉则胡，必属其一，但是在这里也并没有什么深意，只是以常识上的意思来理解，即汉人与塞外人中的一方。尤其是因为，当时在中原习惯将敌对势力称为"胡"，所以这里的"胡"也就是鲜卑。因为是"你是汉人吗，还是鲜卑人？"的问话出现频率最高的时代，简单地将它理解为是这种意思上的提问也算是自明的常识。

朝廷一开始派要人经营六镇，幸运的是，在该地区没有发生过大的纷争，因而也没有需要中央政府解决的问题被提出来，地方镇将也无机会立功进入中央。因为人事没有变动，中央政府和镇之间没有接触，两者逐渐只顾追逐各自的利益，导致出现相互分离、独立的倾向。结果，令人意外的是，镇的政治、商业价值大为提高。最开始政府在边境置镇所谋求的利益中，确实有振兴南北商业，尤其是在和平状态下解决事端的意图。历来南北间边境发生的纷争，最初的起因都是商业问题，其中很多都是汉人的奸商造成的。北魏政府留意于此，取缔商人的不法行为，成功使这种纷争减少。

完成了这项任务的镇，还有另外更加宏伟的国家目标。镇的设置范围覆盖了从辽东到黄河，恰似长城西北部的黄河到敦煌之间倒转过来的形状。也许政府从一开始就期待镇能发挥从辽东到黄河的东方长城的作用。

这一期待不曾落空，各镇日益繁荣兴盛，镇的数量也有所增加。既然如此，镇的任务就不只是沟通南北之间游牧民与农耕民的贸易交通，而是推动规模更加庞大的东西贸易的开展。东北地区的开发就是显著的事例。在唐代强盛一时的渤海国的起源，可以追溯到小国夫余。在这里人们从事农业生产，完全孤立于周围的游牧、狩猎民族。然则该文明的由来，就有可能是遥远的黄河沿线的农耕文明。如果事实确然如此，由镇联结的东西贸易的末端就到达日本，并实际地反映在正仓院的皇家宝物上，也并不让人感到意外。

曾经作为各国的古代社会的成员而感受到生存意义的人们，如今失去了原有的国籍，还能留下什么呢？既非汉人，也非胡人（塞外人），什么也没有留下，留下来的只是中世人。不，实际上这才是中世。

虽然已经进入了中世，但是依然没有意识这一点的中世人，在实际行动层面却忠实地践行自己的信念，朝着建设新秩序迈进。

它得到了多少人的支持呢？想来这并不是由多数表决产生的，而是根据实践如何决定的，然而意外地得到了大多数人的支持。同时，其方法也因人而异，这也是中世建设未取得巨大成效的原因。

世人披览《北史》，对于北周时代政府的复古主义，恐怕缺乏理解之同情。这原本就不是突然出现的不切实际的妄想，而是建设新秩序的真挚的尝试。但是，它采取了复古的形式，以重建理想的周代社会为目标，显然有悖于时代大潮。尽管因赞成者少而归于失败，但是，事实上同样抱有原来想法的还大有人在，这最终成为通往新社会的基础。

以镇民为中心的这些人，在自己实践中世的同时，不断努力，不断积累，长期忍耐，最终泽被中国，促进了政治上中世史的展开。从北周到隋的转换，中世社会的形态终于明朗。虽然没有复活古代都市，却树立了乡村社会、农耕生活的方式。

此间作为真正的革命力量活跃的镇已经消亡，但这并不是完成任务后的急流勇退，而是因为自身的能力不足，不得不退出历史舞台。话虽如此，作为为农村建设所耗费的社会资源之根本，镇的意义之重大，也具有不可忽视的分量。特别值得注意的是，那些镇民预料到北魏政权的没落，以镇民行动的标准策划了影子政权。他们此前没有与政权打交道的经验，未能提出影子内阁的具体构想，只停留于决定好镇民中的有力人士主导政权的顺序。而在此后，这些都得以顺利实现。正是于镇民积累的中世，他们时运亨通，占据政界，接二连三地建立了政权。

　　日本的中国研究理论倾向强烈，而实学、实证相对滞后，这一点不容忽视。关于镇在北朝的存在，也几乎没有值得一提的相关研究。相反，却有人质疑在笔者的《大唐帝国》中居然没有出现过一次杜甫的名字。诚然，杜甫是值得永远铭记的伟大诗人。但是，这也不构成在通史中必须提及杜甫名字的理论依据（顾炎武《日知录》卷二十六"《通鉴》不载文人"）。

　　镇或者镇民的具体身份是什么呢？现在我连大致的头绪都没有。我们是否应该考虑，或许他们与近期成为话题的伊斯兰都市是近亲，或者具有相似之处。即使只是引发大家这样的思考，《大唐帝国》的存在也就并非没有意义。

1993 年 5 月

解说

砺波护

　　今年年初，在撰写中公文库版《木米和永翁》的《解说》之际，我以作者宫崎市定"新春伊始就在《朝日新闻》晚报上连载《工作的周边》，表达了对理想的学术国际化的坚定看法"一语作结 [1]。就在上个月，向井敏发表的时评《令人振奋的历史学——宫崎市定的历史认识》（季刊《アスティオン》，No.9，1988 年 7 月）的开头就提到了该连载栏目的文章。

　　关于宫崎先生有关亚洲史、中国史领域的著作和通史撰写的工作，向井氏感叹："研究内容本身很精彩，每次读作者的文章总是会被他对历史这门学问冲破云霄的霸气和热情折服。如果是年轻人，霸气和热情都很正常，但是作者年届七八十岁而青春的意气始终不灭，不

---

[1] 宫崎市定《木米和永翁》，东京：中央公论社，1988 年 2 月，第 367 页。

得不说世所罕见。"进而抒怀道："如果是历史学专家，也许会从作者有关宋代社会经济史考证的精密和妥当，或者对中国历史分期的考察的周密等专门性问题的处理方法上，强调宫崎史学的功劳。但就我这样喜欢历史的普通读者而言，宫崎史学的最大魅力正是其历史理解和历史叙述的豪迈和生动。"最后得出结论："宫崎市定的历史叙述总是明快而强劲有力，总能轻易地扣人心弦，必将激励那些厌倦了费解、烦琐、满纸理论的历史著作的人们，重新唤起他们对历史的兴趣。""令人振奋的历史学"，这样说再合适不过了，应该能够得到众多读者的共鸣。阅读这次收入《中公文库》的《大唐帝国》的读者，相信大多数人一定会发出相同的感慨。

本书的原版正好出版于二十年前的 1968 年，是作者专门为河出书房《彩图版 世界的历史》系列新写的断代史概说。虽然书名是"大唐帝国"，但直接以唐三百年为对象的只有"大唐帝国""唐王朝的蜕变"两章，还不到全书二成的分量。实际上本书叙述的时代，始于 3 世纪的三国分立，终于 10 世纪的五代，根据内藤湖南首倡、作者继承的历史分期说，正与中国中世史的时期完全重合。序章"低谷时代"首节题为"中国的中世"，终章以"中国中世的落幕"为名，同时总结性的最后一节以"巨大的低谷时代"为题，首尾呼应，颇具匠心。也就是说，就内容而论，本书应该说是中国中世史的概说著作，因此，在本次出版文库本之际，特别添加了副标题"中国的中世"。

有志于研究某一国家或地区历史的人，无论是专题史还是整体史（全领域史），都希望有一次机会以自己的方式叙述该国或地区的通史。作者则不止一次，而是曾三次写作并出版全领域的通史：即《东洋的朴素主义民族和文明主义社会》（东京：富山房，1940 年）、《亚洲史概说》正、续编（东京：人文书林，1947、1948 年；东京：学生社，1973 年增补版）和《中国史（上、下）》（东京：岩波书店，1977、1978 年）三种 [1]，无不是基于全新的构想或独自的史观结撰成书。虽然此前白鸟库吉（1865—1942）等学者已经主张将东洋史看作是南北对立的历史，即南方农耕民族和北方游牧民族的抗争史，但作者认为这不单是由生活方式和经济阶段的差异产生的对立，而是源于朴素主义和文明主义这一更深层次的世界观的对抗。对此展开讨论的就是这部题名很长的著作《东洋的朴素主义民族和文明主义社会》，这也是作者的处女作。接着，在《亚洲史概说》中，作者立足于交通史观或曰"交涉史观"的方法和积极评价民族主义的观点建构了亚洲史，并明确了中国史在亚洲史中的位置。然后，在 20 世纪 70 年代后半期写成的《中国史》中，作者运用了景气波动史观的崭新手法，对中国史上从古代开始，经历中世，再到近世、最近世的各个时代的政治与社会经济的特色和动向进行了鲜明解说。而作者第一次向一般读者介绍景气波动史观，便是在概述中世史的本书《大唐帝国》中，只要看全书最后一节绘制的《中国历史上的景气循环概念图》，其主旨就一目了然了。

　　作为历史学家，作者坚信历史概说同时也应该是历史哲学，仅仅停留于网罗方方面面的历史事件而不能促进读者进一步探索的概说著作，是不值得推荐的。因此，作者撰写的断代史概说或通史，虽然绝对没有无视学界业已积累的研究成果，但更重要的是，往往以作者本

---

[1] 以上三种著作，都已出版中译本。《东洋朴素主义的民族和文明主义的社会》，刘永新、韩润棠译，北京：商务印书馆，1962 年；《东洋的朴素主义民族和文明主义社会》，张学锋译，上海：上海古籍出版社，2018 年。《亚洲史概说》，谢辰译，北京：民主与建设出版社，2017 年。《宫崎市定中国史》，焦堃、瞿柘如译，杭州：浙江人民出版社，2015 年。

人的论著——选取该时代的重要事件，进行缜密的考证，并阐明事件的历史意义——为基础，一气呵成，处处吐露警世之言。本书《大唐帝国》，当然也不例外。

莫定本书写作基础的中国中世史领域的大部分论著，都集中发表于作者过了五十五岁的 1955 年以后的十年间。作者曾经谈到自己的研究是以兴趣和关心为重点，因此研究对象总是不断转移，但收录于《亚洲史研究》（第一～第四）四册的 1955 年以前撰写的学术论文，却基本上都以宋代以降的近世史和汉代以前的古代史为对象。作者早就凭借明快地论述中世土地制度和租税制度大纲的《晋武帝的户调式研究》（1930 年）一文获得学界好评，并非对中世史研究漠不关心。之所以坚持这种禁欲式的态度，有意回避中世史领域的研究，似乎是因为作者供职的京都大学文学部东洋史研究室有一位同事——前辈那波利贞（1890—1970）教授是研究中国中世史、敦煌文书的专家。

1953 年夏，当那波利贞教授届龄退休后，作者马上决定读完中世史的文献史料。1956 年春，作者研究中世史最初的两种成果出版，一是从探讨汉代到唐代的官员选拔制度的变迁，详尽描述贵族制社会动态的著作《九品官人法的研究：科举前史》[1]，一是力主唐代人民对政府的义务是立足于徭役劳动这一根本原则的论文《唐代赋役制度新考》[2]。一年后，作者的高足、中国近世史专家佐伯富氏升任教授后，作者越发将研究重心转移到中世史和古代史，对南北朝隋唐史的重要

---

[1] 东洋史研究会，1956 年初版。有中译本《九品官人法研究》，韩昇、刘建英译，北京：中华书局，2008 年。

[2]《东洋史研究》第 14 卷第 4 号，1956 年。后收入《宫崎市定亚洲史论考》（中卷：古代中世），东京：朝日新闻社，1976 年。有中译本《宫崎市定亚洲史论考（中卷）》，张学锋、马云超等译，上海：上海古籍出版社，2017 年。

课题提出的独到解释，如决堤之水般喷涌而出。包括论文《隋代史杂考》[1]、《日本的〈官位令〉和唐的〈官品令〉》（1959 年）、《中国村制的确立》《吐鲁番出土田地文书的性质》（1960 年）、《汉代的里制与唐代的坊制》（1962 年）、《六朝隋唐的社会》（1964 年）、《中国官制的发展——从上古到唐代》（1965 年）[2] 及著作《隋炀帝》（1965 年）[3]等。这些研究成果经过提炼概括后，也散见于本书中。

　　1958 年春，我进入京都大学文学部东洋史专业学习，彼时作者是研究室的主任教授，离退休还有七年。在此期间，我从本科生升到研究生，深受当时正热衷于研究中世史的作者之学恩。因此，本书中所蕴含的许多创见，我有幸在课堂披露阶段就获知并有机会反复揣摩。奠定本书基调的景气波动史观，也是如此。作者在 1963 年度给研究生开设的演习课程[4] 的名称就是"中国历史上的景气波动"。在春季学期（4 月开始）的第一堂课上，刚上到一半的时候，作者向出席的学生宣了报告的课题——"调查并分析中国历史上某一时期的景气状况"，要求从秋季学期（10 月开始）开始依次发表。10 月初，我以"隋代的景气"为题，也参考了陶希圣《唐代经济景况的变动》（1937年）一文，发表了关于隋代的貌阅和仓库税、关市税的报告。此时，作者公开发表了主张自己的景气波动史观是观测气球的文字。这就是

[1]《史学研究》第 72 期，1959 年。收入《隋炀帝》，东京：中央公论社，1987 年。

[2] 以上五篇论文，均收入《宫崎市定亚洲史论考》上、中卷。

[3] 有中译本《宫崎市定说隋炀帝》，杨晓钟、孟简、魏海燕译，西安：陕西人民出版社，2008 年。

[4] 日本大学教育的（文科）课程中，有讲义、特殊讲义、讲读、演习等名目。其中演习主要是针对研究生开设的课程。一般来说，这种课程的组织形式是，每次课由指定的学生发表报告，然后再由老师和出席的学生一起讨论报告的内容。

为吉川幸次郎《宋诗概说》所写的书评（《东洋史研究》第22卷第1号，1963年7月），其中有如下的叙述：

> 最近，我认为不仅是历史分期问题，中国经济史的研究方法也有必要从与此前稍微不同的角度予以重新审视。其实我还没有准备好正式发表具体的见解，但还是可以陈述大致的构想。我的着眼点在于，在中国历史上自古以来就存在与当今世界相似的景气波动，并影响了社会的方方面面，从这个角度观察历史时，经济和文化可以同时纳入视野。……话说回来，迄今为止，我能够设想的中国历史上的景气波动可以说明如下。《宋诗概说》对此会有怎样的反映，对我来说是比阅读推理小说的高潮更加兴奋刺激之事。

近来，日本围绕直接税和间接税的比率的税制改革，争论不休，而本书第十章"唐王朝的蜕变"第一节"走向财政国家"和第二节"盐和人民"，与这一课题有关。在第一节中，作者指出，与历来由武力支撑的武力国家不同，唐王朝在半途采取了财政优先的措施，蜕变为财政国家，并为宋以后的王朝所继承。在第二节中，作者指出，从唐代开始的盐专卖制度具有间接税的性质，而对走私盐商处以严厉的刑罚，使中国传统的道义国家的理想消亡，沦落为警察国家。同样收入了《中公文库》的作者与佐伯富氏合著的《世界的历史6：宋和元》（1961年）第10页以下也涉及唐末的走私盐商，但没有使用"财政国家"的概念。作者在前述论文《汉代的里制与唐代的坊制》中使用了"财政国家"的表述，认为传统的警察国家变成财政国家，"所谓财政国家，就是相比军事、警察以及其他任何方面都更优先财政的政府"，

"不妨认为其理想在隋代已经开启"[1]，与本书的论点又有不同。又及，去年出版的佐伯富氏《中国盐政史研究》（京都：法律文化社，1987年）是值得信赖的有关中国盐政的厚重通史，也对迄今尚未展开研究的中世前期即三国至南北朝时期的盐政进行了考察。

　　在本书文库化的同时，收录作者研究日本史和中国古代史论文的《古代大和朝廷》（筑摩丛书）和《中国古代史论》（平凡社丛书）将分别晚于本文库版半个月，雁行问世。前者收录了《日本的〈官位令〉和唐的〈官品令〉》，后者收录了《汉代的里制与唐代的坊制》，推荐给有兴趣的读者阅读。

1988 年 8 月 20 日

---

[1]《汉代的里制与唐代的坊制》，《东洋史研究》第 21 卷第 3 号，1962 年，第41 页。

译后记

　　宫崎市定《大唐帝国——中国的中世》问世于1968年，距今已经过了半个世纪。在这半个世纪里，本书曾以多种版本面貌呈现在读者面前，现以出版时间为序胪列如下：

题名	出版社	出版年月	版种	丛书/文库	备注
大唐帝国	河出书房	1968年11月	初版	《彩图版世界的历史7》	卷首：插图；卷末附录：简略年表、索引及附图《唐代的东亚》
大唐帝国	河出书房新社	1974年3月	新装版	《新装版世界的历史7》	卷末附录：简略年表、索引及附图《唐代的东亚》

续表

题名	出版社	出版年月	版种	丛书／文库	备注
大唐帝国：中国的中世	中央公论社	1988年9月	初版	《中公文库》	正文前附图《唐代的东亚》；卷末附录：简略年表、砺波护《解说》
大唐帝国	河出书房新社	1989年9月	初版	《世界的历史7》（《河出文库》）	卷末附录：宫崎市定《文库本后记》（署"平成元年五月"）、简略年表、索引、附图《唐代的东亚》
大唐帝国：中国的中世	岩波书店	1993年7月		《宫崎市定全集8：唐》	卷末附录：宫崎市定《自跋》
大唐帝国：中国的中世	中央公论新社	2018年8月	改版	《中公文库premium》	正文前附图《唐代的东亚》；卷末附录：简略年表、宫崎市定《自跋》、砺波护《解说》、编辑部后记

　　正如上表所示，本书原题"大唐帝国"，1988年收入《中公文库》时添加了副标题"中国的中世"，而省略了1968年河出书房原版的"索引"，不妨认为因此形成了相互区别的两个版本系统。《宫崎市定全集8：唐》所收的《大唐帝国》即以1988年出版的《中公文库》本为底本，我们这次翻译也同样以《中公文库》本为底本，同时也依照2018年《中公文库》改版本将宫崎市定《自跋》一并译出，供读者参考。

本书的翻译工作由胡珍子（日本关西大学文化交涉学博士，北京语言大学人文学院讲师）、廖明飞（日本京都大学文学博士，日本学术振兴会外国人特别研究员 PD·青山学院大学国际政治经济学部）二人承担，胡珍子负责翻译第一章至第五章，廖明飞负责翻译第六章至第十一章以及简略年表、宫崎市定《自跋》、砺波护《解说》，并承担全书的统稿、校订工作。为了方便读者阅读和理解，我们也以页下注的形式附加了最低限度的注释。限于水平，本书的翻译工作肯定还存在不少问题和不足之处，敬请广大读者随时批评指教，以便重印再版时修订补正。

另外，在 2018 年出版的《中公文库》改版本书末，中央公论新社编辑部特意写了一段说明性文字，交代本书的版本情况，并在最后提到："本书使用了从今天的人权意识来看不恰当的表述，但考虑到本书写作的时代背景以及作者已为古人，因此决定保留当时发表的原貌。"本译本则按照出版要求，酌情对与此相关的表述进行了技术处理，特此说明。

译者谨识

2019 年 8 月吉日

图书在版编目（CIP）数据

论语核心 / 叶涵成著.—杭州：浙江大学出版社，
2020.10
ISBN 978-7-308-20475-0

Ⅰ．①论… Ⅱ．①叶… Ⅲ．①儒家 ②《论语》-研究
Ⅳ．①B222.25

中国版本图书馆CIP数据核字（2020）第151683号

论语核心
叶涵成　著

责任编辑　谢　焕
责任校对　陈　翩
封面设计　云水文化
出版发行　浙江大学出版社
　　　　　（杭州市天目山路148号　　邮政编码　310007）
　　　　　（网址：http://www.zjupress.com）
排　　版　林智广告
印　　刷　杭州钱江彩色印务有限公司
开　　本　880mm×1230mm　1/32
印　　张　7.25
字　　数　145千
版 印 次　2020年10月第1版　2020年10月第1次印刷
书　　号　ISBN 978-7-308-20475-0
定　　价　48.00元

论语核心

叶涵成 著

浙江大学出版社
ZHEJIANG UNIVERSITY PRESS